KB253858

불교의 가람배치와
불국사에 대한 재조명

불교의 가람배치와
불국사에 대한 재조명

자현(玆玄) 著

KSII 한국학술정보[주]

사학(史學)에 사상사(思想史)가 있는 것처럼, 미술사에도 미술사상사가 있어야 한다는 생각으로 미술사를 시작하였다. 이 세상에 사상과 관계 지어지지 않는 미술작품은 존재하지 않을 것이다. 특히 그것이 종교적인 측면의 소산이라면 이러한 양자를 유리시켜 본다는 것 자체가 작품에 대한 모독이 아닐까!

종교미술은 일반미술이 개인성과 창작성을 중시하는 데 반해서 의궤성과 상징성을 강조한다. 여기에서의 의궤와 상징은 당연히 철학과 사상적인 측면을 내원으로 하는 종교적인 부분이라고 할 것이다. 그러므로 종교와 관련된 유물은 철학과 사상적인 기반 위에서, 시대배경을 축으로 구성되어 있는 것이라고 하겠다.

이 책은 불교에 대한 이해를 기반으로 불국사를 재조명해 보자는 측면에서 구조화된 것이다. 불국사는 불교문화의 황금기인 통일신라시대의 국찰(國刹)이자, 오늘날에도 세계문화유산으로서 우리나라를 대표하는 유적임에 분명하다. 그럼에도 불구하고 가람의 이해에 있어서 용이하지 않은 면을 보이고 있어 일찍부터 주목되어 왔다. 이로 인하여 단일 사찰로서는 최고로 많은 다양한 이해 접근들이 시도되었다. 그러나 이러한 노력들은 모두 다 일정부분 옳으면서도 또한 그른, 자체의 명암을 가지고 있을 뿐이다.

필자는 불국사의 가람배치를 이중적인 상징성의 관점에서 파악해 보고자 하였다. 이를 위하여 먼저 불교의 우주론과 사원구조와의 관계성을 정리하고, 이를 기반으로 불국사의 진입 석계(石階)와 대웅전 영역의 내포의미에 관해 모색해 보았다. 그리고 마지막으로 대웅전과 극락전의 고저(高低) 차이에 관한 새로운 견해를 제시하였다.

그러나 이러한 노력들은 한 번에 이루어진 것이 아니라, 누차에 걸친 점진적인 결과물로 각기 다른 학회지에 수록 발표된 것들이다. 그로 인하여 중간 중간에 각각의 소논문적인 필요에 따른 중복 서술들이 존재하고는 한다. 이 점에 대하여 독자들에게 먼저 양해의 말씀을 올린다.

공자는 아침에 도를 들으면 저녁에 죽어도 좋다(朝聞道夕死可矣)라고 했다. 그러나 현실은 도를 들음에는 기약이 없고, 죽음만이 지척으로 다가와 있을 뿐이다. 붓다께서는 생사는 한 호흡지간이라고 하셨는데, 이는 죽지 않고 살아 있음이 요행이라는 말로 해석될 수 있음이 아닌가! 또한 최후의 일성(一聲)으로 무상함 속에서의 방일하지 말 것을 당부하셨으니, 귀 있는 자라면 어찌 노력하지 않을 수 있겠는가!

　　이제 노력에 의한 또 하나의 결실을 맺음에 있어서 도움을 받은 분들을 상기하는 것은 당연하다고 하겠다.

　　먼저 부모님을 언급해 보고 싶다. 못내 못 미더운 아들을 보고 있으면서 가슴 졸인 것이 무척이나 많으셨는데, 이제 이를 통해서나마 잠시라도 시름을 잊게 해 드렸으면 하는 마음을 띄워 보내는 바이다.

　　그리고 학업을 핑계로 주변을 살피지 못한 소홀함을 메워 준 김명숙·강학수·박순옥·향명심·이영희·노미영님께도 이러한 기회를 빌려 심심한 사의를 표하고 싶다. 이분들로 인하여 간단없는 공부를 유지할 수 있었다. 또한 김지용·김지목 형제와 그 가족에게 수승한 공덕의 인연이 있기를 기원한다. 빈자일등(貧者一燈)이 온 밤을 밝히고 새벽을 깨운 것처럼, 이들의 선근공덕 또한 내일의 태양이 되어 그늘 없는 인생을 비상(飛上)하게 될 것이다.

2008년 12월

자현(玆玄)

불국사 대웅전 영역의 이중구조 해석 • 127

- 화엄(華嚴)과 법화(法華)를 중심으로 -

불국사 '3도(三道) 16계단(十六階段)'의 이중구조적인 상징성 • 165
－극락전(極樂殿) 영역과 대웅전(大雄殿) 영역을 중심으로－

불교우주론(佛敎宇宙論)과 사원구조(寺院構造)와의 관계성

I. 들어가는 말

우리나라의 사원구조는 불교의 우주론에 입각한 의궤성에 의해서 구조화된 것이라는 것은 이미 일반화된 사실이다. 그러나 이러한 양자가 과연 어느 정도의 상관관계를 가지며, 또한 그 속에는 어떠한 내포의미가 존재하는지에 대해서는 아직까지 구체적인 연구가 진행되지 못하였다. 즉, 사원구조가 불교의 우주론인 수미산 우주론을 반영하고 있기는 하지만, 그 상관관계에 있어서는 다소 불투명한 측면이 존재하고 있는 것이다.

본 검토는 수미산 우주론이 우리나라의 사원구조와 어떠한 상관관계를 확보하고 있는가에 대한 보다 구체적인 접근을 시도한 것이다. 이를 위해서 먼저 필자는 불교의 우주론이 언급되어 있는 관련전적들의 층차와 이를 통한 수미산 우주론의 정리를 시도하여 보았다. 그리고 이를 바탕으로 해서 이와 같은 내용들이 사원구조에 있어서 어떠한 상징성으로 수용되고 있는지에 관해서 규명해 보고자 하였다.

우주론에 대한 올바른 이해는 불교의 세계관을 분명하게 체계화하여 가치관의 혼란을 막을 수 있다는 점에서 중요하며, 또한 이러한 측면이 사원구조에 그대로 적용되고 있다는 점은 사원의 관리와 신축 등에 있어서 매우 종요(宗要)로운 측면을 확보한다고 하겠다. 그러므로 본 검토를 통해서 우리는 보다 분명한 불교세계관의 이해와 아울러 사원구조의 상징성을 파악해 볼 수가 있다는 점에서 본 접근은 충분한 의의를 확보하게 된다고 할 것이다.

Ⅱ. 불교의 우주론

1. 관련전적과 층차

불교의 우주론에 관해서 자세하게 언급되어 있는 전적으로는 『세기경(世記經)』(『長阿含經』의 제4분, 권17~22)·『대루탄경(大樓炭經)』·『기세경(起世經)』·『기세인본경(起世因本經)』·『대비바사론(大毘婆沙論)』·『구사론(俱舍論)』 등이 있다. 그러나 이 중 『세기경』·『대루탄경』·『기세경』·『기세인본경』은 거의 같은 체계로 구성된 유사한 내용의 경전으로 대동소이한 면을 보인다. 특히 『대루탄경』·『기세경』·『기세인본경』은 동일한 문헌에 대한 이본(異本)과 이의 이역(異譯)적인 차이밖에는 존재하지 않는 정도로 파악된다.[1]

다음으로 『대비바사론』을 통해서는 설일체유부(說一切有部)의 세계관을 인식해 볼 수가 있다. 그러나 이러한 세계관이 이후 막대한 영향력을 발휘하게 되는 것은 세친(世親)의 『구사론』에 의해서라고 할 것이다. 『구사론』에서는 「3. 분별세품(分別世品)4」의 기세간(器世間)에 관한 언급 부분에서 불교의 우주론에 관하여 개략적인 정리가 시도되어 있다. 『구사론』에 관한 보다 자세한 측면은 중현(衆賢)의 『순정리론(順正理論)』과 『장현종론(藏顯宗論)』, 그리고 보광(普光)의 『구사론기(俱舍論記)』와 같은 주석서 등을 통해서 고찰되어 질 수가 있다. 그러나 기세간에 관한 부분은 철학적 함의를 내포하고 있는 부분

---

1) 『開元釋教錄』7, 「總括群經錄上之七」(『大正藏』55, 551c); 『貞元新定釋教目錄』10, 「總集群經錄上之十」(『大正藏』55, 850a).

이 아니기 때문에 거의 대동소이한 면만을 보이고 있어 『구사론』의 구조를 넘어서는 의미를 확보하기에는 어려움이 있다.

이상을 통해서 우리는 불교의 우주론을 언급하는 전적으로 '『누탄경』계통'과 '『대비바사론』계통'의 두 문헌군이 존재함을 확인해 볼 수가 있다. 그런데 두 문헌군은 전체적으로는 유사한 구조를 획득하고 있지만, 성립의 시차를 달리함에서 오는 필연적인 차이점을 보이는 부분들도 다수 내포하고 있는 실정이다.

이 중 『누탄경』계통의 중국 번역 연대를 제시해 보면 다음과 같다.2)

NO	經名	飜譯者	飜譯時期	存/失
1	『樓炭經』	竺法護	266～313사이	失
2	『樓炭經』	法炬		失
3	『大樓炭經』	法立・法炬	290～306사이	存
4	『世記經』	佛陀耶舍・竺佛念	412～413	存
5	『起世經』	闍那崛多	585～600사이	存
6	『起世因本經』	達摩笈多	605～616사이	存

이는 실존하지 않는 『누탄경』을 기준으로 봤을 때, 그 성립시기가 매우 이르다는 것을 나타내 준다. 그러나 『대비바사론』의 성립연대가 2C중엽이며, 이 논서가 『육족론(六足論)』과 『발지신론(發智身論)』을 내원으로 하고 있다는 점3)은 『대비바사론』에서 제시되고 있는 세계

---

2) 김영률・하용덕 譯, 「解題」, 『起世因本經 外』, (서울: 東國譯經院, 1994), 9쪽.
3) 梶川乾堂・慈明 著, 한정섭・경철 譯, 『俱舍論・唯識論』, (서울: 法輪社, 1979), 23～24쪽; 金東華 著, 『俱舍學』, (서울: 寶蓮閣, 1992), 35쪽.

관 역시 오랜 연원을 확보하고 있다는 것을 인식하게 해준다. 즉, 두 문헌군의 양자가 공히 중요한 의미를 획득할 수가 있는 것이다.

그러나 양자의 내용을 비교분석해 보면, 『누탄경』계통의 성립이 『대비바사론』계통에 비해 보다 고층(高層)의 인식을 확보하고 있다는 것을 알 수가 있다.4) 그러므로 『누탄경』계통과 『대비바사론』계통에서 나타나는 상이점은 『대비바사론』계통에 후대의 가치관이 첨가되어 변형된 것으로 보아도 큰 무리는 없을 듯하다.5)

이와 같은 『대비바사론』계통과 『누탄경』계통의 신・고(新・古) 층차에 관한 부분은 두 계통의 전적이 서로 상이한 부분의 불교 우주론에 있어서의 접근 방식에 대한 한 해법을 제시한다고 하겠다.

2. 불교의 우주론 정리

불교의 우주론이 브라만교나 힌두교와 변별력을 가지게 되는 가장 중요한 측면은 창조의 주체가 존재하지 않는다는 점이다. 불교의 우주론에서는 창조를 하늘에서 내리는 수레굴대(『世記經』에서는 車輪임)만한 빗방울의 응집과 변현(變顯)이라는 조금은 특이한 방식을 주

---

4) 『樓炭經』계통과 『大毘婆沙論』계통의 성립층차에 관해서는 拙稿 「『樓炭經』계통과 『大毘婆沙論』계통의 須彌山 宇宙論 차이 고찰」, 『佛敎學硏究』(2009)를 참조하라.

5) 지금까지 국내에서 유통되는 불교 우주론에 관한 2차 자료들은 모두 『구사론』에 근거하고 있는 것들로 여기에는 필연적으로 자료의 층차에 의한 문제가 있다고 할 수가 있다. 이를 나열해 보면 대략 다음과 같다. 吳亨根 著, 『佛敎의 靈魂과 輪廻觀』, (서울: 佛敎思想社, 1987[초판1978]), 181~400쪽; 히로 사치야 著, 전진묵 譯, 『저승관광』, (서울: 금하출판, 1992); 定方晨 著, 東峰 譯, 『佛敎의 宇宙觀』, (서울: 觀音出版社, 1993); 박동준 著, 『六道를 넘나본 須彌山』, (서울: 漢陽大學校 出版部, 2004); 김진열, 「輪廻說 再考Ⅲ-윤회설의 기원과 그 토대」, 『東國思想』, 제23집(1990), 191~196쪽.

장한다.6) 그리고 이러한 작용의 주체는 다름 아닌 중생들의 업력(業力)이다. 즉, 중생의 업력에 의한 요청적 측면이 물을 파생하고, 그것이 다시금 여러 기세간(器世間)적인 요소들로 변현한다는 것이다. 이는 '업(業)'과 '물'이라는 형상과 질료의 두 가지 요인으로 기세간의 형성을 설명하는 방식이라고 하겠다.

인간은 기세간의 형성이 끝난 뒤에 광음천(光音天)에서부터 차례로 하부의 하늘로 내려오는 과정에서 최후로 지상에까지 이르는 구조로 되어 있다.7) 이는 중생세간(衆生世間)의 측면으로 인간을 물질적인 기세간과 철저히 구분하는 인도철학적인 특성이라고 할 수가 있겠다. 즉, 인간은 일반의 물질과는 논리적 층차를 달리하는 존재라는 것이다. 이는 인간에게 깨달음과 같은 초기세간(超器世間)적인 속성의 내재를 함유하는 측면이라고 이해되어질 수가 있겠다.

『누탄경』계통과 『대비바사론』계통을 통해서 불교의 우주론을 고찰해 보면, 이 세계는 하부에 풍(風)·수(水)·금(金)의 3륜(三輪)을 기반으로 금륜(金輪)의 위에 9산8해(九山八海)의 수평적인 세계가 펼쳐져 있다. 그리고 9산8해의 축(軸)에 해당하는 수미산을 중심으로 지거천(地居天)과, 천상위의 공거천(空居天)이 위치해 있다. 이와 같은 내용에 관한 측면을 정리해 보면 다음과 같다.

---

6) 『長阿含經』21, 「第四分世記經三災品第九」(『大正藏』1, 138c); 『大樓炭經』5, 「災變品第十二」(『大正藏』1, 304b); 『起世經』9, 「世住品第十一」(『大正藏』1, 355c); 『起世因本經』9, 「住世品第十一」(『大正藏』1, 410c); 『阿毘達磨俱舍論』11, 「分別世品第三之四」(『大正藏』29, 57a); 『原人論』全1卷, 「斥偏淺第二」(『大正藏』45, 709a).

7) 『長阿含經』22, 「第四分世記經世本緣品第十二」(『大正藏』1, 145a); 『大樓炭經』6, 「天地成品第十三」(『大正藏』1, 305b); 『起世經』9, 「最勝品第十二之一」(『大正藏』1, 358b); 『起世因本經』9, 「最勝品第十二上」(『大正藏』1, 413b); 『阿毘達磨俱舍論』12, 「分別世品第三之五」(『大正藏』29, 65b), "劫初如色天"; 『原人論』全1卷, 「斥偏淺第二」(『大正藏』45, 709a), "二禪福"

이 세계는 아래로 두께 16억 유순(由旬: 梵 yojana, 踰繕那)의 풍륜(風輪)위에 깊이 8억 유순의 수륜(水輪)이 위치하고, 다시금 그 위로 3억 2만 유순의 금륜(金輪)이 존재한다. 그리고 수륜과 금륜의 넓이는 공히 같아서 12억 3,450유순이 된다.8)

금륜 위에는 수평적으로 중앙에서부터 ①수미(須彌: 蘇迷盧)산·②유건달라(踰健達羅: 梵 Yugaṃdhara, 持雙)산·③이사타라(伊沙馱羅: 梵 Īṣādhara, 持軸)산·④걸지낙가(朅地洛迦: 梵 Khadiraka, 檐木)산·⑤소달리사나(蘇達梨舍那: 梵 Sudarśana, 善見)산·⑥알습박갈나(頞濕縛羯拏: 梵 Aśvakarṇa, 馬耳)산·비나달가(毘那怛迦: 梵 Vinataka, 象耳)산·⑧니민달라(尼民達羅: 梵 Nimiṃdhara, 持)산·⑨철륜위(鐵輪圍: 梵 Cakravāḍa, 鐵圍, 金剛)산의 9산이 차례로 펼쳐져 있다. 9산 중 첫째에서 여덟째까지는 내산(內山)이 되며, 철위산은 이러한 내산의 주위를 바퀴와 같이 에워싸고(外山) 있다.

또한 9산의 산들 사이에는 모두 바다가 위치해 있는데, 9산의 사이에 있으므로 총 8해(海)가 된다. 즉, 9산8해의 수평적인 세계관이 확보되는 것이다. 8해 중 첫째에서 일곱째까지는 내해(內海)가 되는데, 8공덕수(八功德水)9)로 된 향수해(香水海)로써 이는 물결이 일지 않는 공간분할의 상징적인 바다이다. 마지막 여덟째 바다만이 상대적으로 외해(外海)가 되는데, 이곳만이 염해(鹽海)이며 바다에 파도가 존재한다.10)

---

8) 『阿毘達磨俱舍論』11, 「分別世品第三之四」(『大正藏』29, 57a·b).
9) 위의 책, 57c, "七中皆具八功德水。一甘。二冷。三軟。四輕。五淸淨。六不臭。七飮時不損喉。八飮已不傷腹。"
10) 『阿毘達磨大毘婆沙論』133, 「大種蘊第五中緣納息第二之三」(『大正藏』27, 691c).

외해인 염해의 안에 인간의 삶터인 4대주(四大州)가 위치해 있다. 이는 각각 좌측이 직선인 반달형의 ①동비제가주(東毘提訶洲: 梵 Pūrva-videha, 勝身)와 역사다리 형의 ②남섬부주(南贍部州: 梵 Jambu-dvīpa), 둥근 원상의 ③서구타니주(西瞿陀尼洲: 梵 Apara-godānīya, 牛貨)와 정사각형의 ④북구로주(北俱盧州: 梵 Uttara-kuru, 勝處)이다.

수미산의 높이는 내산 중에 가장 높아서 8만 4천(『대비바사론』계통은 8만) 유순이 되는데, 중앙의 수미산을 기준으로 이하의 7산들은 차례로 반감되면서 낮아진다. 이는 수미산이 산왕(山王)이 되는 동시에 묘고(妙高)라는 명칭을 얻게 되는 이유이다. 그러나 내산 밖의 외산인 철위산의 높이에 관해서는 『누탄경』계통과 『대비바사론』계통 간에 큰 차이가 나타나고 있다.

『누탄경』계통에서는 소철위산과 대철위산이 공히 6백 8십만 유순으로 기록되어 있고,11) 그로 인하여 태양과 달빛이 완전히 차단당하기 때문에 지옥은 암흑의 세계라고 기록되어 있다. 이에 반하여 『대비바사론』계통에는 철위산은 수미산의 높이가 차례로 반감된 결과로 그 높이가 3백 12유순 반이라고 되어 있다.12) 우리는 여기에서 철위산에 배속된 지옥의 측면이 남섬부주의 지하로 이동하게 되면서, 울타리의 역할만이 남게 된 철위산의 무게비중이 약화되고 있다는 것을 확인해 볼 수가 있다. 또한 그로 인하여 철위산은 지옥을 내포하

---

11) 『起世經』2, 「地獄品第四之一」(『大正藏』1, 320b).
12) 『阿毘達磨俱舍論』11, 「分別世品第三之四」(『大正藏』29, 57c); 『阿毘達磨順正理論』31, 「辯緣起品第三之十一」(『大正藏』29, 515a · b); 『阿毘達磨藏顯宗論』16, 「辯緣起品第四之五」(『大正藏』29, 850a · b).

기 위한 대·소의 이중구조에서 하나의 산으로 이해될 뿐이 된다. 즉, 필연성의 상실이 산의 숫자마저 축소하고 있는 것이다. 그러나 이로 인하여 수미산의 위상은 상대적으로 더욱더 강화된다고 할 수가 있는데, 이와 같은 측면은 『대비바사론』계통의 관점에서는 일관되게 나타나 보이는 양상이라고 하겠다.

수미산의 위로는 욕계(欲界)의 공거천과 색계(色界), 무색계(無色界)가 펼쳐지는데, 상향될수록 그 위신력에 의하여 위치의 높이와 폭의 크기가 증대된다.13) 3계설(界說)은 욕계6천(혹 魔天이 추가됨)과 무색계 4천에서는 공통된 양상을 보인다. 그러나 색계에 있어서는 『세기경』-22·『대루탄경』-10·『기세경』-10·『기세인본경』-9·『구사론』-17의 차이를 보이고 있다.14) 이는 색계의 성립시기와 방법 등에 관한 차별상으로 이해된다.

수미산을 중심으로 해서 그 위로 공거천의 천계가 펼쳐지고 있다는 것은 수미산이 불교의 우주론에 있어서 중심축의 역할을 함과 아울러 천지의 연결적 의미를 확보하고 있다는 것을 파악해 볼 수가

---

13) 忉利天에서 色究竟天까지의 높이는 각각 배수로 증가하지만, 폭은 순차적으로 증가하는 것이 아니라 欲界와 4禪의 차별에 의해서 증가한다.
   『阿毘達磨俱舍論』11, 「分別世品第三之四」(『大正藏』29, 60c~61a), “夜摩等天宮依處量有幾。有餘師說。此上四天依處量同妙高山頂。有餘師說。上倍倍增。有餘師言。初靜慮地宮殿依處等一四洲。第二靜慮等小千界。第三靜慮等中千界。第四靜慮等大千界。有餘師言。下三靜慮如次量等小中大千。第四靜慮量無邊際。”; 『阿毘達磨大毘婆沙論』134, 「大種蘊第五中緣納息第二之四」(『大正藏』27, 692b).

14) 『世記經』(22): 梵身·梵輔·梵衆·大梵·光·少光·無量光·光音·淨·少淨·無量淨·遍淨·嚴飾·小嚴飾·無量嚴飾·嚴飾果實·無想·無造·無熱·善見·大善見·阿迦尼吒/『大樓炭經』(10): 梵迦夷·阿波波·首陀行·遺呼缽·無想·阿毘波·阿答和·修陀旃·須陀旃尼·阿迦尼吒/『起世經』(10): 梵身·光憶念·遍淨·廣果·無想·不麤·無惱·善見·善現·色究竟/『起世因本經』(9): 梵身·光音·遍淨·廣果·不麤·不惱·善見·善現·阿迦尼吒/『俱舍論』(17): 梵衆·梵輔·大梵·少光·無量光·極光淨·少淨·無量淨·遍淨·無雲·福生·廣果·無煩·無熱·善現·善見·色究竟

있는 대목이다. 이는 수미산이 불교의 우주론에 있어서 우주산(宇宙山)의 역할을 담당하고 있는 부분이라고 할 것이다.15)

Ⅲ. 수미산설(須彌山說)과 사원구조

1. 수미산설의 정리

수미산의 수미는 Sumeru를 음사한 것으로 약칭하여 Meru라고도 하는데, 흔히 묘고산(妙高山)으로 번역되는 이 세계의 산왕(山王)이자 축산(軸山)이다.

수미산의 높이에 대하여 『누탄경』계통은 8만 4천 유순을 『대비바사론』계통은 8만 유순이라고 기록하고 있다. 그러나 밑면의 길이에 관해서 전자에는 기록이 없고 후자는 이 역시도 8만 유순이라고 되어 있다. 그러나 여기에 기록된 숫자적인 측면은 상징성을 내포하고 있는 면이 강하기 때문에 이를 주목할 만한 이견으로까지는 보기가 어렵다고 하겠다.16)

수미산의 형태적인 특징으로서 가장 두드러지는 것은 山頂(忉利天)이 정방형의 평면이며, 사방의 모서리가 솟아 있는 형태라는 것인

---

15) 拙稿, 「Kailas山의 須彌山說에 관한 종합적 고찰」, 『佛敎學硏究』 제12호(2005), 318~319쪽.
16) 위의 논문, 324~325쪽.

데, 『누탄경』계통의 기록에는 수미산정(須彌山頂)의 한 변 길이가 8만 유순이라고만 되어 있다.[17] 이에 반해서 『대비바사론』계통에는 수미산의 상부는 8만 유순, 혹은 4변이 도합 8만 유순의 두 가지 설이 제시되어 있고, 하부는 한 변의 길이가 8만 유순인 정방형으로 기록되어 있다.[18] 우리는 이상의 관련전적들에 의한 수미산의 길이를 통해서 수미산의 형태에 대한 여러 가지의 개략적인 측면을 파악해볼 수가 있게 된다.[19] 그러나 이로 인해서 추론되는 산형(山形) 중 어떤 것을 확정한다는 것은 현실적으로 불가능하다고 하겠다.

수미산은 지거천으로 지상에 배속되어 있음에도 불구하고 天의 영역을 포함하고 있다. 수미산의 중턱인 4만 2천 유순 지점(『대비바사론』계통은 4만 유순)에는 욕계6천의 제1천인 4왕천(四王天)이 위치해 있다. 이곳에는 각기 사방으로 동방 지국천(持國天), 남방 증장천(增長天), 서방 광목천(廣目天), 북방 다문천(多聞天)이 그들의 권속과 더불어 사방의 일곱 내산의 영역과 4대주를 관리 감독하게 된다. 또한 4왕천의 하부에는 귀화신격(歸化神格)인 야차(夜叉)들이 4천왕에 배속되어 존재하고 있다.[20]

4왕천이 위치하고 있는 수미산 중턱의 허공에는 51유순, 혹은 49유순(『대비바사론』계통은 50유순) 크기의 해와 달의 궁전이 방형의

---

17) 『起世經』6, 「三十三天品第八之一」(『大正藏』1, 341a).
18) 『阿毘達磨俱舍論』11, 「分別世品第三之四」(『大正藏』29), "入水量皆等八萬踰繕那。蘇迷盧山出水亦爾。(57c)"・"如是七海初廣八萬。約持雙山内邊周量。於其四面數各三倍。謂各成二億四萬踰繕那。(57c)"・"其頂四面各八十千。與下四邊其量無別。(59c)"
19) 「Kailas山의 須彌山說에 관한 종합적 고찰」에서 필자는 수미산의 형태에 대한 총 12가지의 정리를 시도한 바 있다.
   拙稿, 「Kailas山의 須彌山說에 관한 종합적 고찰」, 『佛敎學硏究』 제12호(2005), 325~327쪽.
20) 『起世因本經』1, 「閻浮洲品第一」(『大正藏』1, 366a); 『阿毘達磨順正理論』31, 「辯緣起品第三之十一」(『大正藏』29, 518b); 『阿毘達磨藏顯宗論』16, 「辯緣起品第四之五」(『大正藏』29, 852c).

구조로 존재하고 있는데, 멀리서 보게 되면 빛을 내뿜고 있기 때문에 시각적인 관점에서는 원형으로 목도되게 된다.21)

수미산의 정상은 33天의 존재로 인하여 파생된 욕계 제2천인 도리천(忉利天)이다. 수미산정은 한 변이 8만 유순인 정방형으로 네 모퉁이는 산과 같이 솟아 있다. 수미산정 안에는 관련전적 간에 대동소이한 건물의 측면이 언급되어 있는데, 건물 배치에 있어서는 다소간의 차이를 보이고 있다.

먼저 『누탄경』계통 경전에서는 수미산정 전체가 외성(外城)으로 둘러쳐져 있고, 그 안쪽에는 선견성(善見城)이라는 제석궁(帝釋宮)이 존재한다. 선견성 안에는 다시금 정전(正殿)에 해당한다고 할 수 있는 승전(勝殿)이 존재하는데, 이는 『화엄경』 제3회의 설법처인 묘승전(妙勝殿)이라고 하겠다.22) 또한 선견성 곁에는 제석천을 태우는 용상왕(龍象王)의 궁전이 존재하고 있다.23)

선견성의 남쪽에는 선법당(善法堂)이 위치하는데, 이 건물은 수미산정 33천들의 공회당적인 성격을 가지는 건물로 선견성에 비해서는 작은 건물이다. 선법당은 또한 붓다가 마야부인을 위해서 3개월간 도리천에서 위모설법(爲母說法)을 행하신 곳이기도 하다.24)

---

21) 『大樓炭經』6, 「天地成品第十三」(『大正藏』1, 305c), "其光明照周匝。是故圓。"; 『起世經』 10, 「最勝品第十二之餘」(『大正藏』1), "正方如宅。遙看似圓。(359a)" · "廣說如前日天宮殿。(360b)"

22) 『花嚴經文義綱目』全1卷, (『大正藏』35, 496b), "第三會在須彌山頂帝釋宮中妙勝殿。"; 『新譯華嚴經七處九會頌釋章』全1卷, (『大正藏』36, 712a), "第三會在須彌山頂帝釋宮中妙勝殿。"

23) '龍象王'에 대해서 『世記經』-伊羅鉢龍, 『大樓炭經』-伊羅摩龍王, 『起世經』-伊羅鉢那大龍象王, 『起世因本經』-伊羅鉢那大龍象王으로 龍과 象의 異見이 있다. 그러나 帝釋天이 탄다는 점과 『大毘婆沙論』30, 「雜蘊第一中愛敬納息第四之二」(『大正藏』27, 155b)와 普光의 『俱舍論記』19, 「分別隨眠品第五之一」(『大正藏』41, 155b) 등에 의거해 볼 때, 이는 의당 象王으로 보아야 할 것이다.

수미산정 33천의 수(數)에 관해서는 '제석천+32천'이라는 설과 제석천을 제외한 33천[25]이 존재한다는 설의 두 가지가 있다. 그러나 선법당의 중앙에 제석천이 좌정하고 좌우로 16천씩 배석하게 된다는 점이 누 차례 기록되어 있는 것 등[26]을 통해서 볼 때, 전자가 더 타당한 것으로 사료된다.

제석천을 제외한 32천들은 선법당 주변의 사방에 위계에 따라서 크기에 차이가 나는 각기 독립된 궁전들 속에 살고 있다.

선법당의 사방에는 또한 네 곳의 동산이 있으며, 동남방에는 목욕이 가능한 계단 연못이 있고 서북방에는 그늘이 좋은 대목(大木)[27]이 있다.

도리천의 전체적인 공간 구조는 선견성과 선법당을 축으로 하는 동일축선 구조에 선견성은 제석천만의 공간으로써 위계상 더 크게 설정되어 있지만, 실질적인 중요공간은 선법당과 그 주변 영역이라고 할 수가 있겠다.

다음으로 『대비바사론』계통의 전적에서 전하는 바는, 외성의 존재가 언급되어 있지 않기는 하지만, 전체적인 등장 구조물에 있어서는 동일하다. 다만 건물의 배치에 있어서는 큰 차이가 보인다.

『대비바사론』계통의 기록에서 선견성은 도리천의 중앙에 위치한다. 그리고 여기에서의 선견성은 제석천의 도읍으로 기록되어 있는 것[28]

---

24) 『增壹阿含經』28, 「聽法品第三十六-五」(『大正藏』2, 707a~708a); 『鞞婆沙論』9, 「四聖諦處第三十二之餘」(『大正藏』28, 481c).

25) 『正法念處經』25, 「觀天品第六之四(三十三天初)」(『大正藏』17, 143b).

26) 『起世因本經』6, 「三十三天品第八上」(『大正藏』1, 396b), "其座兩邊。各有十六小天王座。"; 『起世因本經』8, 「鬪戰品第九」(『大正藏』1, 404c), "帝釋天王。告其三十二天言。"

27) 『中阿含經』11, 「(六〇)中阿含王相應品四洲經第三(初一日誦)」(『大正藏』1, 495b), "是三十三天畫度樹也。三十三天在此樹下。於夏四月。具足五欲。"

으로 보아 제석천만의 궁성이 아닌 33천 전체가 거주하는 도시와 같은 성으로 이해된다. 이는 외성의 존재에 대한 기록이 없는 것과 일관된 서술이라고 할 수가 있다. 선견성 안에는 수승전(殊勝殿)이 존재하는데, 이 역시 제석천의 정전(正殿)으로 이해된다. 그리고 선견성의 사방으로는 네 원림이 형성되어 있는데, 이는 선견성의 외부 장엄영역으로 33천의 유희원(遊戲園)과는 성격이 다르다. 왜냐하면, 네 원림의 네 모퉁이에는 다시금 유희원이 설시되어 있는 것으로 기록되어 있기 때문이다.

선견성을 기준으로 서남쪽에는 선법당이 위치해 있고, 서북쪽에는 꽃과 향기가 좋은 大木(園生樹)이 있는 것으로 되어 있다.

전체적으로 보았을 때, 『대비바사론』계통의 기록은 『누탄경』계통과는 달리 선견성 중심이며, 그로써 선법당은 보조적 역할로 전락해 있다는 것을 알 수 있다. 우리는 이와 같은 양자의 차이점을 통해서 공화제적인 측면이 제석천 중심으로 변모되어진 변화양태를 인식할 수가 있게 된다고 하겠다.

2. 사원구조와의 관계성

우리나라의 사원구조는 그것이 위치하고 있는 지형에 따라 크게 평지가람과 구릉가람, 그리고 산지가람으로 나뉘어지게 된다. 이 중 선행하는 것은 도시 안에 건축된 평지가람인데, 이는 두 가지 요인에

---

28) 『阿毘達磨俱舍論』11, 「分別世品第三之四」(『大正藏』29, 59c), "是天帝釋所都大城。"; 『大毘婆沙論』133, 「大種蘊第五中緣納息第二之三」(『大正藏』27, 692a).

의한 것이라고 할 수 있다. 첫째는 사찰이 도시 안에서 멀지 않은 곳에 위치해야 탁발과 포교에 유리한 인도불교적인 내원에 의한 것이며,29) 둘째는 국가권력에 의해서 불교가 수용되고 보호된 측면이 강하다는 것이 그것이다.30) 이 중 둘째의 영향은 또한 사원구조가 왕궁과 같은 규모가 큰 건축물의 모방이라는 성향을 낳게 된다.31) 오늘날까지도 주불전(主佛殿)을 남향으로 모시는 것은 중국 주(周)나라 때의 궁전(宮殿) 건축물 중 제정일치(祭政一致)와 관련된 명당(明堂)32)과 군인남면지술(君人南面之術)과 연관된 것33)으로 이는 인도의 동향(東向)을 기준으로 하는 것과는 차이가 있는 부분이라고 할 수가 있다.34)

중국은 불교의 전래 이전에 이미 인도에 필적할 수 있는 고대문화를 구축하고 있었다. 이는 불교의 전래를 통한 인도문화의 수용에 있어서 중국적인 변형에 의한 제한적인 측면을 파생하게 된다. 인도는 철학적으로는 인식론이 발달해 있는데, 이러한 인식주관의 강한 의존적 측면35)은 건축에 있어서 수미산 우주론과 같은 동심원적 구조를 낳게 된다. 즉, 가장 핵심적인 측면이 정중앙에 위치하고 있는 것이

---

29) 『四分律』50, 「房舍揵度初」(『大正藏』22, 939b).
30) 高翊晋 著, 『韓國의 佛敎思想』, (서울: 東國大學校 出版部, 1997), 21~25쪽.
31) 金煐泰 著, 『韓國佛敎史』, (서울: 經書院, 2000), 74~77쪽; 주남철 著, 『韓國建築史』, (서울: 高麗大出版部, 2006), 48~89쪽.
32) 리쩌허우 著, 정병석 譯, 『中國古代思想史論』, (서울: 한길사, 2005), 84쪽의 각주85, 參照; 金一權, 「唐宋代의 明堂儀禮 變遷과 그 天文宇宙論的 運用」, 『宗敎와 文化』, 제6집 (2000), 209~210쪽; 金一權, 「中國 古代 明堂儀禮의 성립과정과 天文宇宙論的 의미 고찰」, (延世大 國學研究院, 304회 발표회문, 2000), 參照.
33) 리쩌허우 著, 정병석 譯, 『中國古代思想史論』, (서울: 한길사, 2005), 192~205쪽.
34) 『大唐西域記』1, (『大正藏』51, 869b·c), "三主之俗東方爲上。其居室則東闢其戶。旦日則東向以拜。人主之地南面爲尊。"
35) 라다크리슈난 著, 李巨龍 譯, 『印度哲學史 I』, (서울: 한길사, 2003), 52~53쪽.

다. 이에 비해서 중국은 윤리학이 발달하여 종법제(宗法制)적인 측면
에서 예(禮)를 중시하는 친친존존(親親尊尊)의 수직적인 서열문화를
가지고 있다.36) 이는 건축에 있어서 남향(南向)한 상태에서의 맨 후
면에 가장 존귀한 측면이 자리잡게 되는 일향성의 직선형 건축형태
를 낳게 된다.

　이와 같은 인도와 중국의 건축문화적인 차이는 결국 중국의 사원
건축을 통해 적절한 절충점을 이룩하게 된다. 이는 한 방향에 동시에
네 방향의 의미를 내포시킨다는 것이다. 즉, 방위를 의도적으로 왜곡
하여 중국적인 일향성과 인도적인 동심원 구조를 동시에 만족시키고
있는 것이다. 이러한 측면들에 관해서 우리는 천왕문이나 탱화에서의
사천왕의 위치,37) 또는 8상도(八相圖)에서의 4문유관상(四門遊觀相)의
구조38) 등을 통해서 단적으로 확인해 볼 수가 있다. 이와 같은 중국식
의 변형구조는 Borobudur 등의 인도적인 영향의 건축구조나 mandala
의 원형(圓形)적인 측면과는 매우 다른 것이라고 할 수가 있다. 그리
고 중국적인 변형은 중국문화권에서 일반적으로 수용되고 있다는 점
에서 이에 대한 이해는 필연성을 확보하게 된다. 즉, 중국문화권의
사원구조에는 일향성 속에 자체로 동심원적인 구조가 내포되어 있는
것이다.

　우리나라는 지형적으로 평지가 적기 때문에 사찰들은 평지를 넘어
서 구릉과 산지에도 건축되는 필연성을 파생하게 된다. 물론 가람의

---

36) 李宗桂 著, 李宰碩 譯, 『中國文化槪論』, (서울: 東文選, 1993), 88쪽.
37) 張忠植 著, 「3. 韓國佛畵의 四天王 배치 형식」, 『韓國佛敎美術의 形式』, (서울: 시공아트,
　　2004), 176~177쪽.
38) 文明大 監修, 『朝鮮佛畵』, (서울: 中央日報社, 1996), 圖版目錄64 等 參照.

입지조건에는 종파와 사상적인 특징도 한 몫을 한다고 할 것이다. 또한 신라 말의 선종 유입[39]은 후발로서 이미 사원건립의 유력한 위치를 확보하기 어렵다는 측면과 아울러 선종 특유의 수련적인 특성이 더하여져 산지가람의 확대를 초래하게 된다. 그리고 이러한 과정에서 점차 보편화되는 것이 바로 3문형식에 의한 사원구조라고 할 수가 있다.

3문형식에 의한 사원구조의 확립은 기본적으로는 수미산 우주론을 바탕으로 하고 있다. 그러나 이러한 설이 보다 구체화되는 것은 화엄종의 유행과 관련된다고 할 수가 있겠다. 『화엄경』에서는 석가모니 붓다께서 정각(正覺)의 보리도량(菩提道場)에서 자리를 움직이지 않은 가운데 수미산정의 묘승전(妙勝殿)에서 설법하시는 내용을 토대로 붓다의 위치를 이해하려는 관점을 취하고 있다.[40] 이는 석가모니 붓다의 수인(手印)이 일반적으로 항마촉지인(降魔觸地印)이며,[41] 수미산을 상징화한 수미단(須彌壇) 위에 앉아서[42] 좌측에 화엄성중(華嚴聖衆)을 모신 신중단이 모셔져 있는 것을 통해서 납득 가능한 면이 있다고 하겠다. 즉, 3문형식에서 모색되는 붓다의 위치가 수미산정(須彌山頂)으로 비정되는 것에는 화엄종의 영향이 작용하고 있는 것이다. 물론 화엄종이 입론의 근거로 삼고 있는 『화엄경』의 관점은 수미산 우주론의 영향에 의한 것임은 재론할 필요가 없다. 즉, 3문형식

---

39) 가마타 시게오 著, 申賢淑 譯, 『韓國佛敎史』, (서울: 民族社, 1994), 105～112쪽.
40) 『大方廣佛華嚴經』16～18, 「昇須彌山頂品第十三～明法品第十八」(『大正藏』10, 80c～99a); 『大方廣佛華嚴經』7, 「佛昇須彌頂品第九～明法品第十四」(『大正藏』9, 441b～442a).
41) 김영주 著, 『韓國 佛敎 美術史』, (서울: 솔, 1997), 78쪽.
42) 東國佛敎美術人會 著, 『寺刹에서 만나는 佛敎美術』, (서울: 대한불교진흥원, 2005), 217쪽; 東國佛敎美術人會 著, 『알기 쉬운 佛敎美術』, (서울: BBS 불교방송, 1998), 152쪽.

의 사원구조는 수미산 우주론을 기초로 하여 화엄종을 통해 확대되었다고 하겠다. 그리고 이러한 3문체계는 우리나라에서는 선종의 유행과 더불어 보다 일반화되게 된다.

선종에 의한 산지가람의 확대는 회랑과 같은 평지가람에서의 공간 분리적인 요소가 그 필연성을 상실하게 되는 대신, 사찰진입로에 인적(人跡)을 남겨서 산짐승의 피해를 줄이는 동시에 신도들의 접근이 용이하게 해야만 하는 타당성이 요청되어지게 된다. 즉, 산지가람의 확대는 사찰진입로에 대한 무게비중의 확대를 초래하게 되며, 이는 3문체계가 보다 보편화하게 되는 한 개연성이 되었다고 하겠다.

3문체계를 중심으로 하는 우리나라의 사원구조는 전적으로 수미산 우주론에 의거하고 있다. 먼저 사찰의 진입로에서 만나게 되는 냇물과 다리는 성(聖)과 속(俗)의 경계를 분기하는 향수해(香水海)의 측면으로 이해될 수 있으며, 그 다음에 차례로 만나게 되는 일주문(一柱門)과 천왕문(天王門), 그리고 해탈문(解脫門)은 각각 수미산의 시작과 수미산 중턱의 4왕천, 그리고 수미산정의 의미로 이해되어질 수가 있다. 즉, 수미산 우주론에 입각한 체계를 구축하고 있는 것이 3문에 의한 가람배치이며, 이는 결국 화엄종의 가치에서는 석가모니 붓다가 수미산정의 묘승전(妙勝殿)에서 화엄의 가르침을 시설하시는 모습에 다름 아닌 것이라고 하겠다. 그러므로 수미산 우주론에 대한 보다 정확한 이해는 우리나라의 3문체계 사원구조를 이해하는데 있어서 매우 중요한 측면을 확보하게 된다고 하지 않을 수 없는 것이다.

Ⅳ. 진입로의 상관관계

1. 냇물과 다리

산지가람의 사원구조에 있어서 3문 이전에 만날 수 있는 것으로 일반적인 것이 냇물과 다리이다. 산지가람에서 계류(溪流)는 인간생존과 관련하여 필연적인 측면이 있는데, 이로 인해 보통 사찰 진입로에는 다리가 놓여 있게 된다. 다리가 놓여 있다는 것은 계류가 사찰을 지나 그 하류가 사찰의 앞으로 흐르고 있기 때문인데, 여기에는 수미산 우주론과 더불어 풍수지리적인 영향이 내포되어 있다고 할 수가 있겠다.

수미산 우주론에서 본다면, 사찰을 감아 도는 듯한 계류는 수미산 주변을 에워싸고서 다른 산의 영역과 공간분리를 하고 있는 향수해에 해당한다고 할 수 있다. 수미산 우주론의 향수해는 파도가 없는 8공덕수로 채워진 한 변의 폭이 8만 4천유순(『대비바사론』계통은 8만유순) 되는 바다이다. 그리고 그 속에는 『누탄경』계통에서는 다양한 연꽃과 같은 유들이 장엄하게 피어 두루 뒤덮고 있다고 한다.[43] 그러나 『화엄경』에서는 맑고 깨끗하여 명정하다고 되어 있다.[44] 그리고 그로 인하여 아수라(阿修羅)의 군대가 제석천을 공격하기 위해서 하늘을 날아갈 때, 그 모습이 그대로 비치는 해인삼매(海印三昧)가 가능하게 되

---

43) 『長阿含經』18, 「(三〇)第四分世記經閻浮提州品第一」(『大正藏』1, 115c); 『起世經』1, 「閻浮洲品第一」(『大正藏』1, 311c);『起世因本經』1, 「閻浮洲品第一」(『大正藏』1, 366c).
44) 『大方廣佛華嚴經』7, 「賢首菩薩品第八之二」(『大正藏』9, 439b); 『華嚴經探玄記』4, 「賢首菩薩品第八」(『大正藏』35, 192a); 『大方廣佛華嚴經疏』16, 「賢首品第十二」(『大正藏』35, 621b); 『法界圖記叢髓錄』下, (『韓佛全』6, 811b).

는 것이다.45) 즉, 향수해에 대한 이해에 있어서 『누탄경』계통에서는 꽃으로 뒤덮여 있는 바다를 묘사하고 있는 반면,『화엄경』에서는 맑고 투명하여 장애가 없는 것으로 나타나 있는 것이다.

수미산 우주론의 향수해를 사찰 앞의 계류와 연결시키는 것에는 다소 무리함이 있을 수도 있다. 실제로 향수해는 수미산의 4방을 에둘러 있는데 반해서 계류와 같은 경우는 일부의 방위에 치우쳐 있는 것이 고작이며, 또한 이는 일반적으로 흐르는 물로서 파도가 없는 8공덕수와는 차이가 있다고 할 수 있기 때문이다. 그러나 수미산 우주론에서 향수해의 역할은 8개 내산들의 공간분할적 의미를 확보하는 것이라고 할 수가 있다. 그리고 중국문화권의 사원구조에는 일향성 속에 자체로 동심원 구조가 내포될 수 있음에 관해서는 앞서 언급한 바가 있다. 그러므로 이와 같은 차원에서 본다면 사찰 전면의 계류는 성(聖)과 속(俗)의 분절적 의미46)를 나름대로 확보하고 있다고 할 수가 있는 것이다.

주지하다시피, 수미산은 이 세계와 동일한 수평적 세계 중 보다 내적인 중심점에 불과한 것으로 천(天)이라는 신(神)적인 특성을 내포함에도 불구하고, 이는 지거천으로서 성・속(聖・俗)의 분기에 의한 것일 뿐 공거천과 같은 공간적인 차별성을 확보하고 있는 것이 아니다. 그러므로 수미산의 성스러움의 의미는 공간분할을 통해서 확보된다고 할 수 있으며, 이러한 공간분할의 역할을 담당하고 있는 것이

---

45) 『大方廣佛華嚴經』7, 「賢首菩薩品第八之二」(『大正藏』9, 434b); 『大方廣佛華嚴經』14, 「賢首品第十二之一」(『大正藏』10, 73c); 『大方廣佛華嚴經』35, 「寶王如來性起品第三十二之三」(『大正藏』9, 627b); 다마키 고시로 著, 李元燮 譯, 『華嚴經의 世界』, (서울: 玄岩社, 1970), 25쪽.

46) 멀치아 엘리아데 著, 李東夏 譯, 『聖과 俗』, (서울: 학민사, 1997), 19~22쪽; 金勝惠 編, 『宗敎學의 理解』, (서울: 분도출판사, 1995), 103쪽.

바로 향수해라고 할 수가 있는 것이다.

이와 같은 차원에서 본다면, 사원구조에 있어서 계류는 성·속(聖·俗)의 분기라는 상징성을 내포할 수가 있는 것이 아닌가 한다. 사원건축에 있어서 교리적인 정합성은 필연적으로 상징성을 통해서 드러날 수밖에는 없게 된다.47) 이렇게 놓고 본다면, 계류에는 향수해의 상징성이 내포될 개연성이 존재하게 된다고 할 수가 있는 것이다. 특히 사찰 앞 계류에는 '해탈교(解脫橋)'와 같은 성·속(聖·俗)의 분기적 의미가 뚜렷하게 드러나는 다리가 놓여 있고는 하는데, 이는 연속된 공간분할을 통한 성·속(聖·俗)의 분기의미를 보다 분명하게 드러내주는 바라고 하겠다.

또한 물을 통한 공간분할적 의미는 『주역(周易)』에 "이섭대천(利涉大川)"이라고 하여 대천(大川)을 건너게 되면 상황이 바뀌게 된다는 인식을 통해서도 확인해 볼 수가 있다.48) 그리고 무교(巫敎)에서도 물(혹은 안개)을 건너는 상징성을 통해서 다른 정신적 경계(神의 영역)로 진입하는 내용이 나타나 보이고는 한다.49) 이와 같은 『주역』과 무교(巫敎)적인 측면은 이사(移徙)를 면액(免厄)의 방법으로 파악하고 있으며, 특히나 물을 건너는 이사를 통해서 도액(度厄)할 수 있는 해법제시를 통해서 현재까지도 유전되고 있다고 할 수가 있다. 즉, 물에 의한 공간분할은 수미산 우주론과 중국문화권의 전통에서 공히 공유되는 것으로 이를 통해서 성·속(聖·俗)의 분기를 파악하는 것

---

47) 拙稿, 「佛國寺 進入 石造階段의 空間分割的 意味」, 『建築歷史研究』 제16권(2005), 57쪽.
48) 『周易』, 〈需卦第五〉·〈訟卦第六〉·〈同人卦第十三〉·〈蠱卦第十八〉·〈大畜卦第二十六〉·〈頤卦第二十七〉·〈益卦第四十二〉·〈渙卦第五十九〉·〈中孚卦第六十一〉·〈未濟卦第六十四〉
49) 서정범 著, 『巫女別曲1~5』, (서울: 한나라, 1993), 參照.

에는 큰 무리가 수반되지 않는다고 하겠다.

또한 사찰 앞에 물이 흐르게 하는 것은 풍수론(風水論) 상에 있어서 배산임수(背山臨水)를 의미하는 것이라고 할 수 있다. 이는 남향의 선호와 더불어 양택(陽宅)의 명당론(明堂論)에 근거한 것이라고 하겠다.50) 그러므로 이러한 풍수론에 있어서도 물을 건너 산을 등지고 있는 사찰의 터는 길지(吉地)인 성역이 된다는 의미를 내포할 수가 있게 되는 것이다.

이상을 통해서 우리는 수미산 우주론에서의 향수해에 성(聖)과 속(俗)의 공간분할적 의미가 내포되어 있으며, 사원구조에 있어서는 사원 앞을 가로지르는 계류 역시 중국문화권적인 가치에 있어서 동일한 의미를 확보할 수가 있다는 점을 통해 양자의 상징성에 의한 표현관계를 모색해 보았다. 그리고 이는 계류를 가로지르고 있는 다리를 통해서 그 타당성이 보다 높게 확보될 수가 있게 된다고 하겠다.

2. 3문(門) 구조

사원구조에 있어서 계류가 공간분할에 있어서 질료적 차이를 내포하고 있다면, 문(門)은 동일한 질료적 공간에 있어서 상징성을 통해서만 공간분할의 목적을 현시하고 있다고 할 수가 있다.

사원구조에 있어서 진입로는 소위 3문이라고 칭하여지는 일주문(一柱門)과 천왕문(天王門), 그리고 해탈문(解脫門)으로 총 3번에 걸친 영역적인 공간분할을 이루고 있다. 이러한 3문의 공통적 특징은 문은

---

50) 村山智順 著, 崔吉城 譯, 『朝鮮의 風水』, (서울: 民音社, 1990), 35~42쪽.

있으나 문짝이 없거나, 혹은 문짝이 있더라도 이것이 차단을 위한 개
폐(開閉)의 역할을 수행하고 있지는 않다는 것이다.51) 이는 문의 주
변에 담장과 같은 공간의 인위적 분할을 위한 구조물이 설시되어 있
지 않은 것을 통해서도 인식될 수가 있는 바라고 하겠다. 즉, 3문의
문은 상징성에 의해서 공간분할과 차단의 의미를 내포하고 있을 뿐,
현실적인 구체적 목적을 수행하고 있지는 않은 것이다. 이는 종교건
축물이라는 개방공간의 의미를 문이라는 내외성의 동시구현을 통해
서 잘 표현하고 있는 것이라고 하겠다.52)

(1) 일주문(一柱門)

3문 중 첫째의 일주문은 일렬로 나열된 열주에 포(包)와 기와를 얹
은 형태가 일반적인데, 건축물의 의미보다는 상징성이 강하게 응축되
어 있는 구조물이다. 일주문의 내원은 인도의 불탑 등에서 나타나 보
이는 torana53)로 이 역시 내외의 구분과 이를 통한 성·속(聖·俗)의
분기라는 의미를 확보하고 있다고 할 수 있다.

인도를 내원으로 하는 일주문은 중국으로 전파되어서는 보다 인도
식에 가까운 패방(牌坊)과 중국의 누각양식이 가미된 패루(牌樓)로
양식적인 분기를 이루게 된다.54) 패방과 패루는 공히 후면에 존중의

---

51) 拙稿, 「佛國寺 進入 石造階段의 空間分割的 意味」, 『建築歷史研究』 제16권(2005), 61~62쪽.
52) 『大乘起信論』全1卷, (『大正藏』32, 576a), "依一心法。有二種門。云何爲二。一者心眞如門。
    二者心生滅門。是二種門皆各總攝一切法。此義云何。以是二門不相離故。"; 『大乘起信論疏
    記 會本』1, (『韓佛全』1, 738a).
53) 尹張燮 著, 『印度의 建築』, (서울: 서울大學校 出版部, 2004), 42~44쪽.
54) 李燁 著, 『佛寺游』, (北京: 中國藏學出版社, 2004), 參照.

대상, 혹은 기릴만한 대상이 존재하고 있다는 것으로 동일한 의미에 양식적인 차이만을 나타내고 있다고 할 수가 있다. 그런데 패방과 패루는 중국식의 존숭대상, 혹은 기릴만한 대상에 대한 의미가 포함되어 전체적으로 '솟을삼문'의 구조를 나타내고 있다. 이는 인도식의 토라나가 단일한 문의 형식을 하고 있는 것에 비해서 중국식의 영향을 받아 솟을삼문의 형태로 보다 복잡화되었다고 할 수가 있겠다.

패방과 패루는 우리나라에 수용되어지면서 '정문(旌門)'55)과 '일주문', 그리고 '솟을삼문'으로 분화된다. 즉, 우리나라와 같은 경우는 솟을삼문의 구조가 제례나 격이 높은 건물 등에서의 사용을 통해서 분기됨으로 인하여 '패방과 연결관계를 가지는 정문'과 '패루와 상관관계를 가지게 되는 일주문'의 구조에서는 공히 솟을삼문의 형식이 나타나지 않게 되는 것이다. 이로 인하여 도리어 중국보다도 인도식의 원형에 가까워지게 된다고 할 수가 있게 된다.

우리나라의 정문과 일주문 중에서 보다 토라나에 가까운 것은 정문이다. 그럼에도 불구하고 정문 양식이 일주문에서는 전혀 나타나고 있지 않는 것은 정문과 일주문의 건축에 있어서의 외부조건과 관련되는 것이 아닌가 한다. 정문과 같은 경우는 대부분 평지와 같은 공간에 건립되는 반면, 일주문은 산지나 구릉에 주로 건축된다. 이는 건축에 있어서 자연과의 조화를 꾀하는 한국건축적 특징에 있어서 보다 자연스러운 선택이 아니었는가 한다. 즉, 평지에는 단순한 선구조의 정문이 보다 친연관계를 가진다면, 산지나 구릉에 있어서는 일주문과 같은 포(包)와 기와를 얹은 유려한 건축물이 주변의 자연환

---

55) 朴珠 著, 「中央集權體制의 强化와 旌表政策」, 『朝鮮時代의 旌表政策』, (서울: 一潮閣, 1990), 參照.

경과 더불어 보다 높은 반향(反響)을 확보할 수가 있게 된다는 말이다.

이상으로 일주문의 내원인 토라나에서부터 우리나라에까지의 전개에 관해 살펴보고, 이를 통해서 일주문에는 원래부터 내외의 공간분할적 의미가 존재한다는 점을 검토해 보았다. 그러므로 다음으로는 이러한 전제들을 통해서 수미산 우주론적인 측면에 관해서 모색해 보도록 하겠다.

수미산 우주론의 구조에 있어서 일주문은 수미산의 최하부에 해당하는 측면이라고 할 수가 있다. 즉, 일주문은 수미산의 시작이 되는 곳이다. 계류와 다리에 의한 성·속(聖·俗)의 질료적 공간분할이 일주문을 통해서 의미적 공간분할로 다시금 설시되고 있는 것이다.

수미산 우주론에 있어서 일주문의 상징성과 상응할 수 있는 부분은 별도로 존재하지 않는다. 그러나 수미산의 시작이라는 측면은 분명 충분한 상징성을 내포하기에 충분한 바가 있다고 할 수 있으며, 이것이 일주문을 통해서 표출되고 있다는 이해는 나름의 타당성을 확보할 수가 있는 바라고 하겠다. 왜냐하면, 일주문은 그 자체에 의미가 있는 것이 아니라 토라나나, 패방·패루에서와 같이 그 후면의 어떤 신성한 존재와 공간에 대한 예비적 측면을 내포하고 있다고 할 수가 있기 때문이다.

(2) 천왕문(天王門)

천왕문은 수미산 우주론에서 수미산의 중턱인 4만 2천 유순 지점(『대비바사론』계통은 4만 유순)에 위치하고 있는 사방을 각기 관장하는 4천왕과 4왕천을 상징하는 건축물이다.

4왕천(梵 Caturmahārājika-deva)은 욕계6천 중 제1천으로 수미산의 중턱에 사방으로 돌출된 유건타산(由乾陀山)의 정상56)(『구사론』에서는 돌출된 지점임57))에 7보로 장엄된 4천왕의 성을 중심으로 그 권속들이 벌려 있는 세계를 말한다. 네 천왕은 각기 동방 지국천(持國天: 梵 Dhṛtarāṣṭra) · 남방 증장천(增長天: 梵 Virūḍhaka) · 서방 광목천(廣目天: 梵 Virūpākṣa) · 북방 다문천(多聞天: 梵 Dhanada 或 Vaiśravaṇa)이다. 이 중 다문천의 권능이 특히 수승하여 다른 천왕들과는 달리 세 개의 천궁과 이러한 천궁 사이에 유희원과 연못을 소유하고서 다섯 야차의 시위를 받으며, 모든 천왕들의 회합을 주도한다.58)

4천왕들은 또한 야차들을 거느리고 4왕천 이하에서 철위산 안쪽의 내산의 경계 영역을 다스리는 역할을 하고 있다.59) 즉, 4천왕은 각각의 방위에 따라 수미산의 중턱에서부터 4대주에 이르는 영역을 각기 관장하고 있는 것이다.

사원구조에서 천왕문은 바로 이러한 4천왕의 '위신력'과 '공간분할적 의미'를 상징하고 있다고 할 수 있다. 여기에서 4천왕의 위신력이란, 곧 이 세상의 방위적인 수장으로써 방비지악(防非止惡)하게 한다는 것이다. 4천왕문 내의 4천왕은 일반적으로 악귀(惡鬼)를 밟고 있

---

56) 『起世經』6, 「四天王品第七」(『大正藏』1, 339c); 『起世因本經』6, 「四天王品第七」(『大正藏』1, 394c).

57) 『阿毘達磨俱舍論』11, 「分別世品第三之四」(『大正藏』29, 59b · c); 權五民 譯, 『阿毘達磨俱舍論2』, (서울: 東國譯經院, 2002), 526~527쪽의 각주46, 參照.

58) 『長阿含經』20, 「第四分世記經四天王品第七」(『大正藏』1, 130b~131a); 『大樓炭經』3, 「四天王品第八」(『大正藏』1, 293b~294a); 『起世經』6, 「四天王品第七」(『大正藏』1, 339c~341a); 『起世因本經』6, 「四天王品第七」(『大正藏』1, 394c~396a).

59) 『阿毘達磨俱舍論』11, 「分別世品第三之四」(『大正藏』29, 59c).

는 生靈座(惡鬼座·鬼座)나 바위를 밝고 있는 암좌(巖座) 위에 위치해 있는데,[60] 이는 4천하의 악(惡)에 대한 제압을 의미한다고 할 수가 있다.

또한 공간분할적 의미에 있어서는, 수미산의 성역 안에서도 이곳부터 신들의 세계가 시작됨을 통해서 이중적인 공간분할이 시도되고 있다고 하겠다. 즉, 수미산 자체도 성역이지만, 4왕천에 이르게 되면 이곳은 신들이 거주할 수 있는 성역으로, 보다 높은 성역의 의미를 확보할 수가 있게 되는 것이다. 이는 4왕천의 외곽 허공에 일천자(日天子)와 월천자(月天子)의 궁전이 순환하고 있다는 것을 통해서도 단적인 확인이 가능하다고 하겠다. 즉, 4왕천까지가 일·월(日·月)이하의 이 세계적인 속성을 내포하고 있다면 4왕천을 분기점으로 해서 그 위로는 신들의 세계가 전개되고 있는 것이다. 바로 이러한 의미에 입각해서 4왕천이 바로 욕계 제1천이 된다고 하겠다.

천왕문은 4왕천을 상징화하고 있다. 그러나 이를 4방위에 따라서 각기 다른 건축물로 구조화하지는 않고 사찰의 진입로에 동·남·서·북의 방식에 따라 한 곳에서 표현하고 있다. 이는 중국적인 일향성의 건축양식에 인도식의 동심원 구조가 내포된 가장 분명한 측면이라고 할 것이다.

천왕문의 4천왕은 본전(本殿)의 붓다 입장에서의 동·남·서·북 형태를 취하고 있는데, 이는 최고의 핵심적 존재를 중심으로 하는 방위 설정인 동시에 중국문화적인 맨 후면의 관점에 입각한 측면이라고 하겠다. 또한 동·남·서·북의 순서는 수미산 우주론에서도 나

---

60) 文明大 著, 『韓國佛教美術의 형식』, (서울: 한·언, 1997), 124쪽; 秦弘燮 著, 『韓國의 佛像』, (서울: 一志社, 1992), 48쪽.

40

타나 보이는 양상인데, 이는 인도인들의 동방 숭배와 북방에서의 차선적인 대안에 대한 기대와도 상응하는 것이라고 할 수가 있다. 실례로 붓다의 4문유관(四門遊觀) 역시 東-老·南-病·西-死·北-沙門의 방식으로 되어 있는데,[61] 이 역시도 동일한 문화구조에 기인하는 것이라고 하겠다.

인도인의 동방 숭배에 대한 관점은 동방이 방위 중 수장이 되는 것을 통해서 확인가능한 면이 있는데, 이러한 문화적 배경 속에서 붓다의 출가는 동문(東門)이며,[62] 인도 사원의 방위는 동방을 향하고 있다고 할 수 있다. 북방이 차선적 대안이 된다는 것은 붓다께서 4문유관(四門遊觀)에서 북쪽을 나가 사문을 관하고, 또한 4천왕 중에서 북방의 다문천왕이 맹주가 된다는 것을 통해서 단적으로 확인해 볼 수가 있다고 하겠다. 다문천왕이 4천왕의 맹주가 된다는 것은 천왕문에서 나타나 보이는 조상(彫像)을 통해서도 확인해 볼 수가 있다.

4천왕의 지물은 조선시대 조상과 회화에 있어서 東-琵琶·西-劍·南-龍과 寶珠·北-塔으로 일반화되어 있으나,[63] 시대가 올라가는 감은사지의 사리장엄구 등에서는 이러한 의궤성이 일치되지 않고 있으며,[64] 이는 또한 중국의 4천왕과도 다른 측면이 있다.[65] 북방 다문천왕의 지물이 탑(塔)이 되는 것에 대해서는 4천왕이 모두 불법수호를

---

61) 渡邊照宏 著, 『新釋尊伝』, (東京: ちくま學藝文庫, 2005), pp. 89~94.

62) 『大唐西域記』6, 「劫比羅伐窣堵國」(『大正藏』51, 901b).

63) 張忠植 著, 「3. 韓國佛畵의 四天王 배치 형식」, 『韓國佛敎美術의 形式』, (서울: 시공아트, 2004), 176~177쪽.

64) 신대현 著, 「Ⅵ. 感恩寺 東·西 三層石塔의 양식 고찰」, 『韓國의 舍利莊嚴』, (서울: 혜안, 2003), 391~399쪽; 신대현 著, 『寂滅의 宮殿 舍利莊嚴』, (서울: 한길아트, 2003), 100·129쪽; 張忠植 著, 『新羅石塔硏究』, (서울: 一志社, 1994), 201~202쪽.

65) 秦弘燮 著, 『韓國의 佛像』, (서울: 一志社, 1992), 47쪽.

서원하지만,66) 그 중에서도 특히 다문천왕의 경우가 두드러졌기 때문
이라고 한다. 이와 같은 측면 역시도 수미산 우주론의 관점을 일정
부분 수용한 것이라고 할 수가 있겠다.

이상을 통해서 우리는 천왕문이 수미산 우주론의 4왕천과 4천왕을
상징적으로 표현한 것이라는 것을 확인해 볼 수가 있게 된다. 그리고
이러한 내포의미에는 4천왕의 '위신력에 의한 방비지악(防非止惡)'과
'수미산 안에서의 공간분할', 및 '불법의 수호'라는 사원구조의 상징
성을 읽어 낼 수가 있게 된다고 하겠다.

(3) 해탈문(解脫門)

해탈문은 문의 너머가 해탈의 경계임을 상징하는 문으로 수미산
우주론에서는 도리천으로의 진입과 그 경계를 의미한다고 할 수가 있
다. 해탈문은 불이문(不二門)이라고도 하는데,67) 그 의미에 관해서는
이전부터 진・속불이(眞・俗不二)의 관점에서 언급되고는 하였다. 이
는 곧 역으로 사료해 보면 해탈문에 의해서 진・속(眞・俗)이 분절
되고 있다는 것에 다름 아니라고 하겠다. 여기에서 속(俗)은 당연히
4대주(四大洲)의 중생계(衆生界)라고 할 수 있으며, 진(眞)은 수미산
정의 성역(聖域)에 관한 측면이라고 할 수가 있을 것이다.

도리천은 제석천을 필두로 하는 33천의 거주처인 수미산정의 방형
공간이다. 도리천의 사방 모서리는 솟아 있는 형태인데, 『누탄경』계통

---

66) 『金光明經』2, 「四天王品第六」(『大正藏』16, 340c～344c); 『金光明最勝王經』6, 「四天王護
國品第十二」(『大正藏』16, 427b～432c).
67) 김정수, 「韓國의 宗敎建築에 관한 연구」, (서울: 延世大 博士學位論文, 1974), 208쪽.

에 의거하면 전체적으로 외성이 둘러쳐져 있는 것(『대비바사론』계통에는 외성이 언급되어 있지 않음)으로 묘사되어 있다. 일반적으로 사원구조에 있어서 본전 영역은 방형으로 되어 있고, 이는 다시금 본전을 중심으로 하는 건물과 구조물 등에 의해서 둘러쳐져 있는데, 이러한 측면들은 전체적으로 도리천의 의미구조를 상징하고 있다고 할 수가 있겠다.

해탈문은 도리천이라는 지상에서의 가장 신성한 공간에 대한 공간분할적 의미를 확보하는 건축물이다. 또한 도리천이 수미산의 정상이라는 의미를 통해서 일반적인 수미산과는 또 다른 의미를 확보할 수가 있는 측면이 있다. 즉, 정상에는 산의 연장인 동시에 이를 초월하는 강한 상징성을 내포할 수 있는 개연성이 존재하고 있는 것이다.

해탈문에 정확하게 상응할 수 있는 수미산 우주론에 있어서의 구조물은 별도로 존재하는 것이 없다. 그렇지만 수미산 우주론에 있어서도 수미산과 수미산정으로서의 도리천 구분은 분명히 존재하고 있으며, 이는 질료적 차이에 의한 것이 아닌 가치적 차이에 의한 것이라고 하겠다. 즉, 해탈문은 3문에서 공히 나타나 보이는 성(聖)과 속(俗)의 공간분할적 의미68)를 가장 극대화하여 표출하고 있는 것이다.

---

68) 멀치아 엘리아데 著, 李東夏 譯, 『聖과 俗』, (서울: 학민사, 1997), 19~22쪽.

V. 본전(本殿) 영역의 상관관계

1. 본전의 외부 공간

3문 안의 본전 영역은 수미산 우주론에 있어서의 수미산정인 도리천과 상응하는 신성공간(神聖空間)이라고 할 수 있다. 도리천은 욕계의 제2천이자 지거세주(地居世主)인 제석천(帝釋天)이 머무는 곳이다. 그러나 도리천이 사원구조에 있어서 의미를 확보할 수 있는 것은 제석천 때문이 아니라, 이러한 도리천에서 붓다께서 설법을 하시는 측면을 상정하고 있기 때문인데, 이의 가장 대표적인 경우가 『화엄경』이다. 도리천은 지상의 가장 높은 곳에 다름 아니며, 이러한 장소에서 붓다께서 설법하신다는 것은 곧 인간이면서 인간을 초극하는 붓다의 성향을 가장 잘 나타내 준다는 점에서 종교적인 상징성이 잘 발현되어질 수가 있다고 하겠다.

수미산정인 도리천은 정방형으로 되어 있는데, 이는 전체적으로 외성으로 둘러쳐져 있으며 그 안에는 내성에 속하는 선견성이 존재하고 있다. 선견성은 제석천이 거주하는 내원에 해당하는 곳이라고 할 수가 있다. 선견성의 남쪽에는 다시금 선법당이 위치해 있는데, 이는 33천들의 공회당적 성격을 가지는 건물이다. 도리천에는 이외에도 유희원과 연못 등의 휴식공간과 여러 신들의 거주공간이 존재하고 있지만, 이 가운데 중요한 건물은 '선견성'과 '선법당'이라고 할 수가 있다.

사원구조에 있어서 일반적으로 본전의 영역은 방형의 공간으로 이는 탑(塔)과 전(殿)의 이중구조로 되어 있다. 본전 영역이 방형인 것은 도리천의 방형구조에 상응하는 것인데, 그 안에 당탑가람(堂[殿]塔伽藍)이 위치해 있는 것이다.69)

당탑가람의 구조는 당탑가람에서의 당(堂)이 불상을 모신 금당(金堂)을 의미한다는 점을 전제해 볼 때, '무불상시대(無佛像時代)를 거쳐 기원전후에 출현하게 되는 불상'70)과 '붓다의 재세시부터 유래되는 탑'71)의 이중구조에 의해 파생된다고 할 수가 있다. 불상과 탑은 서로 다른 내원과 전개를 확보하고 있는 것이지만, 이는 후대로 오게 되면서 점차 단일화 되어 승단에 의해서 존숭의 대상이 되게 되는데, 이는 아잔타나 엘로라 등의 유적에서 탑의 전면에 불상이 자리 잡고 있는 형태 등을 통해서 단적인 확인이 가능하다고 하겠다.72) 또한 이러한 전개과정을 통해서 우리는 탑에서 점차 불상으로 무게중심이 이동하는 측면에 관해서도 확인해 볼 수가 있게 된다.

불상과 탑이 공히 붓다를 상징한다는 점을 고려한다면, 본전 내에 존재하는 불상과 외부의 탑이라는 설정은 자칫 2불(佛)의 병존(竝存)을 상정할 수가 있다는 점에서 불교교리의 의궤에 있어 다소 문제의 소지가 있을 수가 있다. 그러나 이는 불상과 탑이라는 각기 서로 다른 논리적 층차를 확보하는 전개의 필연성에 의한 것이므로 일단은

---

69) 張忠植 著, 『韓國의 佛敎美術』, (서울: 民族社, 1997), 267~271쪽.
70) 근본8탑 이전에도 붓다의 재세시에 髮塔의 다수가 먼저 있었다.
　　『四分律』51, 「雜揵度之二」(『大正藏』22, 957b).
71) 최완수 著, 『韓國佛像의 원류를 찾아서1』, (서울: 대원사, 2002), 23~27쪽; 다카다 오사무 著, 이숙희 譯, 『佛像의 誕生』, (서울: 예경, 1994), 21~56쪽; 文明大 著, 『韓國佛敎美術史』, (서울: 한·언, 1997), 63~66쪽.
72) 안영배 著, 『印度建築紀行』, (서울: 다른세상, 2005), 122쪽; 尹張燮 著, 『印度의 建築』, (서울: 서울大學校 出版部, 2004), 106~115쪽.

그대로 수용되어질 수밖에는 없는 측면이라고 하겠다.

불상과 탑에 의한 서로 다른 내원의 당탑가람 구조는 수미산 우주론과 일치되는 가치는 아니다. 또한 이는 사원구조가 처음부터 수미산 우주론을 근거로 구조화된 것이 아니기 때문이라고도 할 수가 있다. 그러나 수미산 우주론과 사원구조와의 보다 높은 상관관계의 확보를 위해서는 이러한 양자간의 타당성 있는 설명이 존재하게 된다면, 논리의 정합성에 있어서 기여할 수 있는 바가 있다고 하겠다.

불상과 탑이라는 2불의 이중구조가 도리천 영역에서 동시에 표현되어질 수 있는 가능성에 대해서 우리는 '화엄에 입각한 묘승전(妙勝殿)의 측면'과 '도리천 위모설법(爲母說法)에 입각한 선법당(善法堂)의 측면'을 들 수가 있다.

화엄에는 석가모니(釋迦牟尼) 붓다가 정각(正覺)의 성취처인 보리도량(菩提道場)을 떠나지 않고, 수미산 정상의 제석천궁(帝釋天宮)에서 법혜보살(法慧菩薩)을 상대로 제3회의 법문을 설시하는 내용이 나타나 있는데, 이는 『80화엄경(八十華嚴經)』을 기준으로 「13: 승수미산정품(昇須彌山頂品)~18: 명법품(明法品)」에 이르는 중요한 부분이 여기에 해당된다.73) 이때 붓다께서 설법의 장소로 삼고 계신 곳이 바로 묘승전인데,74) 이는 제석천의 정전에 해당한다고 할 수가 있다.

그런데 붓다 탄생 후 7일 만에 돌아가셔서 도리천에 나게 되는 마야부인을 위해서 붓다께서 기원정사(祇園精舍)에서 제석천의 권유로

---

73) 『大方廣佛華嚴經』16~18, 「昇須彌山頂品第十三~明法品第十八」(『大正藏』10, 80c~99a); 『大方廣佛華嚴經』7, 「佛昇須彌頂品第九~明法品第十四」(『大正藏』9, 441b~442a).
74) 『花嚴經文義綱目』全1卷, (『大正藏』35, 496b); 『新譯華嚴經七處九會頌釋章』全1卷, (『大正藏』36, 712a).

도리천에 올라가서 마야부인을 위해서 3개월간 설법하실 때의 장소
는 이와는 다른 선법당이다.75) 위모설법시(爲母說法時)에 선법당에서
설법하신다는 것은 마야부인이 도리천중(忉利天衆)일 뿐이기 때문인
것으로 사료된다.

그러나 이를 통해서 우리는 붓다께서 행하시는 도리천에서의 중요
한 설법이 묘승전과 선법당이라는 각기 다른 두 곳에서 이루어지고
있다는 것을 인식해 볼 수가 있게 된다. 이는 당탑의 이중구조에 대
한 한 타당한 해법이 될 수 있는 동시에 수미산 우주론과의 보다 높
은 정합성을 확보하게 해 줄 수가 있는 측면이라고 하겠다. 또한 이
는 위치적으로도 선견성의 남쪽에 선법당이 위치하고 있는 것과도
일치한다고 할 수가 있다.

그리고 『누탄경』계통에서는 도리천에서 선법당이 보다 중심적 위
치를 차지하던 것이 『대비바사론』계통에서는 선견성 중심으로 전환
되는 것을 확인해 볼 수가 있는데, 이는 탑 중심에서 불상중심으로의
전환과도 일치되어 해석될 수 있는 측면이 된다고 하겠다.

물론 탑과 불상이라는 이중구조는 자체로 서로 다른 독립적인 내
원을 통해서 파생된 것이므로 이를 곧바로 수미산 우주론과 연결시
킨다는 것에는 문제가 있을 수 있다. 그러나 사원구조는 의궤성과 더
불어 고도의 상징성으로 점철되어 있다는 점을 고려한다면, 이러한
연결 노력은 그 자체로 나름의 타당성을 확보할 수가 있는 측면이라
고 하지 않을 수 없는 것이다.

---

75) 『雜阿含經』19, 「五〇六」(『大正藏』2, 134a); 『增壹阿含經』28, 「聽法品第三十六-五」(『大正藏』
   2, 707a~708a); 『韠婆沙論』9, 「四聖諦處第三十二之餘」(『大正藏』28, 481c).

2. 본전과 화엄사상

본전은 사원구조에 있어서 가장 중요한 건축물이라고 할 수 있는
것으로 수미산 우주론에 있어서는 선견성(善見城)에 해당한다고 할
수가 있다.76) 본전을 선견성으로 이해할 수 있는 사상적인 측면의 대
표적인 경전은 『화엄경』이다. 즉, 구조적으로는 수미산 우주론이, 그
리고 사상적으로는 화엄사상이 이를 지원할 수 있는 것이다.

본전을 화엄사상과 연관해서 생각해 볼 수 있는 부분으로는 '수미
단(須彌壇)'과 '신중단(神衆壇)'의 측면을 들 수가 있다.

수미단(須彌壇)은 붓다를 모신 좌대를 지칭하는 것인데, 수미산과
같은 단(壇)이라고 하여 수미단이라는 명칭을 얻고 있다.77) 그러므로
수미단 자체를 방형의 수미산정인 도리천이라고도 생각해 볼 수도
있는 것이다. 그러나 이럴 경우 자칫 중복의 의미가 파생되기 때문에

---

76) 『起世經』과 『起世因本經』, 및 『長阿含經』과 『俱舍論』에는 공히 "善見城"으로 되어 있으나
   (『大樓炭經』에는 "須陀延"으로 되어 있음), 『華嚴經』에는 帝釋殿으로 나타나고 있다. 그러
   나 『華嚴經』에는 이후에 妙勝殿이 또다시 등장하고 있으므로 여기에서의 帝釋殿은 法藏이
   나 澄觀의 기술처럼 帝釋宮으로 보아야 할 것이다. 그러므로 忉利天의 전체적인 구조에서
   볼 때, 이는 善見城과 상응한다고 보아도 무방한 것으로 사료된다.
   『起世經』6, 「三十三天品第八之一」(『大正藏』1, 341a); 『起世因本經』6, 「三十三天品第八上」(『大
   正藏』1, 366a); 『長阿含經』6, 「第四分世記經忉利天品第八」(『大正藏』1, 131a·b); 『阿毘達磨
   俱舍論』11, 「分別世品第三之四」(『大正藏』29, 59c); 『大樓炭經』4, 「忉利天品第九」(『大正藏』1,
   294a); 『大方廣佛華嚴經』16, 「昇須彌山頂品第十三」(『大正藏』10, 80c), "爾時世尊。不離一
   切菩提樹下。而上昇須彌。向帝釋殿。時天帝釋。在妙勝殿前。遙見佛來。即以神力。莊嚴此
   殿。置普光明藏師子之座。"; 『大方廣佛華嚴經』7, 「佛昇須彌頂品第九」(『大正藏』9, 441b),
   "爾時世尊威神力故。不起此座。昇須彌頂向帝釋殿。爾時帝釋遙見佛來。即於妙勝殿上。敷置
   衆寶師子之座。"; 『花嚴經文義綱目』全1卷, (『大正藏』35, 496b), "第三會在須彌山頂帝釋宮
   中妙勝殿。"; 『新譯華嚴經七處九會頌釋章』全1卷, (『大正藏』36, 712a), "第三會在須彌山頂
   帝釋宮中妙勝殿。"

77) 東國佛敎美術人會 著, 『寺刹에서 만나는 佛敎美術』, (서울: 대한불교진흥원, 2005), 217쪽;
   東國佛敎美術人會 著, 『알기 쉬운 佛敎美術』, (서울: BBS 불교방송, 1998), 152쪽.

48

수미단은 도리천에서 붓다께서 설법을 위해 거주하시는 공간으로 이해하는 것이 보다 더 바람직하다고 할 수가 있게 된다고 하겠다.

수미산 우주론과 『화엄경』의 제3회 설법에 대한 주석적 입장을 종합해 본다면, 본전 영역의 방형공간은 전체적으로 수미산정인 방형의 도리천이 된다고 할 수가 있으며, 그 안에서의 본전은 도리천 안의 제석천궁인 선견성에 해당한다고 이해될 수가 있다. 그리고 수미단은 다시금 선견성 안에서 제석천의 정전(正殿)인 묘승전(妙勝殿)에 해당한다고 하겠다.78) 이는 수미단 위의 석가모니 붓다의 수인(手印)이 정각의 상징적 표현인 항마촉지인(降魔觸地印)이라는 점을 통해서도 그 타당성이 확보될 수가 있는 부분이다. 항마촉지인은 보리수하(菩提樹下)의 정각(正覺)상태를 의미하는 석가모니 붓다의 별인(別印)이다.79) 그러므로 이때 설법되는 경전은 당연히 『화엄경』이 될 수밖에는 없게 된다.

『화엄경』의 제3회 설법이 붓다께서 보리수하의 정각도량(正覺道場)을 여의지 않고 도리천의 묘승전(妙勝殿)에 가서서 설법하시는 것에 다름 아니라는 점을 감안한다면, 전체적으로 붓다께서는 수미단이라는 묘승전에서 정각의 화엄법문을 설하고 계신 것이라고 이해되어질 수가 있는 것이다.

---

78) 『華嚴經』에서는 "妙勝殿"으로 되어 있는 것이 『俱舍論』에서는 "殊勝殿"으로 나타난다. 그러나 『起世經』과 『起世因本經』에는 다만 "勝殿"으로 나타나고 있으므로, 妙勝殿·殊勝殿은 전각에 대한 고유명사라기 보다는 그 빼어남을 상징화한 것으로 사료된다. 이러한 추정은 『俱舍論』을 통해서도 확인된다고 할 수가 있다.
『起世經』8, 「鬪戰品第九」(『大正藏』1, 352a); 『起世因本經』8, 「鬪戰品第九」(『大正藏』1, 407a); 『阿毘達磨俱舍論』11, 「分別世品第三之四」(『大正藏』29, 59c), "於其城中有殊勝殿。種種妙寶具足莊嚴。蔽餘天宮故名殊勝。"

79) 김영주 著, 『韓國 佛敎 美術史』, (서울: 솔, 1997), 78쪽.

다음으로 신중단은 본존(本尊)을 모신 좌측에 설시하는 것이 의궤적인 원칙이다. 이는 신중이 붓다를 호위하는 옹호성중(擁護聖衆)이기 때문에 좌측이라는 중국문화권에서 가장 가까운 측면을 점유하고 있는 것이다.80) 물론 우리나라와 같은 경우 조선후기에 이르게 되면 삼장단(三藏壇)이라고 해서 천장(天藏)·지지(地持)·지장(地藏)보살을 모신 탱화가81) 동일한 전각 안에 공존할 경우에는 신중단보다 우선권을 가져서 신중단이 우측으로 이동하는 경우도 있다.

신중단의 신중은 주지하다시피 『화엄경』과 관련된 화엄성중(華嚴聖衆)이다. 신중단에 모시는 신중의 숫자는 크게 39위(位) 이하와 39위(位), 그리고 104위(位)로 나누어 볼 수가 있다.82) '위(位)'라는 것은 신(神)을 세는 단위인데, 이 중 39위는 「화엄경약찬게(華嚴經略纂偈)」에서 언급되고 있는 것과 같이 『화엄경』과 관련된 신들이며,83) 104위는 39위에 한국적 신들이 증가되어 완성된 것으로 『석문의범(釋門儀範)』 등에 나타나 보이는 다소 변형된 신관(神觀)이라고 할 수가 있다. 즉, 39위가 원형이라면 104위는 한국문화에 의해 개량된 측면인 것이다.84)

신중단에 『화엄경』이 설해질 때의 신들이 등장하고 있다는 것은 '화엄성중(華嚴聖衆)'이라는 신중단과 관련된 정근을 통해서도 분명해

---

80) 王弼 著, 임채우 譯, 『王弼의 老子』, (서울: 예문서원, 1997), 134쪽.
81) 國史編纂委員會 編, 『佛敎美術, 象徵과 念願의 世界』, (서울: 두산동아, 2007), 245쪽.
82) 權志恩, 「19세기 神衆幀畵의 硏究」, (서울: 東國大 碩士學位論文, 2001), 19~44쪽.
83) 大韓佛敎曹溪宗 布敎院 編, 「華嚴經略纂偈」, 『통일법요집』, (서울: 曹溪宗出版社, 1998), 149~151쪽.
84) 安震湖 編, 『釋門儀範』, (서울: 法輪社, 檀紀4294), 59~68쪽; 김영희, 「韓國 神衆幀畵의 圖像學的 硏究」, (서울: 東國大 碩士學位論文, 2001), 45~54쪽; 權志恩, 「19세기 神衆幀畵의 硏究」, (서울: 東國大 碩士學位論文, 2001), 41~42.

지는데,[85] 이를 통해서 우리는 신중단의 호위를 받는 본존인 석가모니 붓다께서 무언으로 설하시는 경전이 『화엄경』이라는 것을 알 수가 있게 된다.

이상의 수미단과 신중단의 측면은 전체적으로 본전의 석가모니 붓다가 『화엄경』의 제3회 설법과 관련이 있고, 이는 곧 그 장소가 묘승전임을 의미한다고 하겠다. 즉, 수미산 우주론의 관점에서 볼 때 본전은 선견성(善見城)이며, 붓다께서 상주설법하시는 곳인 수미단은 곧 제석천의 정전(正殿)인 묘승전(妙勝殿)으로 이해되어질 수가 있는 것이다.[86]

VI. 나가는 말

이상을 통해서 불교의 우주론인 수미산 우주론에 대한 관련전적들의 정리에 입각한 우리나라 사원구조의 상징성에 관해 모색해 보았다. 이러한 노력을 통해서 우리는 우리나라의 사원구조가 수미산 우주론과 부합되는 의궤적인 측면에 다수 의존하여 체계화된 것이라는 것을 파악해 볼 수가 있게 된다. 그리고 그와 같은 전개에는 화엄의

---

85) 大韓佛敎曹溪宗 布敎院 編, 『통일법요집』, (서울: 曹溪宗出版社, 1998), 152쪽.
86) 불교의 本師인 석가모니 붓다를 중심으로 하는 구조적인 의궤를 기본으로 해서 석가모니 붓다 외의 다른 붓다들이 本尊이 되는 경우에도 상호 유사한 구조가 적용된다.

사상적인 측면에 입각한 석가모니 붓다에 대한 이해와 선종의 특수성에 입각한 위치적인 측면이 작용하고 있다는 것에 대해서도 인식해 볼 수가 있었다.

사원은 붓다를 모신 신성공간인 동시에 중생의 접근이 가능한 일반공간이기도 하다. 또한 절이 위치하고 있는 곳은 중생의 터전과 연결된 대지에 불과한 동시에 붓다를 통해서 거듭날 수 있는 기원(祈願)의 복지(福地)이기도 한 것이다. 이와 같은 성(聖)과 속(俗)의 이중성은 결국 진·속불이(眞·俗不二)의 관점에서 회통(會通)되는데, 이와 같은 의미를 상징성을 통해서 잘 발현하고 있는 것이 바로 사원구조인 것이다. 그러므로 사원구조에 대한 올바른 이해는 불교의 목적을 이해하는 중요한 측면이 된다고 할 수가 있는 것이다.

불국사 진입 석조계단(石造階段)의 공간분할적 의미

I. 들어가는 말

사원건축은 크게 '불교교리에 입각한 의궤성(儀軌性)'과 '지형적 영향의 효율적 수용'이라는 두 가지방향에서 모색이 가능하다.

불국사에 대한 현재까지의 이해는 원찰(願刹)보다는 국찰설(國刹說)이 더 보편적이고 타당하다고 할 수가 있다.[1] 국가적인 규모의 성격을 갖는 大刹의 경우는 상대적으로 자연적 제약을 극복할 수 있는 여지가 많기 때문에 불국사의 이해 접근에 있어서는 의궤성에 보다 많은 무게비중이 부여될 수 있다고 하겠다.

의궤성은 다시금 '교리적인 정합성'과 '상징성'을 통해서 구현되어 드러나기 때문에 이러한 양자의 이중구조적인 병진적 이해만이 유적과 유물의 정당한 인식을 위한 올바른 접근이 된다고 하겠다. 그러므로 이에 관한 시각의 확보는 매우 중요하다고 할 수가 있다.

불국사는 여러 불교사상들의 다원적 측면이 고도의 건축기술로 융합되어 상징화되고 있는 통일신라의 문화적 역량이 농축된 총화적인 건축물이다. 그러므로 이에 관한 해석적인 접근은 그리 용이한 측면이 아니다. 또한 오랜 역사와 임진왜란에 의한 소실 등으로 인하여,[2] 현존 유적과 유물을 통해서 창건 당시의 가치관에 대한 올바른 인식을 파악한다는 것에도 어려움이 내재하는 것이 현실이다.

일반적으로 석단(石壇)과 관계된 석조 건축물은 김대성(金大城)에

---

1) 姜友邦, 「佛國寺와 石佛寺의 功德主」, 『美術資料』, 제66호(2001), 13∼14쪽; 金南允, 「佛國寺의 創建과 그 位相」, 『新羅文化祭學術發表會論文集』, 제18집(1997), 40∼41쪽.
2) 國佛教研究院 著, 『佛國寺』, (서울: 一志社, 1999), 24∼26쪽; 『佛國寺古今創記』全1卷.

의한 불국사 창건, 혹은 중건 당시의 상황을 잘 반영하고 있는, 변형의 여지가 가장 적은 유구(遺構)로 평가되고 있다. 불국사에는 김대성의 초창과 중창이라는 두 가지 설이 내재하지만, 최소한 김대성에 의해서 가람의 규모가 일신되고, 이러한 과정에서 석단과 석계(石階) 등의 석조유적이 동시대에 완비되었다는 것에는 별다른 이견(異見)이 존재하지 않고 있다.3) 이는 구조적인 통일성과 수법의 일관된 양식을 통해서 능히 그 타당성이 확보할 수 있는 측면이다. 그러므로 석단과 석계를 통한 접근은 목조 건물 등의 접근에 있어서 나타날 수 있는 건립의 선후 문제와 같은 오류의 개연성으로부터 일정 부분 자유로울 수가 있다. 그러므로 석조유적을 통한 불국사의 접근은 불국사에 대한 올바른 이해에 있어서 매우 높은 타당성을 확보한다고 할 수가 있다.

불국사의 국찰적 측면은 지형적인 영향을 상당부분 이상 극복할 수 있는 여지를 내포한다. 그런데 그럼에도 불구하고, 불국사에는 석단의 고저차이에 의한 다양한 석조계단이 설시되어 있다. 그러므로 이와 같은 석조계단에는 각기 불교적 의궤성에 입각한 성(聖)과 속(俗)의 공간분할적인 의미4)가 강한 상징성으로 내포되어 있다고 할 수 있다. 그렇기 때문에 석조계단이라는 의도적 공간분할에 대한 정당한 파악은 역으로 불국사 가람배치에 내재한 의궤성을 올바로 인식하는데 있어서 능히 첩경이 된다고 하겠다.

---

3) 李慈慶, 「佛國寺에 관한 研究」, (大邱: 大邱曉星가톨릭大 碩士學位論文, 1999), 3~8쪽; 李鐘錫, 「佛國寺의 配置 및 空間構成에 관한 研究」, (慶山: 慶北産業大 碩士學位論文, 1995), 24~26쪽.
4) 멀치아 엘리아데 著, 李東夏 譯, 『聖과 俗』, (서울: 학민사, 1997), 19~22쪽; 金勝惠 編, 『宗敎學의 理解』, (서울: 분도출판사, 1995), 103쪽.

본 검토에서는 불국사의 석조계단 중에서 가장 큰 의미를 확보한다고 할 수 있는 진입로의 석조계단을 통해서 이의 타당성 있는 모색을 시도해 보고자 하였다.

이를 위해서 먼저 연화교·칠보교를 통해서 드러나는 내외의 공간분할적인 의미를 외부의 구품연지와 내부의 극락전을 통해서 종교건축에 있어서의 성과 속의 의미로 파악하였다. 그리고 다음으로 청운교·백운교에 대해서도 이를 내외의 공간분할적 의미의 선상에서 외부의 아뇩달지와 내부의 대웅전이라는 양방향성의 의미에 입각한 성·속의 분기를 시도하였다.

안양문과 자하문이 개폐(開閉)를 초월한 상태에서 내외의 공간분할적인 의미와 이를 통한 성·속의 분기를 이루어 내고 있는 것처럼, 불국사 진입석계 역시 건축구조적인 방식과 높낮이에 의한 위계 차이에 의해서 이와 같은 공간분할적인 상징성을 잘 드러내 주고 있다. 즉, 불국사의 진입에 있어서는 석계와 문이라는 이중의 공간분할적인 상징물이 설시되어 있는 것이다.

성·속의 개념을 바탕으로 하는 종교적인 공간분할은 실질적인 분할이 아닌 의미 분할이다. 그러므로 이는 내외의 상관관계를 통한 이중적인 검토를 통해야만 보다 더 높은 정합성을 확보할 수 있게 된다고 하겠다.

Ⅱ. 연화교(蓮花橋)·칠보교(七寶橋)의 공간분할

1. 연화교·칠보교와 구품연지(九品蓮池)

불국사의 석조 구조물은 전체적으로 비대칭적이면서도 조화로운 자연스런 균형미를 이루고 있다. 이는 좌우동형의 정형성 보다 비좌우대칭을 선호하는 우리문화의 정서적 표현인 동시에,5) 또한 불국사의 특징적인 가람배치 구조에 의거한 것이라고 할 수 있다.

불국사의 비좌우대칭적인 핵심은 극락전과 상응하는 진입로인 연화교(蓮花[華]橋)와 칠보교(七寶橋)의 존재에 의한 것이라고 할 수 있으며, 이는 의상계 화엄사찰에서 나타나 보이는 아미타신앙의 존중과 직결되는 부분이다.

안양문(安養門) 앞의 석계(石階)가 연화교와 칠보교라고 언급되어 있는 전적은 『불국사사적(佛國寺事蹟)』과 『불국사고금창기(佛國寺古今創記)』이다.6) 『불국사사적』은 1708년에 계천(継天)에 의해 개간(改刊)된 것이며,7) 『불국사고금창기』는 1740년에 활암동은(活庵東隱)에 의해 작성된 것으로 두 자료 모두 깊이 신뢰할만한 자료들은 아니다.8) 다만 현존하는 불국사 관련 자료들의 핍진(乏盡)으로 인하여 이

---

5) 주남철 著, 『韓國建築史』, (서울: 高麗大出版部, 2006), 7쪽; 李鐘錫, 「佛國寺의 配置 및 空間構成에 관한 研究」, (慶山: 慶北産業大 碩士學位論文, 1995), 68쪽.

6) 『佛國寺事蹟』全1卷, "蓮花七寶之兩橋"; 『佛國寺古今創記』全1卷, "七寶橋 蓮華橋" 『事蹟』과 『古今創記』는 '韓國學文獻硏究所 編, 『佛國寺誌(外)』, (서울: 亞細亞文化社, 1983)' 을 참조하였다.

7) 『佛國寺事蹟』에는 "慶歷 6년 丙戌(1046년) 2월에 國尊 曹溪宗 圓鏡沖照 大禪師 一然 撰"이 라고 되어 있고, 継天은 이를 改刊한 것으로 기록되어 있다. 그러나 이는 継天이 一然의 기록 등을 참고하여 저술한 것으로 보는 것이 타당하다고 사료된다.

에 관해서는 달리 마땅한 선택의 여지가 없는 실정이다. 그러나 안양문(安養門) 앞의 석계가 연화교와 칠보교라는 것은 유물적인 반증이 있기 때문에 그 타당성이 확보된다.

유물에 의한 반증은 석계의 하단에는 연꽃잎이 새겨져 있고, 상단은 층계의 수가 '7'로, 이는 7보(七寶: 金·銀·琉璃·頗梨·珊瑚·瑪瑙·車磲)를 상징한다고 할 수가 있다. 그러므로 안양문 앞의 석계(石階)는 하단이 연화교이고, 상단이 칠보교라고 하겠다. 연화교와 칠보교는 또한 그 아래쪽으로 배치된 구품연지(九品蓮池)와 호응하게 된다.

구품연지의 명칭에 관해서는 『불국사고금창기』에만 기록되어 있다.9) 구품연지의 위치에 관해서는 불국사 복원공사 때 발굴을 통해서 확인된 바 있다.10)

불국사의 극락전 영역과 진입로는 당연히 아미타정토 사상과 관련이 있다. 아미타정토 관련전적으로 예로부터 많은 영향력을 미친 것은 소위 정토삼부경(淨土三部經)으로 칭하여지는 『무량수경(無量壽經)』과 『아미타경(阿彌陀經)』, 그리고 『관무량수경(觀無量壽[佛]經)』이다.11) 이 중 『관무량수경』은 중앙아시아 찬술설(撰述[僞經]說)등의 문제가 존재하지만,12) 그럼에도 관법(觀法)을 설하는 것이 주된 내용이라는

---

8) 韓志允, 「佛國寺 構造에 나타난 密敎的 要素 硏究」, (서울: 東國大 碩士學位論文, 1995), 6~7쪽; 김상현 著, 『신라의 사상과 문화』, (서울: 一志社, 2003), 463~466쪽.
9) 『佛國寺古今創記』全1卷, "極樂殿 東長廊 西長廊 前後行廊 光明臺 奉爐臺 安養門 七寶橋 蓮華橋 九品蓮池"
10) 文化公報部 文化財管理局 編, 『佛國寺-復元工事報告書』, (慶州: 光明印刷公社, 1976), 61쪽.
11) 坪井俊映 著, 李太元 譯, 『淨土三部經槪說』, (서울: 운주사, 1995), 33·331·489쪽.
12) 토오도오 교순·시오이리 료오도 著, 차차석 譯, 『中國佛敎史』, (서울: 대원정사, 1992), 208~209쪽; 渡邊照宏 著, 金無得 譯, 『經典成立論』, (서울: 經書院, 1993), 227쪽.

특성상 관련묘사가 치밀하여 아미타 정토관련 불교미술의 의궤에 있어서 가장 중요한 역할을 수행하고 있다.13)

　구품연지 역시 『관무량수경』에 의해 설시된 명칭이라고 할 수 있다. 왜냐하면, 『무량수경』에는 7보지(七寶池)와 7보화(七寶華)가 각기 다른 계통에서 설해져 있고, 또한 극락왕생에 있어서도 3배왕생(三輩[上輩・中輩・下輩]往生)만이 언급되어 있기 때문이다.14) 또한 『아미타경』에서는 7보지(七寶池)와 8공덕수(八功德水)가 서로 대응하여 나타나고 있지만, 그것이 극락왕생의 측면과는 계통을 달리하고 있으며, 3배(三輩)나 9품(九品)과 같은 개념은 전혀 나타나 보이지 않고 있다.15) 이는 『관무량수경』에 등장하는 7보지(七寶池)와 그 속의 蓮花(연화의 재질에는 칠보에서부터 이하로 차등이 있음)가 서로 상응하는 가운데, 9품(九品)이 설명되고 있는 것16)과는 크게 대비된다고 할 수 있다. 그러므로 구품연지라는 명칭은 당연히 『관무량수경』에 의한 것이라고 하겠다.

　『관무량수경』에는 극락왕생할 수 있는 16관법(十六觀法)이 설해져 있는데, 이 중 제14・15・16관에 구품과 연화왕생(蓮花往生)이 설해

---

13) 『觀無量壽經』에는 觀世音菩薩의 化佛이나 大勢至菩薩의 寶瓶 등의 묘사와 같은 부분들이 구체적으로 잘 드러나 있다.
　　『佛說觀無量壽佛經』全1卷, (『大正藏』12, 參照), "頂上毘楞伽摩尼妙寶。以爲天冠。其天冠中有一立化佛。(343c)"・"頂上肉髻如鉢頭摩花。於肉髻上有一寶瓶。(344a)"
14) 『無量壽經』上, (『大正藏』12, 271b), "黃金池者底白銀沙。白銀池者底黃金沙。水精池者底琉璃沙。琉璃池者底水精沙。珊瑚池者底琥珀沙。琥珀池者底珊瑚沙。車磲池者底瑪瑙沙。瑪瑙池者底車磲沙。白玉池者底紫金沙。紫金池者底白玉沙。或二寶三寶。乃至七寶轉共合成。"; 『無量壽經』下, (『大正藏』12, 272b), "此等衆生臨壽終時。無量壽佛與諸大衆。現其人前。卽隨彼佛往生其國。便於七寶華中自然化生。住不退轉。智慧勇猛神通自在。"・"凡有三輩。"
15) 『佛說阿彌陀經』全1卷, (『大正藏』12, 347a), "極樂國土有七寶池。八功德水充滿其中。"
16) 『佛說觀無量壽佛經』全1卷, (『大正藏』12, 參照), "卽得往生七寶池中蓮花之內。(346a)"・"凡生西方有九品人。(344c)"

지고 있다.[17] 이러한 제14~16관의 내용을 극락전 진입로의 구조에 대입해보면 그 교리적 의궤성을 분명하게 확인해 볼 수가 있다.

제14~16관의 내용은 일반적으로 극락왕생의 대상이, 극락 대중의 내영(來迎) 이후 연화(蓮花)를 통해 화생(化生)하는 것으로 되어 있다.

극락왕생의 방법은 『무량수경』에는 화생(化生)과 태생(胎生)의 두 가지가 언급되어 있고, 이 중 화생이 상위가치가 된다.[18] 그러나 『아미타경』에는 즉득왕생(即得往生)만이 언급되어 있다.[19] 즉, 극락왕생의 방법은 화생과 태생, 그리고 즉득왕생의 세 가지가 있는 것이다.

『관무량수경』의 왕생을 언급하는 부분인 제14~16관의 묘사에는 화생과 즉득왕생의 두 가지가 나타나 보이는데, 이 중에서 화생이 보편적으로 일반화되어 있음을 확인할 수 있다. 그러므로 우리는 여기에서 불국사의 구품연지와 연화교의 구조가 『관무량수경』의 제14~16관의 내용과 일치되는 양상이라는 것을 알 수 있게 된다. 또한 연화교는 총 '9'개의 계단으로 이루어져 있는데, 이는 9품(九品)의 차등에 따른 연화화생(蓮花化生)을 의미한다고 할 수 있다.

칠보교는 7보지(七寶池)로 해석할 여지가 있다. 그러나 칠보교가 칠보지와 상응하기 위해서는 양자의 거리차이를 효율적으로 설명하는데 있어서 무리가 있다. 그러므로 칠보교는 왕생자(往生者)가 연화에서 나와 아미타불(阿彌陀佛)에게로 다가가는 측면으로 이해하는 것이 더 타

---

17) 『佛說觀無量壽佛經』全1卷, (『大正藏』12, 344c~346a).
18) 『無量壽經』下, (『大正藏』12, 278a·b), "爾時慈氏菩薩白佛言。世尊。何因何緣。彼國人民胎生化生。… 此諸衆生生彼宮殿。壽五百歲。常不見佛不聞經法。不見菩薩聲聞聖衆。是故於彼國土。謂之胎生。若有衆生。明信佛智乃至勝智。作諸功德信心迴向。此諸衆生於七寶華中自然化生加趺而坐。須臾之頃。身相光明智慧功德。如諸菩薩具足成就。"
19) 『佛說阿彌陀經』全1卷, (『大正藏』12, 347b), "是人終時心不顚倒。即得往生阿彌陀佛極樂國土。"

당하다고 사료된다.

극락세계는 아미타불의 서원(誓願)에 의해 구성된 세계로 7보(七寶)는 그 장엄함을 대표적으로 의미하는 바라고 할 수 있다. 칠보의 누관(樓觀)과 연못, 나무 등의 묘사는 바로 이러한 보신(報身)의 의보장엄(依報莊嚴)을 상징한다고 하겠다.[20]

극락정토란, 바른 깨달음에 도달하기 위한 공덕(功德)의 증장처(增長處)이기도 하지만, 그와 동시에 풍족한 안락을 위한 복덕(福德)의 향수처(享受處)이기도 하다.[21] 인도의 세계관에서 자주 등장하는 天上과 극락정토의 가장 큰 차이점은 '복진타락(福盡墮落)'[22]과 '불퇴전(不退轉)'[23]에 있다고 할 수 있다. 극락정토는 '깨달음'과 '복덕(福德)'이, 증장(增長)이라는 이상으로 결합된 곳이다. 이는 인도전통의 천상관념에 불교적인 완성도를 부여한 것으로 이해해 볼 수가 있다. 실제로 불교에서는 장수천(長壽天)이나 북구로주(北俱盧洲)와 같이 살기에 편안하고 수명이 긴 곳이 오히려 팔난(8難)이라는 악취(惡趣)

---

20) 『無量壽經』上, (『大正藏』12, 270c～271b).

21) 法藏比丘의 48원은 크게 세 갈래로 구분해 볼 수가 있는데, 첫째는 '극락중생의 깨달음 성취'와 관련된 부분이고, 둘째는 '극락중생의 복덕 향수'와 관련된 부분이며, 셋째는 '아미타불의 威神力'과 관련된 부분이다. 이상과 같은 측면들을 엄밀하게 구분하기는 어렵지만, 이 중에서 복덕의 향수부분이 깨달음의 성취 부분보다 더 많다는 정도는 어느 정도 확인이 가능하다. 이는 극락이 대승불교의 재가주의와 연관된 이상향이기 때문인 것과 관계되기 때문으로 사료된다. 또한 『無量壽經』上에는 극락에 관한 정의가 언급되는 부분이 있는데, 이를 살펴보면, 「삼악도의 고난의 이름조차 없으며, 언제나 자연스럽게 즐거움의 소리만이 존재하기 때문에 그 국토를 극락이라고 이름한다(無有三塗苦難之名。但有自然快樂之音。是故其國名曰極樂。: 271b)」라는 것이다. 이러한 극락이라는 명칭만을 통해서도 복덕의 향수 부분이 매우 중요한 부분을 차지함을 확인할 수 있다.

22) '福盡墮落'은 神들의 세계인 天上界의 한계에 관한 것으로 五衰相과 연관된다. 『根本說一切有部毘奈耶藥事』6, (『大正藏』24, 24a), "諸天常法。有欲死者。五衰相現。云何爲五。一者衣裳垢膩。二者頭上花萎。三者口出惡氣。四者脇下汗流。五者不樂本座。"; 『阿毘達磨大毘婆沙論』70, 「結蘊第二中有情納息第三之八」(『大正藏』27, 365a～365b).

23) '不退轉'은 淨土三部經에서 공히 다수 발견되는 극락의 가장 핵심적인 부분이다.

62

의 계통으로 구분되고는 하는데,24) 이는 그곳에는 깨달음은 적고 복덕만이 수승하기 때문이라는 것이다. 그러나 출가지상주의(出家至上主義)를 지양하는 대승불교에서는 깨달음만을 강조할 수는 없다. 그로 인하여 극락정토는 깨달음과 복덕이 공히 충족된 상태로 묘사되고 있는 것이다. 그러므로 연화교 위에 위계상으로는 아래일 것 같은 칠보교가 존재할 수도 있게 된다고 하겠다. 즉, 이는 '복(福)'과 '혜(慧)'를 두루 겸비한 것으로 보신(報身)의 가장 두드러진 묘용(妙用)이라고 할 수가 있는 것이다. 그러므로 칠보교는 아미타불의 서원(誓願)에 의한 장엄불토(莊嚴佛土)의 수용적 측면이라고 이해해 볼 수가 있는 것이다.

왕생자(往生者)는 일반적으로 연화라는 재생의 격리공간과 그곳에서의 준비기간을 가진다. 이는 통과의례(通過儀禮) 등에서도 보이는 것으로 거듭남을 의미한다.25) 그러므로 연화교 위에 칠보교가 위치한다는 것은 연화에서 재생하여 아미타불에게로 다가간다는 측면에서의 이해가 더 타당하다고 할 수 있다. 연화교와 칠보교 사이에는 중간공간(층계참)이 존재하는데, 이 공간 역시 연화에서 재생하여 극락성중(極樂聖衆)이 되는 중간단계를 반영한 구조적인 설정으로 이해할 수 있다.

이상으로 구품연지와 연화교·칠보교의 상관관계를 불교교리적인 의궤성의 입장에서 검토해 보았다. 이를 통해서 우리는 상호 분절되지 않는 가운데에서 나타나지는 성(聖)과 속(俗)의 의미적인 공간분할에 대해서 확인해 볼 수가 있게 된다.

---

24) 『增壹阿含經』36, 「八難品第四十二之一一一」(『大正藏』2, 747a).
25) 黃善明 著, 『宗敎學槪論』, (서울: 종로서적, 1992), 95〜98쪽.

그러나 이는 아래에서 위로, 즉 중생의 방향에서의 검토일 뿐이다. 불전(佛殿)은 주불(主佛)을 중심으로 한 공간이다. 그러므로 진입로 역시 당연히 주불과 필연적인 상관관계를 가질 수밖에 없다. 또한 사찰에서 불(佛)은 중생의 이상적 대상으로, 위계(位階)에 있어서 중생과는 당연히 비견될 수 없다. 그러므로 주불(主佛)을 중심으로 하는 시각의 확보 역시 필요하다고 할 수가 있게 된다. 이는 종교의례(宗敎儀禮)에 있어서는 필연적인 측면이라고 하겠다.26) 그렇기 때문에 다음으로는 주불(主佛)인 아미타불의 관점에서 칠보교와 연화교의 상징적 의미와 그 공간분할적 의미에 관해서 모색해 보고자 한다.

2. 연화교・칠보교와 극락(極樂)・극락전(極樂殿)

사찰에 있어서 문(門)이란, 통제하려는 의미보다는 성(聖)과 속(俗)의 공간분할적 의미가 더 두드러진다고 할 수 있다. 그렇기 때문에 문임에도 불구하고 문짝이 아예 없거나, 설령 문짝을 만들어 달았다고 해도 형식적일 뿐으로 실제로 닫아걸거나 하지는 않는다.27) 이는 종교건축물이라는 개방공간의 의미를 문이라는 내외성의 동시구현을 통해서 잘 표현하고 있는 것이라고 하겠다.28) 이와 같은 연장선상에 연화교와 칠보교라는 운제(雲梯)29)도 위치해 있다고 할 수 있다. 그

---

26) 과거 佛殿의 正中央에 佛像이 안치된 것이나, 祭禮에서 神位를 중심으로 의례가 진행되는 것 등은 모두 위계가 높은 대상자를 중심으로 하는 측면들이다.
朱熹 著,「祭禮」,『朱子家禮』. 參照.
27) 사찰의 '3門(一柱門・天王門・解脫門)'은 모두 여기에 해당한다고 할 수 있다.
28) 『大乘起信論』全1卷, (『大正藏』32, 576a), "依一心法。有二種門。云何爲二。一者心眞如門。二者心生滅門。是二種門皆各總攝一切法。此義云何。以是二門不相離故。"; 『大乘起信論疏記 會本』1, (『韓佛全』1, 738a).

러므로 중생의 입장에서 붓다에게 다가가는 검토가 있었다면, 붓다의 관점에서 중생을 굽어보는 관점 역시 그 필연성을 가진다고 하겠다.

불국사 극락전 영역과 대웅전 영역의 가장 큰 차이는 탑(塔: 梵 stūpa, 巴 thūpa)의 유무라고 할 수 있다. 아미타불은 곧 무량수(無量壽)의 존재이기 때문에 분묘(墳墓)를 상징한다고도 할 수 있는 탑의 필연성이 존재하지 않는다. 이와 같은 측면은 같은 의상 화엄계 사찰로써 불국사와 모종의 대비 관계를 형성한다고 할 수 있는 부석사(浮石寺)의 무량수전(無量壽殿) 앞에서도 나타나 보이는 양상이다.

'무량수(無量壽)'라는 표현에 있어서 금석학자(金石學者)였던 김정희(金正喜)는 이를 '무량수(无量壽)'라고 썼는데, 이는 '무(無)'자가 유무의 상대적 개념을 가질 수 있는 반면, '무(无)'자는 절대적인 없음을 보다 효율적으로 반영하는 글자이기 때문이다. 그러므로 극락전 앞에 있어서 탑의 명확한 필연성은 존재하지 않는다고 할 수 있다.

극락전 앞에는 탑은 없고 광명대(光明臺)와 봉로대(奉爐臺)만이 있는데,30) 이는 Amita의 본래 명칭인 Amitāyus(無量壽)와 Amitābha(無量光)의 복합적 상징으로 이해해볼 수가 있다. 즉, 탑이 없는 것을 통해서 Amitāyus의 의미를, 빛이 있는 것을 통해서 Amitābha의 의미를 확보할 수가 있게 되는 것이다. 그리고 봉로대는 이와 같은 위대함에 대한 중생의 찬탄이라고 할 수 있겠다.

극락전 영역은 아미타불의 신성공간이다. 그러나 아미타불은 극락세계에만 안주해서 설법하는 것은 아니라고 정토삼부경에는 묘사되

---

29) 『三國遺事』5, 「神咒第六(大城孝二世父母 神文代)」,(『大正藏』49, 1018b).

30) 『佛國寺古今創記』全1卷, "極樂殿 東長廊 西長廊 前後行廊 光明臺 奉爐臺 安養門 七寶橋 蓮華橋 九品蓮池"

어 있다. 즉, 아미타불은 극락세계의 주체인 동시에 능동적으로 중생 교화를 하는 접인래영(接引來迎)의 주체이기도 한 것이다.31)

『불국사사적』에서 "연화와 칠보의 두 다리로 극락도사 아미타불과 보살들이 오르내리는 계단을 삼았다"32)라는 언급은 바로 이에 관한 인식이라고 할 수 있다. 아미타불이 접인래영(接引來迎)의 주체라는 것은 극락전의 진입로인 칠보교·연화교와 연계되어 이해될 수 있다. 즉, 칠보로 장엄된 극락정토에서 아홉 계단의 연화교라는 구품연지(九品蓮臺)를 가지고 왕생자를 가서 맞이한다는 의미가 확보될 수 있는 것이다. 물론 이를 통해서 왕생자는 구품연지에 화생하게 된다.

그러므로 연화교와 칠보교의 공간분할은 외적인 중생의 입장에서의 극락왕생과 내적인 아미타불의 입장에서의 접인래영(接引來迎)이라는 이중적인 의미를 확보하게 된다고 하겠다. 이와 같은 양 관점은 또한 정토삼부경의 사상에 있어서 가장 종요(宗要)로운 부분이라고 할 수 있는 측면이다. 그러므로 연화교와 칠보교는 이와 같은 정토삼부경의 내용을 충실히 반영하고 있는 건축물이라고 할 수 있다. 즉, 극락정토사상에 입각한 측면의 교리적인 의궤성을 무너트리지 않으면서, 그 의미를 잘 상징하여 석조계단이라는 특유의 구조물로 건축미학적인 승화를 이루어 내고 있는 것이다.

---

31) 『無量壽經』上, (『大正藏』12, 268a·b), "(19來迎引接願): 設我得佛。十方衆生發菩提心修諸功德。至心發願欲生我國。臨壽終時。假令不與大衆圍遶現其人前者。不取正覺。"
32) 『佛國寺事蹟』全1卷, "蓮花七寶之兩橋爲極樂導師阿彌陀佛菩薩昇降之階"

Ⅲ. 청운교(靑雲橋)·백운교(白雲橋)의 공간분할

1. 청운교·백운교와 아뇩달지(阿耨達池)

흔히 구품연지로 칭해지는 연못은 발굴결과보고서에 의하면, 크기가 동서로 39.5m 남북으로 25.5m나 되는 거대한 크기이기 때문에 극락전과 대웅전 영역에 공히 배속될 여지가 충분히 존재한다.[33] 특히, 구품연지의 위치는 극락전 영역보다도 대웅전 영역 쪽에 오히려 더 치우쳐 위치하고 있다.[34] 그런데도 불구하고 '구품연지'라는 극락전 영역에만 배속될 수 있는 제한적인 명칭과 의미가 일반화되고 있다는 점은 분명 이론(異論)의 여지를 내포할 수 있는 부분이라고 하겠다.

불국사는 일반적인 사찰들과는 달리 대웅전과 극락전의 두 중심축을 가지고 있는 특이한 축선을 확보하는 가람배치를 가진다. 그럼에도 양 불전(佛殿) 중에서 대웅전에 무게중심이 더 많이 확보되며, 그로써 사찰내의 위계(位階)가 더 높다는 것에 있어서 이견을 제기하기는 어려울 것이다.[35] 그런데도 불구하고 대웅전 영역의 축선에 보다 가깝게 위치한 연못을 일방적으로 구품연지로만 인식한다는 것에는

---

33) 文化公報部 文化財管理局 編, 『佛國寺─復元工事報告書』, (慶州: 光明印刷公社, 1976), 61쪽.

34) 권태철, 「韓國傳統寺刹에서 나타나는 人工池에 관한 硏究」, (서울: 東國大 碩士學位論文, 1998), 45쪽; 崔榮基, 「佛國寺의 造形意識 관한 硏究」, 『慶州文化』, 제7호(2001), 249쪽.
　　구품연지의 치우친 위치 문제로 인하여 蓮池와 九品蓮池를 二元化하고, 『佛國寺─復元工事報告書』에서의 九品蓮池를 蓮池로 보는 견해도 있다.
　　김상현 著, 『신라의 사상과 문화』, (서울: 一志社, 2003), 470쪽.

35) 洪光杓, 「佛國寺의 空間形式에 內在된 造形的 意味」, 『新羅文化財學術發表會論文集』, 제18호(1997), 229쪽.

불교건축의 의궤성에 있어서 분명 문제가 있다고 하지 않을 수 없다.

종교미술은 일반미술과는 달리 개인성과 창작성을 존중하기 보다는 소의경전(所依經典)에 따른 의궤성에 그 핵심이 맞추어진다. 그러므로 『불국사고금창기』에만 전적으로 의존하고 있는 구품연지라는 명칭의 일반화에는 마땅히 제고되어야 할 필연성이 내재한다고 사료된다.

대웅전 영역의 진입로에 위치해 있는 운제(雲梯)는 청운교(靑雲橋)와 백운교(白雲橋)이다. 일반적으로 청(靑)은 적(赤)과 대칭을 이룬다고 이해되기 쉬운데, 이는 음양론(陰陽論)에 의거한 측면일 뿐이다.36) 이와 같은 경우처럼 청(靑)과 백(白)을 대칭하는 것은 오행(五行)에 의한 것으로 이는 음양론과는 시원적 층차를 달리하는 중국철학체계이다. 물론 후대에는 양자가 결합하여 음양(陰陽)·오행설(五行說)로 드러나기도 하지만, 그 시원에 있어서 음양론은 『주역(周易)』의 대대론(對待論)과 관련되는 철학체계이고,37) 오행(五行)은 『상서(尚書)』에서 기원하여 전국시대(戰國時代) 산동성(山東城) 제(齊)나라의 학자인 추연(鄒衍)에 의해서 확대된 철학체계38)로 양자는 분명 다른 내원에서 파생한 측면이라고 할 수 있다.

오행은 목(木)·화(火)·토(土)·금(金)·수(水)를 지칭하는데, 이는 방위적으로는 동(東)·남(南)·중앙(中央)·서(西)·북(北)을 그리고 색채로는 청(靑)·적(赤)·황(黃)·백(白)·흑(黑)이 된다.39) 그러

---

36) 梁啓超·馮友蘭 外 著, 김홍경 譯, 『陰陽五行說의 研究』, (서울: 신지서원, 1993), 61~68쪽.

37) 周敦頤 著, 朱熹 註, 『通書解』, 「誠上第一」: "易有兩義 一是變易 便是流行底 一是交易 便是待對底"; 張岱年 著, 김백희 譯, 『中國哲學史大綱 上』, (서울: 까치, 2000), 253쪽.

38) 馮友蘭 著, 『中國哲學史(上冊)』, (上海: 華東師範大學出版社, 2003), pp. 123~129; 梁啓超·馮友蘭 外 著, 김홍경 譯, 『陰陽五行說의 研究』, (서울: 신지서원, 1993), 37~44쪽.

므로 오행론(五行論) 상에 있어서 청(靑)과 백(白)은 목극금(木剋金)의 대립각을 형성할 수가 있게 되는 것이다. 그러나 여기에서 청(靑)과 백(白)은 단순히 오행상의 상극(相剋)만을 의미하는 것이 아니라, 동(東)·서(西)를 통해서 동(東)·서(西)·남(南)·북(北)을 아우르는 바라고도 할 수가 있다. 왜냐하면, 동·서는 방위의 기준으로 남(南)·북(北)을 포괄하는 의미적인 확보가 내포되기 때문이다. 그러므로 청운교과 백운교의 청(靑)과 백(白)은 곧 사방의 뜻으로 이해해 볼 수가 있게 된다. 또한 청(靑)과 백(白)은 목(木)과 금(金)의 순서적인 위계상 청(靑)이 백(白)에 선행하게 된다. 그러므로 대웅전 진입로 운제(雲梯)는 상층부가 청운교이고, 하층부가 백운교가 된다고 할 수 있다.

상층부가 청운교이고 하층부가 백운교인 것은, 또한 연지(蓮池)의 연꽃 종류와 관련해서도 일치되는 점을 추론할 수 있다. 사찰 내에 조성된 연못에는 당연히 연꽃이 심어졌을 것이다.[40] 특히 『불국사고금창기』에는 극락전과 관련하여 구품연지라는 명칭을 얻고 있고, 또한 무오(戊午: 1798)년의 기록에는 "연못의 연잎을 뒤집다"라는 기록이 있어, 이와 같은 가정을 거의 확실하게 해주고 있다. 그런데 극락과 관련되는 연꽃은 그 빛깔이 흰 백련(白蓮)이 사용된다.

중국 동진(東晉)의 승려이자 정토종(淨土宗)의 비조격 인물로 칭하여지는 혜원(慧遠: 334~416)은 여산(廬山) 동림사(東林寺)에서 원흥

---

39) 金谷治 外 著, 조성을 譯, 『中國思想史』, (서울: 理論과 實踐, 1996), 92쪽.
40) 구품연지에 대한 影池說도 주장되고 있다(추상훈, 「佛國寺 九品蓮池의 影池的 특징과 煙霧效果에 관한 研究」, 서울: 弘益大 碩士學位論文, 1997). 그러나 이를 전적으로 수용되기에는 다소 무리가 있다. 왜냐하면, 구품연지에 영지적 측면이 실재한다고 하더라도 구품연지의 크기나 구조를 상정해 볼 때, 蓮池와 竝進된다고 이해해도 큰 무리는 발견되지 않기 때문이다.

(元興) 원년(元年: 402) 7월에 도생(道生)·유유민(劉遺民)·종병(宗炳) 등 승속 123인과 더불어 극락왕생을 위한 념불결사(念佛結社)를 단행하게 되는데, 그 명칭이 白蓮社(全稱: 白蓮華社, 略稱: 蓮社)이다.41) 이는 극락세계가 백련(白蓮)의 세계임을 상징적으로 형상화한 것이라고 하겠다. 그러므로 우리는 불국사 앞마당의 연지에도 백련(白蓮)이 주류를 이루었을 것이라는 점을 추론해 볼 수가 있다. 이는 백운교가 석계의 하부에 위치하는 것과 서로 상응하는 의미적인 상징을 확보할 수 있는 측면이라고 하겠다.

일반적으로 절집에서 청(靑)과 백(白)이 아울러 병칭될 때는 청산(靑山)과 백운(白雲)이라는 정(靜)과 동(動), 혹은 체(體)와 용(用)의 관계 속에서 표현되는 것이 보편적이다. 그런데 청운교와 백운교에 있어서는 청(靑)과 백(白)이 공히 '운(雲)'이라는 동적 측면과 상응하고 있어 체·용의 균형적 관계를 무너트리고 있다. 이는 대단히 이례적인 경우라고 할 수 있다. 추정컨대, 대웅전의 영역이라는 이상경계로의 진입을 강조하기 위해서 상승감을 배가하는 차원에서 운(雲)이라는 의미만을 크게 부각하고 있는 것이 아닌가 한다. 실제로 청운교와 백운교는 석계(石階)로 이는 대웅전 영역의 효율적인 진입을 위해서 설시된 건축구조물이다. 즉, 청운교와 백운교에는 접근 수단으로서의 의미가 강하게 내포되어 있는 것이다. 바로 이 같은 점이 청(靑)과 백(白)에 공히 '운(雲)'자(字)를 배대(配對)시키게 된 사상적 측면이 아닌가 사료된다.

대웅전 영역의 진입로로써 청운교와 백운교는 총 33개(상단16·하

___

41) K. S. 케네쓰 첸 著, 박해당 譯, 『中國佛敎』, (서울: 民族社, 1991), 121~123쪽.

단17)의 계단으로 구성되어 있으며, 이를 통해서 대웅전의 영역을 도리천(忉利天: 梵 Trāyastriṃśa, 巴 Tāvatṃśa)인 수미산(須彌山: 梵 Sumeru, 巴同)정과 연관시켜 보는 것은 매우 타당한 접근이라고 할 수 있다.42) 왜냐하면, 범영루(泛影樓)가 과거에는 수미범종각(須彌梵鐘閣)으로 불리운 것으로 기록43)되어 있기 때문이다. 그리고 이의 연장선상에서 불교의 우주론에 입각한 수미산 중턱에 위치한다는 4왕천(四王天: 梵 Caturmahārājika-deva)의 존재는, 청운교와 백운교의 중간영역(계단참)적 공간을 통해서 효율적인 이해의 접근이 가능하다. 즉, 청운교와 백운교를 통해서 불교의 수미산설에 입각한 가람배치의 양상을 읽어 볼 수가 있고, 또한 이로써 불국사에 천왕문의 유적이 존재하지 않는 점에 관해서도 매우 유용한 해법 도출이 가능해지게 되는 것이다.

이상을 통해서 청운교와 백운교 역시 경전적인 의궤성에 매우 충실함을 확인할 수 있다. 그러므로 더욱 더 청운교와 백운교 앞 쪽의 연못까지를 구품연지로 칭하는 부분에 있어서는 수용하기 어려운 측면이 발생한다.

불교의 우주론에 입각해 볼 때, 수미산 남쪽에 위치해 있는 중요한 물은 두 가지 밖에 없다. 그것은 첫째는 향수해(香水海)이고, 둘째는 아뇩달지(阿耨達池: 梵 Anavatapta, 巴 Anotatta)이다. 그러나 이 중 첫째의 향수해는 수미산을 둘러싸고 있는 바다이며, 남섬부주(南贍部洲)의 영역 밖에 위치44)해 있기 때문에 이 경우 합리성을 확보하기

---

42) 韓國佛敎研究院 著, 『佛國寺』, (서울: 一志社, 1999), 36쪽; 李慈慶, 「佛國寺에 관한 研究」, (大邱: 大邱曉星가톨릭大 碩士學位論文, 1999), 38쪽.
43) 『佛國寺古今創記』全1卷, "須彌梵鐘閣亦以石彫 須彌山形八角頂專樓"

어렵다. 그러므로 우리는 둘째의 아뇩달지에 주목하지 않을 수 없게 된다. 아뇩달지는 청량지(淸涼池), 혹은 무열뇌지(無熱惱池)로 번역되는데,45) 남섬부주의 香山(香醉山·香積山: 梵 Gandha-mādana, 巴同)46) 남쪽에 있는 성호(聖湖)로써, 칠보로 장엄된 연못인 동시에47) 8공덕수(八功德水)의 물을 가지고48) 인도의 4대강(四大江)에 물을 공급하는 발원지이다.49) 그런데 아뇩달지가 7보지(七寶池)이면서 8공덕수라는 측면은 극락의 往生蓮池(구품연지)와 정확히 일치되는 부분으로 주의가 요구된다. 물론 극락의 구품연지는 이 세계에 있는 존재가 아닌 타방세계의 존재물이며, 아뇩달지는 이 세계 내에 위치한 존재물이라는 큰 차이점이 있다. 그러나 이는 오히려 합리성을 가지는 측면이라고 할 수 있다. 왜냐하면, 구품연지는 극락전에 배속되는 측면이라면, 아뇩달지는 대웅전과 수미산의 영역에 배속되는 부분이기 때문이다. 즉, 불국사 앞마당의 연못은 극락전 앞 구품연지를 통해서 사후의 왕생을 상징하는 동시에 대웅전 앞의 아뇩달지를 통해서 현세의 안락50)을 얻게 되는 이중적 의미를 확보하고 있는 것이

---

44) 『阿毘達磨俱舍論』11, 「分別世品第三之四」(『大正藏』29, 57c).

45) 『大唐西域記』1, (『大正藏』51, 869b), "八地菩薩以願力故化爲龍王。於中潛宅。出淸冷水。給贍部洲。"; 『長阿含經』18, 「(三〇)第四分世記經閻浮提州品第一」(『大正藏』1, 117a), "阿耨達其義云何。此閻浮提所有龍王盡有三患。唯阿耨達龍無有三患。"

46) 香山을 Kailas山으로 보는 설과 Kailas山을 수미산으로 보는 설의 두 가지가 있으나 전자가 더 높은 타당성을 가진다. 阿耨達池는 Kailas山 남쪽의 Manasarova 湖水를 지칭한다고 보는 것이 일반적이다.
玄奘 著, 水谷眞成 譯, 『大唐西域記』, (東京: 平凡社, 昭和49), p. 10의 脚註14 參照.

47) 『長阿含經』18, 「(三〇)第四分世記經閻浮提州品第一」(『大正藏』1, 116c).

48) 『十誦律』2, 「明四波羅夷法之二」(『大正藏』23, 13a), "阿耨達池其水甘美有八功德。"

49) 『長阿含經』18, 「(三〇)第四分世記經閻浮提州品第一」(『大正藏』1, 116c), "阿耨達池東有恒伽河。從牛口出。從五百河入于東海。阿耨達池南有新頭河。從師子口出。從五百河入于南海。阿耨達池西有婆叉河。從馬口出。從五百河入于西海。阿耨達池北有斯陀河。從象口中出。從五百河入于北海。"

다.51) 그리고 이를 통하여 현세와 내세는, 동일한 하나의 연못을 통해서 서로 연결되어 있다. 이는 현세의 연장이 내세일 뿐이라는 자작자수(自作自受)의 불교적 관점을 잘 드러내는 바라고 할 수 있다.52) 또한 흔히 석가모니는 붓다의 가르침은 '처음도 좋고, 중간도 좋고, 끝도 좋은 것'이라고 언급하고는 하는데,53) 현세의 아뇩달지와 내세의 구품연지라는 이중구조는 이러한 시종(始終)이 모두 좋은 경계를 잘 표현하고 있다고 하겠다.

불국사 앞에 있는 하나의 연못을 통해서 우리는 이를 구품연지와 아뇩달지라는 이중구조를 통해서 파악함으로써 불국사의 가람배치에 있어서 불교교리와 상응할 수 있는 보다 치밀한 의궤성과의 부합을 확보할 수 있게 된다. 그리고 이와 동시에 구품연지로만 일반화함에서 파생될 수 있는 오류의 개연성을 지양해 낼 수가 있게 되었다.

필자의 이와 같은 이중구조적인 주장은 최치원의 「대화엄종불국사아미타불상찬 [병]서(大華嚴宗佛國寺阿彌陀佛像讚 [并]序)」와 『불국사사적』을 통해서도 논의의 정당성을 확보할 수 있다. 「아미타불상찬(병)서」에는 화엄불국사(華嚴佛國寺)라는 사찰 명을 해석함에 있어서 "화엄(華嚴)에 눈이 머물면 연화장세계(蓮華藏世界)를 보게 되고, 불국(佛國)으로 마음을 치달게 하면 안양(安養)으로 연결된다"54)라고

---

50) 아뇩달지는 4대강의 발원지로서 인간 삶의 가장 중요한 측면을 형성하고 있기 때문이다.

51) 연못이 두 곳이라는 것이 아니라, 하나의 연못에 불국사의 진입에 따란 두 갈래의 분기적 의미가 내포됨을 뜻하는 것이다. 즉, 동일한 연못에 대한 사찰의 진입 축선에 따른 이중적인 의미에 관한 모색이라고 하겠다.

52) 『正法念處經』17, 「餓鬼品之二」(『大正藏』17, 98c), "汝於前世作衆惡 此業今當還自受 自作自受不爲他 若他所作非己報"

53) 『雜阿含經』33, 「九二七」(『大正藏』2, 236b), "若佛所說初・中・後善。善義善味。純一滿淨。梵行淸白。"

54) 「大華嚴宗佛國寺阿彌陀佛像讚 (并)序」, "華嚴寓目瞻蓮藏 佛國馳心係安養"

하여 화엄과 극락정토의 이중구조를 분명히 드러내고 있다. 또한 후대의 자료이기는 하지만, 『불국사사적』에서도 "13교(橋)는 4성(聖)·6범(凡)이 청법(聽法)하러 왕래하는 계단에 차등을 둔 것이다. 이는 완연히 옛적 영산회상(靈山會上)에서 종일토록 『묘법연화경(妙法蓮華經)』을 담론하던 의궤와 똑 같았다. 또한 서방무량수국(西方無量壽國)의 분서9품(分序九品)의 도량(道場)과도 같았다. 이것이 본사의 명칭(여기서는 그냥 불국사임)을 삼은 대의가 아니겠는가!"55)라고 하여 영산정토(靈山淨土)와 극락정토의 이중구조를 설시하고 있다.

이를 통해서 우리는 비록 두 문헌 간에 존재하는 성립시차가 크기는 하지만, 불국사의 이중축선 구조에 대한 이해에는 별다른 이견이 없다는 것을 확인해 볼 수 있다. 이는 불국사의 이중축선 구조에 대한 접근에 있어서 다른 해법적인 도출이 불가능함을 시사한다고 할 수 있다. 그러므로 이와 같은 이중구조적인 설시의 연장선상에서 불국사 앞의 연못 역시 이중구조적인 관점에서 이해되는 것이 보다 더 타당성 있는 접근이라고 사료된다.

이상으로 청운교·백운교를 통한 대웅전 영역이 도리천의 상징성을 확보하게 되고, 이를 통해서 불국사 진입로의 연못에 아뇩달지의 의미가 존재할 수 있음을 검토해 보았다. 즉, 청운교·백운교는 도리천이라는 산정(山頂)에 이르는 산의 상징인 동시에 속(俗)으로서의 아뇩달지와 성(聖)으로서의 도리천 사이에서 상호 분절되지 않는 의미적인 공간분할의 역할을 하고 있는 것이다.

그러나 이 역시도 아래에서 위로, 즉 중생의 방향에서의 검토일 뿐

---

55) 『佛國寺事蹟』全1卷, "十三橋爲四聖六凡聽法往來之階差　則宛同昔日未會靈山終談妙法之儀軌　亦似西方無量壽國分序九品之道場　此非本寺爲名之大義耶"

이다. 그러므로 다음으로는 청운교·백운교와 대웅전 영역의 상관관계와 그 내포적인 상징성에 관해 살펴보고자 한다.

2. 청운교·백운교와 화엄(華嚴)·법화사상(法華思想)

청운교와 백운교를 33천(天)인 도리천과 연결시키게 되면, 화엄불국사라는 사찰의 명칭과 의궤적인 합리성이 확보된다. 화엄불국사라는 명칭은 『불국사고금창기』의 전칭(全稱)인 『대화엄종불국사고금역대제현계창기(大華嚴宗佛國寺古今歷代諸賢繼創記)』의 「혹칭화엄불국사 혹칭화엄법류사(或稱華嚴佛國寺 或稱華嚴法流寺)」라는 명칭을 통해서 확인해 볼 수가 있다. 그러나 『불국사고금창기』는 자료의 취약성을 간직하고 있기 때문에 이를 곧장 수용하기에는 무리가 있다.[56] 그러나 우리는 앞서 언급한 최치원의 「대화엄종불국사아미타불상찬 [병]서(大華嚴宗佛國寺阿彌陀佛像讚 [并]序)」를 통해서 분명히 사찰명이 '화엄불국사'라는 것을 확인할 수 있었는데,[57] 이는 같은 최치원 찬(讚)의 「대화엄종불국사비노차나문수보현상찬 [병]서(大華嚴宗佛國寺毘盧遮那文殊普賢像讚 [并]序)」[58]을 통해서도 능히 확인 가능한 부분이다. 또한 『삼국유사(三國遺事)』의 「대성효2세부모(大城孝二世父母)」조(條)에 초대주지로 의상의 제3세 부석적손(浮石嫡孫)으로 추정되는[59] 신림(神琳)이 언급되어 있으며,[60] 또 『석화엄지귀장원통초(釋

---

56) 李文基, 「崔致遠 撰 9세기 후반 佛國寺 關聯資料의 檢討」, 『新羅文化』, 제26집(2005), 219~221쪽.

57) 「大華嚴宗佛國寺阿彌陀佛像讚 (并)序」, "東海東山有佳寺 華嚴佛國爲名字"

58) 韓國學文獻研究所 編, 『佛國寺誌(外)』, (서울: 亞細亞文化社, 1983), 51쪽.

59) 全海住 著, 『義湘華嚴思想史 研究』, (서울: 民族社, 1994), 106쪽.

華嚴旨歸章圓通鈔)』권하에는 신림이 불국사에서 법회를 주관하였음도 나타나 보이고 있다.[61] 그러므로 화엄불국사라는 명칭은 능히 그 타당성을 확보할 수가 있다고 하겠다.

화엄사상(華嚴思想)과 도리천의 상관관계는 석가모니(釋迦牟尼) 붓다가 정각(正覺)의 성취처인 보리도량(菩提道場)을 떠나지 않고, 수미산 정상의 제석천궁(帝釋天宮)에서 법혜보살(法慧菩薩)을 상대로 제3회의 법문을 설시하는 것을 통해서 단적인 확인이 가능하다. 이는 『80화엄경(八十華嚴經)』을 기준으로 「13: 승수미산정품(昇須彌山頂品)~18: 명법품(明法品)」에 이르는 중요한 부분이 여기에 해당된다.[62] 사원건축에서는 일반적으로 이와 같은 화엄의 관점이 수용되어 붓다의 좌대는 오늘날까지도 '수미단(須彌壇)'이라고 칭해지고 있다.

수미산은 일반적인 산들과는 달리 산 정상이 정방형(正方形)으로 이루어져 있다. 그리고 그러한 산정의 북쪽 善見城(宮)에는 제석천이 거주하며, 남쪽(『대비바사론』계통에서는 서남쪽)의 선법당 주위에는 32천(神)들이 각기 자신의 권속들을 거느리고 살고 있다.[63] 이를 모

---

60) 『三國遺事』5, 「神咒第六(大城孝二世父母 神文代)」(『大正藏』49, 1018a).

61) 『釋華嚴旨歸章圓通鈔』下, (『韓佛全』4, 125c).

62) 『大方廣佛華嚴經』16~18, 「昇須彌山頂品第十三~明法品第十八」(『大正藏』10, 80c~99a); 『大方廣佛華嚴經』7, 「佛昇須彌頂品第九~明法品第十四」(『大正藏』9, 441b~442a).

63) 忉利天의 구조에 관해서는 善法堂을 중심으로 하는 측면(『大樓炭經』4, 「忉利天品第九」, 『大正藏』1, 294b~295b; 『長阿含經』20, 「第四分世記經忉利天品第八」, 『大正藏』1, 131b~132a; 『起世經』6, 「三十三天品第八之一」, 『大正藏』1, 341b~342a; 『起世因本經』6, 「三十三天品第八上」, 『大正藏』1, 396b~397a)과 善見城을 중심으로 하는 측면(『大毘婆沙論』133, 「大種蘊第五中緣納息第二之三」, 『大正藏』27, 691c~692a; 『阿毘達磨俱舍論』11, 「分別世品第三之四」, 『大正藏』29, 59c~60a; 『阿毘達磨順正理論』31, 「辯緣起品第三之十一」, 『大正藏』29, 518c~519a; 『阿毘達磨藏顯宗論』16, 「辯緣起品第四之五」, 『大正藏』29, 852c~853b), 그리고 제석천을 중앙해서 32천이 4방으로 벌려 있다(『釋迦如來行蹟頌』上, 『大正藏』75, 22c, "忉利此云三十三。在須彌山頂。四方各八天[成三十二]。帝釋居中。")는 3가지 설이 있다.

두 합하면 33이 되는데, 33을 인도말로하게 되면 '도리(忉利)'가 된다. 그래서 수미산정을 도리천, 혹은 33천이라고 하는 것이다. 수미단이 천편일률적으로 방형의 구조를 이루고 있는 것이나, 불전(佛殿) 앞 공간이 방형을 구성하고 있는 것은 모두 수미산정의 방형 의미를 함섭(含攝)하고 있는 부분이라고 할 수 있다. 그러므로 청운교와 백운교의 33계단의 의미를 도리천과 연결시키게 되면, 이는 곧 화엄사상과의 정합성을 획득할 수 있게 되는 것이다.

청운교와 백운교의 끝에서 우리는 자하문(紫霞門)과 마주하게 된다. 자하문의 자색(紫色)이란, 중국문화권의 전통에서는 황제를 지칭하는 것으로, 이의 관련유물로는 천상(天上)의 자궁(紫宮: 紫微垣)과 상응하는 공간으로 진시황(秦始皇)에 의해 함양(咸陽)에 건축된 함양궁(咸陽宮)64)과 명(明)·청(淸) 2대의 황궁인 자금성(紫金城) 등이 있다. 전통사회에서 성인(聖人)은 황제와 위계가 같은 존재이므로 자하문의 자색이란, 곧 붓다를 지칭하는 것이라고 할 수 있다.

또한 불교 내적으로는 『증일아함경(增壹阿含經)』의 권28에 나타나 있는 최초의 불상조성과 관련된 기록에서 우전왕(優塡王)에 의한 우두전단향불상(牛頭栴檀香佛像)과 더불어 파사닉왕(波斯匿王)에 의한 자마금불상(紫磨金佛像)의 조성에 관한 내용을 들 수 있을 것인데, 이는 다음과 같다.

"때에 파사닉왕은 이러한 생각을 하였다. '마땅히 어떠한 보배를 사

---

64) 陳喜波 著, 「文博(第4期)」, (北京: 北京文物局, 2000), p. 16, "法天象地"; 『三輔黃圖』, "咸陽에는 북쪽 언덕에 궁전을 짓고 端門이 4방향으로 나아가도록 해서 紫宮에 帝가 거주하는 것을 본떴다."

용하여야 여래의 형상을 제작할 수 있을까?' (그리고는) 잠시 후에 다시
금 이와 같이 생각하였다. '여래의 신체는 황색(黃色)으로 천금(天金)과
같다. 이제 마땅히 금으로 여래의 형상을 제작해야겠다.' 이때에 파사닉
왕은 순수한 자마금(紫磨金)으로 여래의 상을 제작하였는데, (그) 높이는
5척이었다."65)

이상의 내용은 32상 중 금색상(金色相: 梵 suvarṇa-varṇa)66)과 더
불어 이후 불상의 재질과 개금양식(蓋金樣式)의 발달에 있어서 매우
큰 영향을 미치고 있는 부분이다. 그런데 이 기록에는 자마금(紫磨
金)이라고 하는 최상의 금이 나타나고 있는데, 여기에서 우리는 '자
(紫)'자(字)를 확인해 볼 수가 있게 된다. 그러므로 자색은 불교 내적
으로는 자금(紫金)의 성인인 붓다를 지칭하는 의미로 파악해 볼 수가
있는 것이다.

이와 같은 중국문화와 불교 내적인 측면들은 공히 자색을 붓다와
연결시키는데 있어서 전혀 무리가 없다.

자하문의 '하(霞)'는 청운교와 백운교에서 나타나 보이는 '운(雲)'과
는 다른데, 이는 위대한 성인의 신성성에 대한 종교적 신비감에 관한
측면으로 이해된다. 물론 그 '하(霞)'의 출처는 아뇩달지와 낙수조(落
水槽: 切水構)를 통한 연무효과(煙霧效果)와 연관된 것으로 이해된
다.67)

---

65) 『增壹阿含經』28, 「聽法品第三十六-五」(『大正藏』2, 706a), "時。波斯匿王而生此念。當用
何寶。作如來形像耶。斯須復作是念。如來形體。黃如天金。今當以金作如來形像。是時。波
斯匿王純以紫磨金作如來像高五尺。"
66) 『過去現在因果經』1, (『大正藏』3, 627b), "十四者金色相其色微妙勝閻浮檀金。"; 『摩訶般若
波羅蜜經』24, 「四攝品第七十八」(『大正藏』8, 395c); 『大智度論』88, 「釋四攝品第七十八」(『大
正藏』25, 681a); 『阿毘達磨大毘婆沙論』177, 「定蘊第七中不還納息第四之四」(『大正藏』27,
888b), "十四者身真金色相。"

78

자하문은 청운교·백운교의 정점으로서 성(聖)과 속(俗)의 공간분할적인 의미를 상징하는 문(門)이다. 그러므로 그 안쪽은 당연히 성역(聖域)이라고 할 수 있다. 즉, 붓다의 경계가 펼쳐진다고 할 수가 있는 것이다.

청운교와 백운교의 33계단 위인 자하문 안쪽의 방형공간을 수미산정으로 이해하면, 대웅전은 제석천궁인 선견성(善見城)이 된다. 그러한 선견성 안에 석가모니는 수미단이라는 이중의 성역[68]을 확보하면서 존재하게 되는데, 이는 선견성 안의 묘승전(妙勝殿)에 해당한다고 할 수 있다.[69] 석가모니는 여기에서 정각의 보리도량을 여의지 않은 가운데 화엄의 법계법문(法界法門)을 설하고 계신 것이다. 이와 같은 화엄사상의 관점은 불국사 대웅전 영역과 진입로의 의궤적인 구조와 매우 높은 정합성을 보인다고 할 수가 있다.

그렇지만, 이러한 정합성은 대웅전 앞의 석가탑(釋迦塔)과 다보탑(多寶塔)에 의해 의궤적인 정합성이 어그러지게 된다. 석가탑과 다보탑은 주지하다시피, 『묘법연화경(이후 法華經으로 약칭)』의 「견보탑품(見寶塔品)」에 등장하는 2불병좌(二佛竝坐)에 의거한 구조적 표현이다.[70]

---

67) 추상훈, 「佛國寺 九品蓮池의 影池的 특징과 煙霧效果에 관한 硏究」, (서울: 弘益大 碩士學位論文, 1997), 70쪽.

68) 二重의 聖域을 다시금 확보해야 하는 것은 승려와 신도 등이 상황에 따라서 佛殿 안까지 진입하기 때문이다. 그러므로 붓다는 불전 안에서도 須彌壇이라는 붓다만의 고유한 영역을 다시금 확보해야하는 필연성이 발생하는 것이다. 이는 불전 안에서 닫집을 통해 이중의 천장이라는 성역의 확보와 연장선을 같이하는 것이라고 할 수 있다. 즉, 대웅전 앞의 앞마당이 일차적으로 聖과 俗을 分岐하고, 다시금 불전 안에서 수미단과 닫집에 의해 이차적인 聖과 俗의 분기가 이루어지고 있는 것이다.

69) 『花嚴經文義綱目』全1卷, (『大正藏』35, 496b), "第三會在須彌山頂帝釋宮中妙勝殿。"; 『新譯華嚴經七處九會頌釋章』全1卷, (『大正藏』36, 712a), "第三會在須彌山頂帝釋宮中妙勝殿。"

70) 『妙法蓮華經』4, 「見寶塔品第十一」(『大正藏』9, 33c), "爾時多寶佛。於寶塔中分半座。與釋迦牟尼佛。而作是言。釋迦牟尼佛。可就此座。卽時釋迦牟尼佛。入其塔中坐其半座。結加趺

또한 『법화경(法華經)』의 설법처는 마갈타국(摩竭陀國) 왕사성(王舍城: 梵 Rājagṛha, 巴 Rājagaha)의 영취산(靈鷲山: 梵 Gṛdhrakūṭa, 巴 Gijjha-kūṭa) 정상부에 있는 향실(香室)에 다름 아니다.[71] 여기에서 우리는 불국사의 대웅전 영역에서 또 다른 이중구조와 마주하게 된다.

대웅전 앞의 영역이 화엄과 법화의 이중구조에 의한 것이라는 일반적인 관점에 대해서 최근에 배진달 선생은 석가탑과 다보탑의 명칭이 18세기 이전으로 끌어올리기 힘들다는 점을 근거로 이곳이 연화장세계를 상징한다는 논문을 발표하였다.[72] 그러나 이 논문은 관점적으로 신선하기는 하지만, 다수의 문제점을 내포하고 있어서 이를 일반화하여 수용하기에는 무리가 있다고 하겠다.

논문에서 발견되는 큰 문제점들을 대략 지적해 보면 다음과 같다.

① 본전(本殿)과 관련된 영역을 연화장세계로 보게 될 경우, 청운교와 백운교의 33계단, 수미등정각, 본전 영역의 방형구조(수미산정의 상징)[73]라는 도리천과 연결될 수 있는 의궤가 붕괴된다는 문제점.[74]

坐。”; 『正法華經』6, 「七寶塔品第十一」(『大正藏』9, 104a); 『添品妙法蓮華經』4, 「見寶塔品第十一」(『大正藏』9, 168a).

71) 『大唐西域記』9, 「摩伽陀國下」(『大正藏』51, 921b), “其南崖下有窣堵波。在昔如來於此說法花經。”

72) 배진달의 논문은 불국사 다보탑의 영향으로 일본에서 건립된 석산사 다보탑(1194년)·금강삼매원 다보탑(1223년)·자안원 다보탑(1585년)과 같은 부분에 관해서는 정리를 하고 있지 않아서, 다보탑의 명칭이 후대라는 측면에 있어 다소 미흡한 면을 보인다고 하겠다.
　裵珍達, 「佛國寺 石塔에 구현된 蓮華藏世界—釋迦塔·多寶塔의 명칭과 관련하여」, 『시각문화의 전통과 해석: 靜齋 金理那 交手 정년퇴임기념 미술사논문집』, (서울: 예경, 2007), 121~137쪽.

73) 수미산정상이 방형의 평평한 공간이라는 것은 『長阿含經』의 「世記經」·『大樓炭經』·『起世經』·『起世因本經』·『大毘婆沙論』·『俱舍論』의 「分別世品」·『順正理論』·『顯正論』 등의 불교의 우주론이 나타나 있는 모든 전적들에서 공통되는 부분이다.

② 18세기에 언급되는 다보탑 명칭이 화엄사상에서 유래됐다고 주장하지만(126쪽), 『화엄경』에는 다보여래가 등장하지 않으며, 화엄경 주석서에서 등장하는 '다보(多寶)'는 모두 『법화경』에서 연유하는 가치일 뿐이라는 점.75) 또한 18세기 이전으로 연대가 올라가는 불교의식집(佛敎儀式集)과 감로탱화(甘露幀畵), 혹은 당번(幢幡) 등에도 다보여래가 다수 등장하고 있는데, 이런 경우에도 화엄사상적인 입장에서 사용된 경우는 존재하지 않는다는 점.

③ 불국사 진입 연지(蓮池)를 향수해로 볼 경우(130쪽), 향수해가 화장세계의 주변을 감싸고 있다는 경전에 제시되는 구조와 전혀 일치되지 않는다는 문제점.

④ '운제(雲梯)'의 운(雲)을 향수해에서 피어오른 것으로 보게 될 경우(131쪽), 화엄에 있어서 해인삼매(海印三昧)의 비유 자체가 불가능하게 된다는 문제점.76)

⑤ 연화교와 칠보교까지 화장세계의 영역으로 넣게 될 경우(131쪽), 두 진입로를 통한 영역적 구분의 의미가 상실되는 문제점, 혹은

---

74) 이렇게 될 경우에는 또한 동시대를 전후한 일반적 가람배치와 너무 상치된다는 문제점도 파생하게 된다.

75) 『화엄경』관련 주석서들에서 '多寶如來'가 등장하는 내용은 『법화경』, 혹은 『攝大乘論釋』에 의한 것일 뿐이다.
  『新華嚴經論』1, (『大正藏』36, 725b); 『華嚴經探玄記』3, 「盧舍那佛品第二」(『大正藏』35, 147c); 『大方廣佛華嚴經隨疏演義鈔』23 · 25, (『大正藏』36, 177b · 189c).

76) 香水海는 맑고 투명한 8공덕수로 파도와 같은 장애가 없다. 그러므로 阿修羅의 군대가 忉利天의 帝釋宮으로 향할 때, 그 모습이 향수해에 낱낱이 찍히게 되는 것이 印과 같게 된다. 海印三昧의 '海印'이라는 명칭은 이와 같은 측면을 통해서 성취된다. 아마도 향수해에 대한 불교우주론적인 성격의 이해에 문제가 있는 것이 아닌가 한다.
  『華嚴一乘法界圖』, (『韓佛全』2, 2c), "二就利他行中 印者約喩得名 何者是大海極深 明淨徹底 天帝共阿脩羅鬪諍爭時 一切兵衆 一切兵具 於中離現了了分明 如印顯文字 故名海印"; 『大方廣佛華嚴經』7, 「賢首菩薩品第八之二」(『大正藏』9, 439c), 『大方廣佛華嚴經』35, 「寶王如來性起品第三十二之三」(『大正藏』9, 626c~627b).

아미타불의 존재영역이 너무 커지는 문제점.77)

⑥ 본전 앞의 쌍탑(雙塔)을 모두 "연화장세계의 구현(131쪽)"이자, 법신(法身)의 상징으로 처리할 경우(135쪽) 동일한 경계 안에서 중복의 양상이 초래되는 문제점.

배진달의 논문에는 이상과 같은 큰 문제점들 이외에도 화엄사상이나, 불교의 우주론의 이해와 관련된 다수의 작은 문제점들이 도처에 산견되어 있다. 그러므로 이를 통해서 화엄과 법화의 이중구조라는 종래의 설을 대체하기에는 아직 미흡하다고 사료된다. 그러므로 이에 관해서는 전통적인 입각점이 보다 더 타당성을 확보할 수 있는 부분이라고 하겠다.

『화엄경』과 『법화경』은 공히 대승초기의 경전이면서 대승불교의 주된 사상적 갈래를 형성하고 있는 매우 종요(宗要)로운 경전이다. 실제로 중국불교인 4가대승(四家大乘: 天台·華嚴·禪·淨土) 중에 화엄종(華嚴宗)과 천태종(天台宗)은 바로 『화엄경』과 『법화경』을 소의경전으로 하고 있는 종파(宗派)에 다름 아니다. 그러나 『화엄경』과 『법화경』이 공히 대승에 있어서 중요한 경전이라고 할지라도 이들 경전이 제시하는 사상적 갈래는 사뭇 다르다. 그러므로 양자가 동일 공간에 존재하고 있는 불국사 대웅전 영역에는 뚜렷한 이중구조가 탐색된다고 하지 않을 수 없는 것이다. 그리고 우리는 이러한 이중구

---

77) 이는 자칫 『화엄경』 내에서의 아미타불의 무게비중과 상치될 우려가 있다. 또한 '佛國'의 이해에 있어서도 이를 "華嚴의 佛國觀인 華藏世界(129~130쪽)"로 보고 있으나, 최치원의 글에서와 같이 '華嚴-蓮(華)藏', '佛國-安養'의 상호 대구로 보아 극락전 영역을 대웅전의 이해로부터 독립시켜야 함이 타당하다고 사료된다.

조에서 치밀한 불교교리의 의궤적인 의도성을 읽어 낼 수가 있게 된다.

화엄사상은 붓다 정각의 본류(本流)라는 측면에서 분명한 의미를 가진다. 그러나 수미산정이라는 특수한 공간(神域, 혹은 聖域)적인 부분은 일반인들의 접근이 가능한 곳이 아니다. 인간으로서 도리천에 오를 수 있는 사람은 초기경전에 의거해 보면 네 종류 밖에 없다. 그 첫째는 붓다이고, 둘째는 신통을 성취한 연각(緣覺)과 벽지불(辟支佛)이며, 셋째는 4쌍8배(四雙八輩)의 성위(聖位)에 올라 신통을 구족한 성문제자(聲聞弟子)이고, 넷째는 전륜성왕(轉輪聖王)이다.78) 이외에 후대의 대승불교에 오게 되면, 여기에 대승보살(大乘菩薩)들이 첨가된다. 이것만 보더라도 도리천은 일반적인 중생들의 접근공간이 아니다. 그러나 사찰이란, 승려들의 거주공간인 동시에 또한 중생들의 귀의공간이다. 그러므로 붓다의 입장에서는 도리천의 성역(聖域)이 맞는 것이지만, 중생들의 입장에서는 이는 너무나 고원한 측면만을 가진다는 한계를 내포하게 된다. 그러므로 다시금 중생들의 입장에서 접근이 용이한 성역(聖域)이 요청되어지게 되는 것이다. 이러한 성역 중에 가장 중요시 될 수가 있는 곳이 바로 정토(淨土)로까지도 평가되는79) 영취산이다.

---

78) 이와 같은 네 종류의 인간형은 인간을 초극한 인간으로 ①覺·②神通·③法王(여기에서의 '法'은 '법의 통치'라는 의미임)이라는 세 계통으로의 구분이 가능하다. 그리고 이들은 또한 탑을 세워서 공양해야할 주체들이기도 하다.
『大般涅槃經』中, 「七寶塔品第十一」(『大正藏』1, 200a·b), "阿難當知。一切衆生皆無兜婆。唯有四人得立兜婆。一者謂如來應正遍知明行足善逝世間解無上士調御丈夫天人師佛世尊。慈愍衆生。堪爲世間作上福田。應起兜婆。二者謂辟支佛。思惟諸法自覺悟道。亦能福利世間人民。應起兜婆。三者謂阿羅漢。隨所聞法思惟漏盡。亦能福利世間人民。應起兜婆。四者謂轉輪聖王。宿殖深福。有大威德。王四天下。七寶具足。自行十善。又復勸於四天下人。亦行十善。應起兜婆。"

79) 坪井俊映 著, 韓普光 譯, 『淨土敎槪論』, (서울: 弘法院, 1996), 33~35쪽.

『법화경』은 모든 중생들에게 장차 붓다가 될 것이라는 수기(授記: 梵 vyākaraṇa, 巴 veyyākaraṇa)를 준다는 측면에서 현세구제(現世救濟)의 경전이다. 이는 정토삼부경이 내세 중생들의 불퇴전을 책임지는 것과 비견된다. 그러므로『법화경』설법 당시의 영취산은 영산정토(靈山淨土)라고까지 칭해지는 것이다. 즉, 영취산의 정상은 우리 인근에 위치한 神聖의 공간으로 법화사상의 수용자들에게 있어서는 곧 정토(淨土: 穢土 속의 淨土)에 다름 아닌 것이다. 그리고 그곳은 인간 의지에 따라서 능히 가서 닿을 수 있는 현실적인 공간이다. 이 같은 점이 대웅전 영역에 석가탑과 다보탑을 축조하여 중생들의 염원을 온축하고 있는 내용적 측면이라고 하겠다. 즉, 대웅전의 영역은 붓다의 관점에서의 수미산정과 중생의 접근과 정토획득을 위한 영취산의 향실이라는 이중구조를 획득하고 있는 것이다.

수미산정과 마찬가지로 영취산의 향실 역시 방형의 공간으로 구성되어 있는데, 이는 대웅전 앞의 방형공간과 일치되는 것으로 상호 무리가 없다. 그러므로 청운교와 백운교의 33계단은 곧 도리천과 연결될 수도 있지만, 영취산을 오르는 과정과도 연결되어 이해될 수 있는 것이다. 즉, 여기에는 화엄과 법화, 그리고 붓다와 중생이라는 철저한 이중구조가 확립되어 있다고 하겠다.

이상과 같은 청운교·백운교와 연관된 대웅전 영역의 이중구조적인 이해는 최치원과 계천의 관점에서도 분명히 목도되고 있어 그 타당성에 무게를 실어준다.

최치원은 전술한「아미타불상찬 [병]서(阿彌陀佛像讚 [幷]序)」에서 화엄불국사의 명칭을 "화엄(華嚴)에 눈이 머물면 연화장세계(蓮華藏

世界)를 보게 되고"라고 하여, 불국사의 대웅전 영역이 화엄사상과 연결됨을 언급하고 있다. 이에 반해서 18세기의 계천은 전술한『불국사사적』에서 "영산회상에서 종일토록『묘법연화경』을 담론하던 의궤와 똑 같다"라고 하여 법화사상과의 연관성을 분명하게 피력하고 있다.

『법화경』을 소의경전으로 하는 천태종(天台宗)은 고려 문종(文宗)의 넷째 아들인 대각국사(大覺國師) 의천(義天)에 의해서 전래되어 확대된 종파이다.[80] 그러므로 의천 이전의 인물인 최치원에게 있어서 법화사상은 화엄사상에 비견되기 어려움이 있었을 것이다. 그러므로 최치원은 불국사의 구조를 자연스럽게 화엄사상과의 연관성으로 언급하고 있다고 할 수 있다. 그러나 계천은 1700년대의 승려이므로 최치원에 비해서 천태사상에도 많은 영향을 받았다고 할 수 있다. 그러므로 당시에는 이미 보편화된 명칭의[81] 석가탑과 다보탑이라는 충실한 유물과 대웅전이라는 편액 등을 입론근거로 대웅전 영역을 법화사상으로 귀결시키고 있다고 사료된다. 이와 같은 대립적 인식은 비록 양자 간에 큰 폭의 연대차이가 내포하기는 하지만 불국사의 대웅전 영역이 화엄과 법화라는 이중의 해석이 모두 가능함을 의미하는 것이라고 할 수 있다.

화엄사상과 법화사상은 동북아 대승불교에서 가장 높은 비중을 차지하는 불교철학체계이다. 또한 양자는 공히 석가모니불을 중심으로 하며, 각각의 세계관을 구축하고 있는 완비된 사상이라는 점에서 상

---

80) 『新編諸宗敎藏總錄』1, (『韓佛全』4, 689c), "義天姓王氏　高麗國文宗仁孝王第四子　出家封祐世僧統"
81) 裵珍達, 「佛國寺　石塔에 구현된　蓮華藏世界─釋迦塔・多寶塔의　명칭과　관련하여」, 『시각문화의 전통과 해석: 靜齋 金理那 交手 정년퇴임기념 미술사논문집』, (서울: 예경, 2007), 122〜123쪽.

호 독립된 관계에서 영향을 주고받을 개연성이 높다. 이렇게 놓고 본다면 불국사 대웅전 영역에 화엄과 법화의 이중구조가 설시되고 있다는 것은 불국사가 화엄종의 사찰이 아닌 화엄사상을 주축으로 하는 국찰적 의미를 내포한다는 점에서 높은 타당성을 확보할 수 있다고 하겠다. 그러므로 양자의 사상성은 공히 병진되어야 할 가치이지, 어느 한 쪽으로 편중되어서 이해되어서는 안 될 것으로 사료된다.

이상으로 청운교·백운교에 입각한 대웅전 영역의 해석이 붓다의 관점에서의 화엄사상과 중생의 접근이라는 부분에 있어서 법화사상으로 이해될 수 있다는 점을 검토해 보았다. 그리고 청운교와 백운교는 대웅전 영역인 성역(聖域)에 대한 붓다의 위계를 높게 설정하고 중생의 접근에 있어서는 요로(要路)가 됨으로서 그 정당한 공간분할적인 의미를 확보하고 있다고 하겠다.

IV. 나가는 말

이상을 통해서 불국사 진입 석조계단의 공간분할적인 의미에 관해서 모색해 보았다.

불국사 진입 석조계단은 성(聖)과 속(俗), 혹은 분위차별(分位差別)을 통해 공간분할적인 역할을 수행하고 있다. 그리고 이는 불교교리적인 의궤성과 충실한 상징성에 의거하여 건축학적 표현행위를 통해서 드러나고 있다고 할 수 있다. 또한 이러한 의궤성과 상징성은 고도로 계산화 된 내외의 이중구조를 기반으로 하여 미학적 조직을 완성하고 있음이 확인된다.

이를 정리해 보면, 연화교와 칠보교의 공간분할은 외부로는 구품연지와 상응하고 내부적으로는 아미타불의 접인래영과 호응한다. 그리고 그 전체적인 구조는 정토삼부경의 사상적 기반에 의거한다고 할 수 있다. 즉, 종교적으로 상호 유기적 관계를 구성하고 있는 가람배치의 선상에서 연화교와 칠보교는 안양문의 의미적 분할에 앞서 보다 구체적인 구조물인 석계의 형식으로 상징적이면서 동시에 의미적인 공간분할을 수행하고 있는 것이다.

다음으로 청운교와 백운교의 공간분할은 외부적으로는 아뇩달지와 상응하고, 내부적으로는 화엄과 법화사상과 연관되고 있음을 확인해 볼 수 있다. 그리고 화엄과 법화는 공히 동북아 대승불교에 있어서의 정화인 동시에 석가모니불과 직결된다는 공통점을 통해서 상호 이중적인 관계를 구조화하고 있다고 하겠다. 즉, 청운교와 백운교는 자하문의 의미적인 분할에 앞서 상징적 측면을 내포하는 의미적 공간분할을 수행하고 있는 것이다.

끝으로 전체적으로 종합해 보면, 불국사 진입 석조계단의 공간분할적인 측면은 이중적인 내외의 상호 교차 이해를 의궤성에 입각한 상징성으로 구현해 냈다고 할 수 있다. 그리고 이러한 과정을 통해서 당시의 화엄·법화·극락정토사상을 필두로 하는 다양한 불교적 관점들을 묘합(妙合)·회통(會通)하여 국찰로서의 불국이라는 이상향을 석계라는 건축적인 표현으로 투영해 내고 있다고 하겠다.

　이와 같은 검토를 통해서 우리는 불교적인 의궤성과 상징성의 온당한 파악은 일방적 시각이 아닌 이중적인 접근을 통하여야만 보다 사실에 가까운 정당한 시각을 확보할 수 있게 된다는 것을 인식하게 된다. 그리고 이는 사원건축에 있어서의 가장 효율적인 해법도출의 한 방법이 될 수 있는 것이 아닌가 한다.

불국사 청운교·백운교의 위치와 순서

Ⅰ. 들어가는 말

　불국사 대웅전 진입 석계(石階)가 청운교(靑雲橋)와 백운교(白雲橋)라는 것은 극락전 진입 석계가 연화교(蓮花橋)와 칠보교(七寶橋)라는 것과 함께 『불국사고금창기(佛國寺古今創記)』에 수록되어져 있는 명칭이다. 그러나 대웅전과 극락전의 진입 석계는 하나로 구성된 연속 석계에 2단의 구분이 있을 뿐이다. 이로 인하여 상계(上階)와 하계(下階)의 명칭에 대한 구분의 명확성을 확보하기에는 어려움이 있다.

　그러나 이 중 연화교와 칠보교에 있어서는 하계에 연꽃잎이 새겨져 있다는 것과 상계의 층계 수가 7이라는 유물적인 측면에 입각하여 상계가 칠보교이고, 하계가 연화교라고 상정해 볼 수가 있다. 그러나 대웅전 진입 석계에 있어서는 이와 같은 유물적인 측면이 전혀 살펴지지 않기 때문에 상계와 하계의 위치비정에 있어서 어려움이 존재하게 된다. 특히 연화교와 칠보교에 있어서 '하계(下階) → 상계(上階)'의 명칭순서가 청운교와 백운교에 있어서도 그대로 적용되는 것인지에 대해서도 의문의 여지가 존재하게 된다. 왜냐하면, 일반적으로 명칭의 순서적인 언급은 '상(上)→ 하'(下)로 하는 것이 일반적이기 때문이다.

　그러나 불국사에 관한 다수의 연구들에도 불구하고 대웅전 진입 석계의 위치와 순서에 대한 연구접근은 이제까지 이루어지지 않고 있는데, 이는 타당한 방법모색에 있어서 어려움이 있기 때문이다. 그러므로 청운교와 백운교의 위치와 순서에 관한 본 검토는 연구의 타당성을 확보할 수가 있게 된다. 즉, 명확한 검토를 거치지 않은 가운데 일반화되어 있는 청운교와 백운교라는 위치와 순서에 대한 타당성을 검토해 보는 것이 이러한 노력의 목적인 것이다.

청운교와 백운교라는 위치와 순서는『불국사고금창기(佛國寺古今創記)』에 연원하여 관련학계들에 일반화되어 있다. 그러나 이와 같은 위치와 순서는 분명 연화교와 칠보교의 언급 순서와는 다른 것이라는 점에서 청운교와 백운교에 관한 위치와 순서적인 검토는 필연성이 요청된다고 할 수가 있다. 즉, 우리는 청운교와 백운교라는 명칭의 위치와 순서에 있어서 관습적 용인을 하고 있는 부분에 대하여 보다 정확한 판단을 도출할 필연성이 있는 것이다.

본 검토는 청운교와 백운교의 위치와 순서에 대한 접근 방식으로 첫째, 불국사 대웅전 영역과 관련된 사원구조에 입각한 측면과 둘째, 동양철학의 오행론(五行論)과『주역(周易)』에 입각한 측면, 그리고 셋째, 불교의 방위인식에 관한 측면을 통해 청운교와 백운교의 상·하(上·下) 위치관계에 관한 타당성을 모색해 보고자 한 것이다. 이를 통해서 우리는 한국불교의 대표적인 사찰구조물이자 세계문화유산이기도 한 불국사에 관한 건축학적인 이해를 보다 심화시켜 볼 수가 있게 된다.

Ⅱ. 대웅전(大雄殿) 진입구조를 통한 접근

1. 대웅전의 진입구조와 도리천(忉利天)

불국사는 비대칭적인 이중축선 구조로 구성되어 있다. 불국사의 이중축선은 남쪽의 진입로에서 속칭 구품연지를 지나 대웅전 영역과 극락전 영역으로 분할되게 된다.

불국사 관련기록으로 대표적인 것은 단연 1708년 계천(継天)에 의해 개간(改刊)된[1] 『불국사사적(佛國寺事蹟)』과 1740년에 활암동은(活庵東隱)에 의해 작성된 『불국사고금창기(佛國寺古今創記)』이다.[2] 그러나 이러한 두 자료는 모두 후대의 영향이 강하여 그리 신뢰할 만은 것은 아니다.[3] 불국사의 이중축선 구조의 앞에 배치되어 있는 연못을 구품연지라고 적시하고 있는 것은 이 중 『불국사고금창기』이다.[4] 그러나 이러한 명칭과는 달리 불국사 복원공사 때의 발굴결과는 구품연지가 극락전 쪽이 아닌 대웅전 쪽으로 치우쳐져 있다는 것이 밝혀지게 되었다.[5] 이는 구품연지의 명칭적인 타당성에 의문을 제기하게 할

---

1) 『佛國寺事蹟』에는 "慶歷 6년 丙戌(1046년) 2월에 國尊 曹溪宗 圓鏡沖照 大禪師 一然 撰"이라고 되어 있고, 継天은 이를 改刊한 것으로 기록되어 있다. 그러나 이는 継天이 一然의 기록 등을 참고하여 저술한 것으로 보는 것이 타당하다고 사료된다.

2) 『佛國寺事蹟』全1卷; 『佛國寺古今創記』全1卷(『事蹟』과 『古今創記』는 '韓國學文獻研究所 編, 『佛國寺誌(外)』, 서울: 亞細亞文化社, 1983'을 참조하였다.

3) 韓志允, 「佛國寺 構造에 나타난 密敎的 要素 研究」, (서울: 東國大 碩士學位論文, 1995), 6~7쪽; 김상현 著, 『新羅의 思想과 文化』, (서울: 一志社, 2003), 463~466쪽.

4) 『佛國寺古今創記』全1卷, "極樂殿 東長廊 西長廊 前後行廊 光明臺 奉爐臺 安養門 七寶橋 蓮華橋 九品蓮池"

5) 文化公報部 文化財管理局 編, 『佛國寺-復元工事報告書』, (慶州: 光明印刷公社, 1976), 61쪽; 권태철, 「韓國傳統寺刹에서 나타나는 人工池에 관한 研究」, (서울: 東國大 碩士學位論

수 있는 측면이 된다.

구품연지라는 명칭의 내원은 극락정토사상이 설해져 있는 정토3부경(淨土三部經) 중에서도 『관무량수경(觀無量壽[佛]經)』에 의해 것이라고 할 수 있다. 왜냐하면, 『무량수경(無量壽經)』에는 7보지(七寶池)와 7보화(七寶華)가 각기 다른 계통에서 설해져 있고, 또한 극락왕생에 있어서도 3배(三輩: 上輩·中輩·下輩)왕생만이 언급되어 있기 때문이다.6) 또한 『아미타경(阿彌陀經)』에서는 7보지(七寶池)와 8공덕수(八功德水)가 서로 대응하여 나타나고 있지만, 그것이 극락왕생의 측면과는 계통을 달리하고 있으며, 3배(三輩)나 9품(九品)과 같은 개념은 전혀 나타나 보이지 않고 있다.7) 이는 『관무량수경』에서 등장하는 7보지(七寶池)와 그 속의 蓮花(연화의 재질에는 칠보에서부터 이하로 차등이 있음)가 서로 상응하는 가운데, 9품(九品)이 설명되고 있는 것8)과는 차이가 크다. 그러므로 구품연지라는 명칭은 『관무량수경』에 의한 것이라고 하겠다.

그러나 불국사 진입로의 연못을 구품연지로만 비정하게 될 경우 우리는 구품연지가 왜 대웅전과 극락전의 공통 진입로에 위치해 있는지에 대한 타당성 있는 해법을 제시하기 어렵게 된다. 즉, 구품연

文, 1998), 45쪽; 崔榮基, 「佛國寺의 造形意識 관한 研究」, 『慶州文化』, 제7호(2001), 249쪽.

6) 『無量壽經』上, (『大正藏』12, 271b), "黃金池者底白銀沙。白銀池者底黃金沙。水精池者底琉璃沙。琉璃池者底水精沙。珊瑚池者底琥珀沙。琥珀池者底珊瑚沙。車磲池者底瑪瑙沙。瑪瑙池者底車磲沙。白玉池者底紫金沙。紫金池者底白玉沙。或二寶三寶。乃至七寶轉共合成。"; 『無量壽經』下, (『大正藏』12, 272b), "此等衆生臨壽終時。無量壽佛與諸大衆。現其人前。卽隨彼佛往生其國。便於七寶華中自然化生。住不退轉。智慧勇猛神通自在。"·"凡有三輩。"

7) 『佛說阿彌陀經』全1卷, (『大正藏』12, 347a), "極樂國土有七寶池。八功德水充滿其中。"

8) 『佛說觀無量壽佛經』全1卷, (『大正藏』12, 參照), "卽得往生七寶池中蓮花之內。(346a)"·"凡生西方有九品人。(344c)"

94

지라는 명칭이 타당성을 확보하기 위해서는 구품연지와 극락전 영역의 유기적 관계가 보다 높게 확보되어야 하는데, 이러한 구품연지가 공통 진입로에 위치해 있어서는 설득력이 떨어지기 때문이다. 더구나 발굴결과에 의한 구품연지의 위치는 극락전 영역 보다도 오히려 대웅전 영역에 치우쳐 존재하고 있다. 이는 구품연지라는 명칭에 대하여 이의를 제기하게 할 수가 있는 부분이 된다.

또한 불국사가 이중축선 구조로 되어 있기는 하지만, 공간면적의 크기나 높낮이에 의한 위계의 차이를 고려한다면, 극락전에 비해서 대웅전이 보다 중심적인 역할을 하고 있다는 점은 분명하다. 그럼에도 불구하고 공통 진입로에 위치한 연못을 구품연지라고 칭하는 것에는 분명 문제의 소지가 있다고 하겠다. 이와 같은 문제점들로 인하여 필자는「불국사 진입 석조계단의 공간분할적 의미」에서 이러한 연못이 극락전 영역과 상응하여서는 구품연지가 되지만, 대웅전 영역과 상응해서는 아뇩달지(阿耨達池)가 되는 이중구조에 대해서 언급한 바 있다.9) 즉, 공통 진입로에 대한 이중인식을 설시한 것이다. 그러므로 대웅전의 진입구조적인 관점에서 구품연지는 아뇩달지로도 이해되어질 수가 있다고 하겠다.

대웅전의 진입구조에 있어서 아뇩달지를 넘어서 만날 수 있는 유적은 청운교와 백운교라는 성(聖)과 속(俗)의 공간분할적 의미를 가지고 있는 운제(雲梯)이다.10) 대웅전 영역의 진입 석계에 대한 청운

---

9) 拙稿,「佛國寺 進入 石造階段의 空間分割的 意味」,『建築歷史研究』제16권(2007), 58~61·
　　63~66쪽.
10) 위의 논문, 66쪽.

교와 백운교의 명칭은 『불국사고금창기』를 통해서 살펴지는 것인데,11) 여기에는 다른 이설의 가능성이 존재하지 않는다.

청운교와 백운교는 총 33개(상단16·하단17)의 계단으로 구성되어 있다. 이를 통해서 우리는 대웅전의 영역을 도리천(忉利天: 梵 Trāyastriṃśa)인 수미산(須彌山: 梵 Sumeru)정과 연관시켜 볼 수가 있게 된다.12)

수미산은 일반적인 산들과는 달리 산 정상이 정방형(正方形)으로 이루어져 있다. 수미산정의 북쪽인 善見城(宮)에는 제석천이 거주하며,13) 제석천을 제외한 32천들은 남쪽(『대비바사론』계통에서는 서남쪽)인 선법당(善法堂) 주변의 사방에 위계에 따라서 크기에 차이가 나는 각기 독립된 궁전들 속에 살고 있다.14) 이를 모두 합하면 33이 되는데, 33을 인도말로하게 되면 '도리(忉利)'가 된다. 그래서 수미산정을 도리천, 혹은 33천이라고 하는 것이다.

33천의 수(數)에 관해서는 '제석천+32천'이라는 설과 제석천을 제외한 33천15)이 존재한다는 설의 두 가지가 있다. 그러나 선법당의 중앙에 제석천이 좌정하고 좌우로 16천씩 배석하게 된다는 점이 누차례 기록되어 있는 것 등16)을 통해서 볼 때, 전자가 더 타당하다고 사료된다. 그리고 이의 연장선상에서 불교의 우주론에 입각한 수미산(須彌山) 중턱에 위치한다는 4왕천(四王天: 梵 Caturmahārājika-deva)

---

11) 韓國學文獻硏究所 編, 「佛國寺古今創記」, 『佛國寺誌(外)』, (서울: 亞細亞文化社, 1983), 47쪽.

12) 韓國佛教硏究院 著, 『佛國寺』, (서울: 一志社, 1999), 36쪽; 李慈慶, 「佛國寺에 관한 硏究」, (大邱: 大邱曉星가톨릭大 碩士學位論文, 1999), 38쪽.

13) 김진열, 「輪回說 再考Ⅲ-윤회설의 기원과 그 토대」, 『東國思想』, 제23집(1990), 192~194쪽.

14) 拙稿, 「Kailas山의 須彌山說에 관한 종합적 고찰」, 『佛教學研究』 제17집(2007), 329쪽.

15) 『正法念處經』25, 「觀天品第六之四(三十三天初)」(『大正藏』17, 143b).

16) 『起世因本經』6, 「三十三天品第八上」(『大正藏』1, 396b), "其座兩邊。各有十六小天王座。"; 『起世因本經』8, 「鬪戰品第九」(『大正藏』1, 404c), "帝釋天王。告其三十二天言。"

의 존재는, 청운교와 백운교의 중간영역(계단참)적 공간을 통해서 효율적인 이해의 접근이 가능하다. 즉, 청운교와 백운교를 통해서 불교의 수미산설에 입각한 가람배치의 양상을 읽어 볼 수가 있고, 또한 이로써 불국사에 천왕문의 유적이 존재하지 않는 점에 관해서도 매우 유용한 해법 도출이 가능하게 되는 것이다.

이 외에도 대웅전 영역을 수미산정인 도리천으로 비정해 볼 수가 있는 측면으로는 범영루(泛影樓)인 '수미범종각(須彌梵鐘閣)'과 '3도 16계단(三道 十六階段)' 등을 들 수가 있다.

현존 범영루로 되어 있는 수미범종각은 『불국사고금창기』에 3칸 건물로 언급되어 있다. 그리고 수미범종각은 수미산 형태의 8각 구조물 정상에 건립되어 있다는 내용에 관해서도 확인해 볼 수가 있다.[17] 즉, 범영루 외부기단의 미적 구조물은 곧 수미산을 상징하는 것에 다름 아니며, 그로써 그 위의 누각은 자연스럽게 수미산정에 위치해 있는 것이 되는 것이다.

다음으로 3도 16계단은 대웅전 영역과 극락전 영역의 연결공간에 설시되어 있는 석계이다.[18] 붓다는 성도 후 7년째[19] 기원정사(祇園精舍)에서 제석천의 권유로 마야부인을 위해 도리천으로 올라가셔서 3개월에 동안 선법강당(善法講堂: 善法堂)에서 설법하시게 된다. 그리고 마지막 7일을 남겨둔 시점에서 제석천에게 신통을 사용하지 않는

---

17) 『佛國寺古今創記』全1卷, "須彌梵鐘閣(三間)亦以石彫　須彌山形八角頂專樓　上可坐百八衆　下可建五丈竿"

18) 拙稿, 「佛國寺 '3道 16階段'의 이중구조 고찰—極樂殿 영역과 大雄殿 영역을 중심으로」, 『新羅文化』 제31집(2008), 參照.

19) 붓다의 忉利天 爲母說法을 성도 후 7년으로 비정하는 것은 『僧伽羅刹所集經』 卷下의 안거에 관한 기록에 의한 것이다.
　　『僧伽羅刹所集經』下, (『大正藏』4, 114b), "第七於三十三天。"

지상으로의 하강 의도를 피력하신다. 이로 인하여 도리천에서 지상(地上)인 승가시(僧迦尸: 梵 Saṅkāśya)에 이르는 보배계단이 제석천의 주도로 화작(化作)되게 된다. 그런데 이때 붓다를 중심으로 좌우에 제석(帝釋)과 범천(梵天)이 공경히 모시면서 내려오기 때문에 보배계단은 자연 3도로(三道路)의 형상을 띠게 된다. 도리천 위모설법에 관한 내용은 『증일아함경(增一阿含經)』 권28[20]을 필두로 해서 『잡아함경(雜阿含經)』 권19[21]와 『비바사론(鞞婆沙論)』 권9[22] 등 다수의 경론들에서 매우 폭넓게 등장하고 있다.

또한 숫자 16에는 만수(滿數)의 의미가 내포되어 있어 '산수와 비유로 미칠 수 없음'을 상징한다는 『대지도론(大智度論)』 권35의 내용적인 언급이 있다.[23] 그러므로 3도로와 16계단을 합하게 될 경우 우리는 승가시의 하강에 대한 상징적인 측면을 확보할 수 있게 되는 것이다. 그리고 이는 기원전 2C 후반에 건립된 바르후트 대탑의 부조[24]와 기원후 1C 간다라의 부조[25] 등[26]의 유물적인 방증을 통해서도 확인해 볼 수가 있다고 하겠다. 즉, 3도 16계단에 대한 이해에는 도리천 위모설법(爲母說法)과 관련된 승가시의 하강과 연결되는 내용

---

20) 『增壹阿含經』28, 「聽法品第三十六-五」(『大正藏』2, 707a~708a).
21) 『雜阿含經』19, 「五〇六」(『大正藏』2, 134a).
22) 『鞞婆沙論』9, 「四聖諦處第三十二之餘」(『大正藏』28, 481c).
23) 『大智度論』35, 「大智度論釋習相應品第三之一」(『大正藏』25, 320b), "(答曰。)算數譬喻所不能及者是其極語。(譬如人有重罪先以打縛楚毒然後乃殺。)如聲聞法中常以十六不及一爲喻。大乘法中則以乃至算數譬喻所不能及。"·(319c), "(答曰。)略說則十六。廣說則無量。"
24) 다카다 오사무 著, 이숙희 譯, 『佛像의 誕生』, (서울: 예경, 1994), 48쪽.
25) 예술의 전당 編, 『간다라 미술』, (서울: 예술의 전당, 1999), 155쪽; 민희식·박교순 著, 『불교의 고향 간다라』, (서울: 가이아, 1999), 204쪽.
26) 이 외에도 마투라에서 출토된 기원후 2~3C(68×107×15cm, 마투라박물관 소장) 작품 등이 있다.
   中村元 著, 鄭泰爀 譯, 『原始佛敎-그 思想과 生活』, (서울: 東文選, 1993), 52쪽.

적 측면이 내포될 수가 있는 것이며, 이는 곧 대웅전 영역이 수미산 정인 도리천이라는 것을 상징하는 것이라고 하겠다.

또한 청운교와 백운교 위의 정상부분인 자하문(紫霞門) 영역에는 해와 달의 출몰에 관한 조각이 있는데, 이 역시도 해와 달이 수미산 중턱의 주위를 도는 것[27]으로 되어 있는 수미산 우주론과 무관하지 않다. 그리고 대웅전의 영역이 방형인 것 역시 도리천이 방형인 것과 일치되는 것이며, 대웅전 영역의 전면 모서리에 누각형의 구조가 배치되어 있는 것 역시 도리천의 네 모퉁이가 솟아 있는 것과 상호 일치된다고 하겠다.[28] 즉, 전체적으로 불국사의 대웅전 영역은 도리천을 상징한다고 할 수가 있는 것이다.[29]

이상을 통해서 우리는 불국사 대웅전의 진입구조를 전체적으로 불교의 수미산 우주론의 관점에서 검토해 볼 수가 있다는 것을 파악해 보았다. 그리고 이와 같은 관점 속에서 청운교와 백운교의 계단 수인 33이 도리천에 대한 강한 상징성을 내포하고 있다는 것에 관해서도 확인해 보게 되었다. 그러나 이러한 접근은 청운교와 백운교의 상징성에 대한 이해를 보다 심화해 줄 수는 있어도 이를 통한 청운교와 백운교의 순서적인 위치비정의 문제까지 해결해 줄 수는 없다. 그러므로 이의 정당한 해법도출에 있어서는 이러한 전체구조를 바탕으로

---

27) 사왕천이 위치하고 있는 수미산 중턱의 허공에는 51유순, 혹은 49유순(『구사론』은 50유순) 크기의 해와 달의 궁전이 방형의 구조로 존재하고 있는데, 멀리서 보게 되면 빛을 내뿜고 있기 때문에 시각적인 관점에서는 원형으로 목도되게 된다.
『大樓炭經』6, 「天地成品第十三」(『大正藏』1, 305c); 『起世經』10, 「最勝品第十二之餘」(『大正藏』1, 359a); 『阿毘達磨俱舍論』11, 「分別世品第三之四」(『大正藏』29, 59a).
28) 拙稿, 「Kailas山의 須彌山說에 관한 종합적 고찰」, 『佛敎學硏究』 제17집(2007), 325쪽.
29) 拙稿, 「佛國寺 大雄殿 영역의 二重構造에 관한 고찰―華嚴과 法華를 중심으로」, 『宗敎硏究』 제49집(2007), 180~184쪽.

한 관계성에 있어서의 보다 심도 있는 검토를 통한 접근이 요청된다
고 하겠다.

2. 아뇩달지(阿耨達池)와 연무효과(煙霧效果)

아뇩달지의 아뇩달은 범어 Anavatapta를 음사한 것으로 무열뇌지
(無熱惱池)와 청량지(淸凉池)로 번역된다.

아뇩달지는 인도의 우주론에 있어서 수미산이 이 세계의 중심으로
이해되듯이 남섬부주를 흐르는 4대강(四大江)의 발원지로서 성역(聖
域)의 의미를 확보하고 있는 것으로 나타나 있다.30) 그로 인하여 붓
다께서는 신통을 통하여 이곳에 가셔서 법을 설하시기도 하며,31) 아
뇩달지를 관장하는 아뇩달용왕은 8대용왕 중 최고의 지위를 확보하
고 있다.32)

아뇩달지라는 명칭은 이 연못 수면아래의 용궁에 사는 아뇩달용왕
의 명칭에서 기인한 것이다. 이에 관해서 관련전적들은 공통된 기록
을 하고 있는데, 그것은 일반 용에게는 있는 세 가지 근심이 아뇩달
용왕에게는 존재하지 않는다는 아뇩달용왕만의 특수한 위덕에 관한
것이다.33) 일반 용에게는 있는 3환(患)이 없으므로 아뇩달용왕은 두

---

30) 阿耨達池는 곧 Manasarovar로 이는 주변의 네 종교 즉, 불교·힌두교·자이나교·본교의
  공통된 聖湖이다. 특히 이곳은 간디의 살았을 때 요청에 의해서 화장 후 그 재가 뿌려진 곳
  으로도 유명하다.
  김규현 著, 『티베트의 신비와 명상』, (서울: 도피안사, 2001), 260~265쪽.
31) 『增壹阿含經』29, 「六重品第三十七之一─三」(『大正藏』2, 708c~709a).
32) 『大唐西域記』에는 8地菩薩의 變顯으로까지 설해지고 있다.
  『大唐西域記』1, 「三十四國」(『大正藏』51, 869b), "八地菩薩以願力故化爲龍王。於中潛宅。
  出清冷水。給贍部洲。"

려움이 없어 언제나 무열뇌(無熱惱), 혹은 청량(淸涼)의 안정상태에 처하게 되는데, 이것이 바로 아뇩달이라는 명칭적 기원이 된다.

아뇩달지의 크기는 가로와 세로가 각각 50유순인데, 그 물은 차고, 맑고, 깨끗한 특징을 가지고 있다. 그리고 아뇩달지의 사면으로부터는 남섬부주를 흐르는 4대강이 시작된다. 4대강의 출구로는 인도문화와 관련 깊은 상(象)·우(牛)·마(馬)·사자(師[獅]子)의 입 조각이 상징적으로 나타나 있다. 그러나 상징적인 네 동물의 관해서는 관련기록들이 일치되고 있지만, 각각의 방위와 관련된 정합성에 있어서는 이견이 나타나 보이고 있다. 아뇩달지 발원의 4대강은 각각 동쪽-긍가(恆伽: 梵 Gaṅgā: Ganges), 남쪽-신도(信度: 梵 Sindh, Sindhu: Indus), 서쪽-박추(縛芻: 梵 Vakṣu, Ikṣu: Amu-Daria, Oxus), 북쪽-사다(徙多: 梵 Śītā, Sītī: Sir-Daria, Jaxartes)이다.[34] 아뇩달지가 4대강의 발원지이며, 각 강의 방위와 명칭에 관한 기록은 관련 자료들에서 공통되게 나타나고 있다.[35]

이상을 통해서 우리는 아뇩달지가 성역으로서 4대강의 발원지가 된다는 측면과, 4대강의 발원지이기 때문에 성역이 될 수 있다는 두 가지의 의미를 모두 확보해 볼 수가 있게 된다.

---

33) 『長阿含經』18, 「(三〇)第四分世記經閻浮提州品第一」(『大正藏』1, 121b), "唯阿耨達龍無有三患。云何爲三。一者擧閻浮提所有諸龍。皆被熱風. 熱沙著身。燒其皮肉。及燒骨髓以爲苦惱。唯阿耨達龍無有此患。二者擧閻浮提所有龍宮。惡風暴起。吹其宮內。失寶飾衣。龍身自現以爲苦惱。唯阿耨達龍王無如是患。三者擧閻浮提所有龍王。各在宮中相娛樂時。金翅大鳥入宮搏撮或始生方便。欲取龍食。諸龍怖懼。常懷熱惱。唯阿耨達龍無如此患。若金翅鳥生念欲往。即便命終。故名阿耨達。"

34) 水谷眞成 譯註, 『大唐西域記』, (東京: 平凡社, 昭和49), 10쪽의 각주18〜21, 參照.

35) 4大江의 방위와 명칭은 『大樓炭經』·『起世經』·『起世因本經』·『俱舍論』 등에서는 공히 일치되는 모습을 보인다. 그러나 그 외의 단편적인 경전(『增壹阿含經』21, 『大正藏』2, 658c)들까지도 모두 일치되는 것은 아니다.

　　그러나 불국사 진입로에 위치한다는 특수성에 의해서 이는 곧 극락전 영역과 상응해서는 구품연지가 되어야만 한다. 즉, 불국사 진입로의 연못은 아뇩달지와 구품연지라는 이중성을 공히 확보하고 있어야 한다는 것이다. 이는 불국사 진입로의 연못이 영지(影池)일 수 있는 개연성에 관해서도 문제를 제기할 수 있는 부분이 된다.36)

　　왜냐하면, 아뇩달지에는 청량지의 성향이 강하기 때문이다. 그러나 이것이 사찰 내의 연못이라는 점과 또한 대웅전 영역과 극락전 영역에 동시에 상응해야 하는 이중구조적인 타당성이 확보되어야 한다는 점에 있어서 불국사의 연못에는 영지(影池)와 연지(蓮池)의 두 가지 양상이 공히 공존하고 있어야 한다고 하겠다. 실제로『불국사고금창기』에는 극락전과 관련하여 구품연지라는 명칭을 얻고 있고, 또한 무오(戊午: 1798)년의 기록에는 "연못의 연잎을 뒤집다"라는 기록이 있어 특정 시기에는 분명 연꽃이 있었다는 점을 분명히 해주고 있다.37) 그러나 연꽃이 존재했다고 하더라도 영지적인 측면이 전혀 존재하지 않았을 것으로는 사료되지 않는다. 왜냐하면, 연못은 발굴조사 보고서에 의하면, 크기가 동서로 39.5m 남북으로 25.5m나 되는 거대한 크기이므로38) 이곳이 연꽃으로 완전히 뒤덮이지는 않았을 개연성도 충분하기 때문이다. 이는 수미등정각에 대한 후대의 명칭인 범영루라는 편액을 통해서도 단적인 확인이 가능하다고 하겠다. 그러므로 불국사 진입로의 연못에는 영지와 연지의 이중구조가 설시되어 있었다

---

36) 추상훈,「佛國寺 九品蓮池의 影池的 특징과 煙霧效果에 관한 研究」, (서울: 弘益大 碩士學位論文, 1997), 參照.
37) 위의 논문, 21쪽.
38) 文化公報部 文化財管理局 編,『佛國寺—復元工事報告書』, (慶州: 光明印刷公社, 1976), 61쪽.

고 보는 것이 보다 정당한 파악이 아닌가 한다.

불국사 진입의 연못에 영지적인 속성이 내재한다는 측면은 연무효과와 관련하여 시사하는 바가 크다. 왜냐하면, 영지적인 부분은 온도차에 의한 안개 발생에 있어서 보다 용이한 측면이 있기 때문이다.

불국사 진입로의 연못은 대웅전 영역 쪽의 범영루 옆에 위치해 있는 낙수조(落水槽: 切水構)를 통해 유입되는 불국사를 관통하는 남산의 물과 계곡물의 지류를 끌어들인 것을 통해서 보충했을 것으로 추정된다. 그런데 낙수조는 대웅전 영역의 석축과 같은 높이를 확보하고 있기 때문에 이를 통해서 연무효과가 발생하였을 개연성이 있다.[39] 물론 낙수조를 통한 연무효과는 극히 제한적이었을 것이다. 그러나 토함산이라는 산 기온의 온도차에 의해서 연못의 영지적인 측면에서 발생하는 안개와 더해지게 될 경우 이러한 연무효과는 상당한 장관을 연출했을 것으로 사료된다.

대웅전 진입 석계를 청운교와 백운교라는 공히 '운(雲)'자(字)를 사용하고 있는 것도 이러한 연무효과와 관련된 것으로 이해된다.[40] 일반적으로 절집에서 청(靑)과 백(白)이 아울러 병칭될 때는 청산(靑山)과 백운(白雲)이라는 정(靜)과 동(動), 혹은 체(體)와 용(用)의 관계 속에서 표현되는 것이 보편적이다. 그런데 청운교와 백운교에 있어서는 청(靑)과 백(白)이 공히 '운(雲)'이라는 동적 측면과 상응하고 있어 체·용의 균형적인 관계를 무너트리고 있다. 이는 대단히 이례적

---

39) 추상훈, 「佛國寺 九品蓮池의 影池的 특징과 煙霧效果에 관한 研究」, (서울: 弘益大 碩士學位論文, 1997), 70쪽.
40) 청운교와 백운교 위에 위치하는 紫霞門의 '紫'는 성인을 상징하고 '霞'는 연무효과와 연관된다.
拙稿, 「佛國寺 進入 石造階段의 空間分割的 意味」, 『建築歷史研究』 제16권(2007), 67~68쪽.

인 경우라고 할 수가 있다. 추정컨대, 연무효과와 더불어 대웅전의 영역이라는 이상경계로의 진입을 강조하기 위해서 상승감을 배가하는 차원에서 운(雲)이라는 의미를 보다 크게 부각하고 있는 것이 아닌가 한다. 실제로 청운교와 백운교는 석계(石階)로 이는 대웅전 영역의 효율적인 진입을 위해서 설시된 건축구조물이다. 즉, 청운교와 백운교에는 접근 수단으로서의 의미가 강하게 내포되어 있는 것이다. 바로 이 같은 점이 청(靑)과 백(白)에 공히 '운(雲)'자(字)를 배대(配對)시키게 된 사상적 측면이 아닌가 사료된다.

연무효과는 연못과 보다 가깝고 낙수조를 포함하는 대웅전 영역이 극락전 영역에 비해서 보다 더 강했을 것으로 추정된다. 이는 대웅전 영역의 진입석계 상당부분이 이러한 연무효과에 의해 계절에 따라 일정시간 동안 안개에 휩싸여 있었을 개연성을 상정케 한다. 이는 종교적인 신비감과 신성성을 강조하는 건축의도에 의한 세심한 측면이라고 할 수가 있다. 그리고 우리는 이와 같은 불국사의 구조적인 측면을 통해서 대웅전 진입 석계의 하부가 백운교라는 것을 상정해 볼 수가 있게 된다. 왜냐하면, 물안개의 특성상 그 빛이 희뿌연색이라는 점을 감안해 볼 때, 물안개에 더 많이 잠기게 되는 부분에 백운교라는 명칭이 사용됨이 보다 더 타당성이 있다고 할 수가 있기 때문이다.

그리고 이러한 백운교의 건축의도적인 물안개와의 상응은 청운교라는 하늘의 푸름과 호응하는 측면과 상호 대비되고 있다고 하겠다. 즉, 불국사의 건축의도적인 구조에 있어서 우리는 아뇩달지의 영지적 특성과 연무효과를 통해서 상계(上階)가 청운교이고 하계(下階)가 백운교가 되는 타당성을 확보해 볼 수가 있게 되는 것이다.

3. 9품연지(九品蓮池)와 백련(白蓮)

불국사 진입의 연못은 대웅전 영역과 상응할 때에는 아뇩달지가 되어 영지적 속성을 확보할 수 있지만, 극락전 영역과 상응해서는 일반적인 관점에 입각한 구품연지, 즉 연지의 속성을 내포해야만 한다.

불국사 진입로의 연못이 극락전 영역과의 관계에 의해서 연꽃이 심어져 있었다면, 그 연꽃은 백련(白蓮)일 개연성이 가장 크다. 왜냐하면, 극락과 관련되는 연꽃은 그 빛깔이 흰 백련(白蓮)이 가장 큰 상징성을 확보하고 있기 때문이다. 중국문화권에 있어서 백색은 길함을 상징하며, 사후의 길함을 위하여 장례에서도 백색이 주종을 이루고 있다. 그러므로 극락의 재생을 상징하는데 있어서 백연의 존재는 필연성을 확보하게 된다고 하겠다.

실제로 중국 동진(東晉)의 승려이자 정토종(淨土宗)의 비조격 인물로 칭하여지는 혜원(慧遠: 334~416)은 여산(盧山) 동림사(東林寺)에서 원흥(元興) 원년(元年: 402) 7월에 도생(道生)·유유민(劉遺民)·종병(宗炳) 등 승속 123인과 더불어 극락왕생을 위한 염불결사(念佛結社)를 단행하게 되는데, 그 명칭이 白蓮社(全稱: 白蓮華社, 略稱: 蓮社)이다.41) 이는 극락세계가 백련(白蓮)의 세계임을 상징적으로 형상화한 것이라고 하겠다. 또한 의상의 「백화도량발원문(白花(華)道場發願文)」은 관세음보살이 상주하는 이상향에 대한 동경을 형상화한 것인데, 여기에도 백화가 등장42)하고 있음을 확인해 볼 수가 있다.43)

---

41) K. S. 케네쓰 첸 著, 박해당 譯, 『中國佛敎』, (서울: 民族社, 1991), 121~123쪽.

42) 『白花道場發願文略解』全1卷, (『韓佛全』6, 574b), "一刹那間即得往生白華道場與諸菩薩同聞正法 入法流水念念增明　現發如來大無生忍"

물론 관세음보살의 주처는 남인도의 보타락가산(補陀洛迦山)이지만, 관세음보살이 극락교주인 아미타불과 무관하지 않다는 점44)을 고려한다면 이 부분에 있어서 극락과의 상관관계 역시 확보될 수가 있다고 하겠다.

그러므로 우리는 불국사 진입로의 연못에 백연이 주로 심어져 있었을 것이라는 점을 추정해 볼 수가 있게 된다. 그리고 우리는 이러한 불국사의 건축의도적인 측면을 통해서 대웅전의 주 진입로인 청운교와 백운교에 있어서 하계의 명칭이 백운교가 되어야 할 타당성을 확보해 볼 수가 있게 된다. 이렇게 될 경우 이 역시도 상계가 하늘의 푸름과 상응하여 청운교가 되는 것과 상하의 상응구조를 확보할 수 있는 측면이 된다. 즉, 불국사 진입로의 연못과 관련시켜 이해해 볼 때, 청운교와 백운교는 하계가 백운교가 되고, 상계가 청운교가 되어 푸른 하늘과 백연이라는 청과 백의 배경적인 측면을 상징적으로 수용해 들였다고 할 수가 있는 것이다.

이상을 통해서 우리는 연무효과와의 연관관계를 통해서 확보되는 백과 청의 대비를 다시금 백연을 통해서도 확보해 볼 수가 있게 된다. 즉, 연무효과와 대비되는 하늘의 푸름은 다시금 연무효과와 대비되어서도 확인될 수가 있는 것이다. 이와 같은 불국사의 건축구조적인 특성은 전체적으로 청운교와 백운교의 위치와 순서적인 타당성을 상청(上靑)과 하백(下白)의 측면으로 나타내 주고 있다고 하겠다.

---

43) 백화도량의 의미와 타당성에 관한 모색은 「白花道場發願文의 몇 가지 문제」의 〈Ⅱ. 發願文의 題名과 白華道場의 信仰性 문제〉를 참조하라.
  金煐泰, 「백화도량발원문의 몇 가지 문제」, 『韓國佛敎學』 제13집(1998), 16~23쪽.
44) 『白花道場發願文略解』全1卷, (『韓佛全』6, 573c~574a), "如菩薩頂戴彌陀 我亦頂戴觀音大聖"

Ⅲ. 음양(陰陽)·오행설(五行說)과 『주역(周易)』을 통한 접근

1. 음양·오행설과 청(靑)·백(白)

음양론(陰陽論)은 본래 역(易)의 대대론(對待論)과 관련된 내원을 가지는 것[45]으로 그 연원은 중국의 전설적인 인물인 복희(伏羲·包犧)의 하도(河圖)와 하우(夏禹)의 낙서(洛書)로까지 소급해 갈 수가 있다.[46] 그러나 이러한 측면들은 다분히 신화적인 성향이 강한 것으로 이를 연구의 검토에 있어서 무비판적으로 수용할 수는 없다. 다만 이러한 측면들을 통해서 우리는 최소한 음양론이 중국문화에 있어서 매우 오랜 연원을 확보하고 있다는 점에 관해서 인식해 볼 수가 있게 된다.

오행(五行)은 『상서(尙書)』에서 기원하여 전국시대(戰國時代) 산동성(山東城) 제(齊)나라의 학자인 추연(鄒衍)에 의해서 확대된 철학체계[47]로 목(木)·화(火)·토(土)·금(金)·수(水)의 다섯 범주에 의한 상생(相生)과 상극(相剋)을 이용한 현상이해의 한 방법이다. 이 설은

---

45) 周敦頤 著, 朱熹 註, 「誠上第一」, 『通書解』, "易有兩義 一是變易 便是流行底 一是交易 便是待對底"; 張岱年 著, 김백희 譯, 『中國哲學史大綱 上』, (서울: 까치, 2000), 253쪽.
46) 朱熹 著, 김상섭 譯, 「本圖書第一」, 『易學啓蒙』, (서울: 藝文書院, 1999), 35쪽; 尹相喆·金秀吉 著, 「제6부 河圖와 洛書」, 『周易入門』, (서울: 大有學堂, 1997), 203~225쪽; 『周易』, 「繫辭上傳」, "是故天生神物, 聖人則之, 天地變化, 聖人效之, 天垂象, 見吉凶, 聖人象之, 河出圖, 洛出書, 聖人則之."
47) 馮友蘭 著, 『中國哲學史(上册)』, (上海: 華東師範大學出版社, 2003), pp. 123~129; 梁啓超·馮友蘭 外 著, 김홍경 譯, 『陰陽五行說의 研究』, (서울: 신지서원, 1993), 37~44쪽.

음양론의 이분법적인 한계를 보완한 것으로 본래는 다른 내원을 가지는 원리체계라고 할 수가 있다. 그러나 음양설과 오행설은 현상이해라는 동일한 측면을 공유하고 있으며, 서로의 논리체계를 보완할 수 있는 요소가 있기 때문에 하나로 묶여져 음양・오행설이 될 수가 있게 된다.

청운교와 백운교의 위치와 순서적인 타당성을 검토함에 있어서 음양・오행설의 검토가 대두되게 되는 것은 청운교와 백운교에 있어서 청(靑)과 백(白)에 의한 대비가 나타나고 있기 때문이다. 청과 백의 대비에 대해서 물질적인 측면으로 우리는 앞서 '연무효과와 백연으로 나타나는 백(白)'과 '푸른 하늘이라는 청(靑)'의 대비를 살펴 본 바 있다. 이는 사찰의 구조적인 측면이 물질을 통해서 드러난 것이라고 할 수가 있을 것이다. 그러나 이러한 물질적인 측면 말고도 동양철학적인 관점에 있어서도 청과 백의 대비가 나타나는 부분이 있는데, 이것이 바로 음양・오행설이다.

일반적으로 청(靑)은 적(赤), 그리고 백(白)은 흑(黑)과 대칭을 이룬다고 이해되기 쉬운데, 이는 음양론(陰陽論)에 의거한 측면일 뿐이다.48) 청과 적, 그리고 백과 흑의 상반상성(相反相成)의 원리적인 측면은 태극(太極)을 도형으로 상징할 때, 청・백, 혹은 흑・백을 사용하는 것을 통해서 단적으로 확인해 볼 수가 있다. 그러나 청운교와 백운교의 경우처럼 청(靑)과 백(白)을 대칭하는 것은 일반적인 음양론에서는 나타나 보이지 않는다. 청과 백의 대칭적인 구조는 일반적인 음양론이 아닌 오행론(五行論) 안에서의 음양론에 의한 것이며,

---

48) 梁啓超・馮友蘭 外 著, 김홍경 譯, 『陰陽五行說의 硏究』, (서울: 신지서원, 1993), 61~68쪽.

이는 양자가 철학적인 논리의 충차에 있어서 차이가 있다는 것을 의미한다고 하겠다.

오행은 목(木)·화(火)·토(土)·금(金)·수(水)를 지칭하는데, 이는 방위적으로는 동(東)·남(南)·중앙(中央)·서(西)·북(北)을 그리고 색채로는 청(靑)·적(赤)·황(黃)·백(白)·흑(黑)이 된다.[49] 오행론에 있어서의 음양관계는 일반적인 음양론과는 조금 다르다. 오행에 있어서 청과 적은 공히 양(陽)에 속하며, 양(陽) 안에서 다시금 청(靑)은 소양(少陽)이 되고 적(赤)은 태(太陽)양이 된다. 백과 흑 역시 공히 음(陰)에 속하며, 이런 경우 백(白)이 소음(少陰)이 되고 흑(黑)이 태음(太陰)이 된다. 그러므로 오행론상의 음양관계에 있어서는 적과 흑이 태양과 태음으로 대칭을 이루게 되고 청과 백이 소양과 소음이 되어 상반상성하게 되는 것이다. 이는 오행에 있어서 수극화(水剋火)와 금극목(金剋木)의 관계를 통해서 형성된다. 즉, 청운교와 백운교의 청과 백은 오행의 소양과 소음의 금극목(金剋木) 원리를 상징하고 있는 것이다. 일반적으로 운동회와 같은 경우에 있어서 청백전을 하게 되는 것도 이와 같은 오행론상의 음양구조에 의한 것이라고 하겠다.

그렇다면 왜 청과 백의 대칭구조에 비해서 보다 분명한 흑과 적의 대칭구조를 사용하지는 않는 것인가? 이는 중국철학이 일원론적인 바탕위에서 유기체적인 측면을 중심으로 하여 극단적인 것을 피하기 때문이다. 이는 『주역(周易)』에서 63수화기제괘(水火旣濟卦)의 다음에 64화수미제괘(火水未濟卦)로서 전체를 마무리하는 것이나,[50] 「계사전

---

49) 金谷治 外 著, 조성을 譯, 『中國思想史』, (서울: 理論과 實踐, 1996), 92쪽.
50) 勞思光 著, 鄭仁在 譯, 『中國哲學史(古代篇)』, (서울: 探求堂, 1994), 32쪽; 程頤·朱熹, 金碩鎭 譯, 『周易傳義大全解釋 下』, (서울: 大有學堂, 1997), 1310~1339쪽.

(繫辭傳)」의 "생생지위역(生生之謂易)",51) 또는 "궁즉변 변즉통 통즉구(窮則變 變則通 通則久)"52)라는 구절 등을 통해서 단적인 확인이 가능하다고 하겠다. 즉, 중국철학의 변화를 중시하는 관점에서는 극단적인 대립양상보다는 변화의 여지를 내포하는 유연한 측면인 상반(相反)하면서도 동시에 상성(相成)할 수 있는 관점을 우선시하게 되는 것이다. 이 점이 바로 흑과 적에 비해서 청과 백의 대립구조가 보편적으로 사용되게 되는 이유라고 하겠다.

또한 목(木)은 오행론상에서 양(陽)으로 상승과 진보, 그리고 발전 등을 의미한다. 이에 비해서 금(金)은 음(陰)으로 견고와 보수, 그리고 움추러드는 등의 뜻을 내포한다. 이는 목(木)의 청(靑)이 상(上)이고, 금(金)의 백(白)이 하(下)가 되는 것과 일치되는 것이다. 그러므로 이러한 경우에 있어서도 우리는 상계가 청운교가 되고, 하계가 백운교가 되는 타당성을 확보해 볼 수가 있게 된다. 즉, 청운교와 백운교의 위치와 순서는 오행론상에서는 공히 상청(上靑)과 하백(下白)으로 나타나고 있는 것이다.

이상을 통해서 우리는 청운교와 백운교의 대칭적인 측면에는 오행론상의 음양관계가 주로 작용하고 있다는 것을 파악해 볼 수가 있다. 그러므로 이의 연장선상에서 오행론 안에서의 목과 금의 순서적인 측면을 고려해 본다면, 목은 금에 앞서 선행한다. 그러므로 오행론의 관점에서 대웅전 진입로의 운제(雲梯)는 상층부가 청운교이고, 하층부가 백운교가 된다는 해석이 가능해지게 된다고 하겠다.

---

51) 『周易』, 「繫辭上傳」.
52) 위의 책.

2. 『주역』적인 타당성

청운교와 백운교에서 청과 백이라는 색이 설시되어 있다는 것은 이것이 오행론상에서 영향을 받고 있다는 것을 의미한다. 그러나 중국문화에 있어서 오행론은 음양론과 결코 유리될 수 없으며, 또한 음양론은 『주역』과 무관할 수 없다. 그러므로 『주역』적인 타당성의 검토 역시 나름의 입각점을 확보할 수가 있다고 하겠다.

『주역』은 오행이 토(土)를 통해서 3분법적인 중간자를 설시하고 있는 것에 비해서 2분법적인 음양론에 보다 충실하다. 음(--)과 양(一)의 양의(兩儀)가 겹쳐져 사상(四象: ======)이 되고, 이것이 다시금 가일(加一)되어 8괘(8卦: ========)가 된다.[53] 8괘에 있어서 음양의 대표적인 괘는 건(乾: ☰)과 리(離: ☲), 그리고 곤(坤: ☷)과 감(坎: ☵)이라고 할 수가 있다. 이 중에서 보다 근본이 된다고 할 수 있는 것으로 무게비중을 차지하는 것은 건(乾)과 곤(坤)이다. 이는 건과 곤의 중괘(重卦)인 1중천건괘(重天乾卦)와 2중지곤괘(重地坤卦)에만 따로 10익(十翼) 중 「문언전(文言傳)」이 존재하는 것[54]을 통해서도 단적인 확인이 가능하다고 하겠다. 즉, 건과 곤은 『주역』 64괘에 있어서 기준의 역할을 하고, 리와 감은 그 다음이 되는 것이다. 이는 오행론에 있어서 수와 화가 중심이 되고 목과 금이 그 다음이 되는 것과 상호 유사하다고 하겠다.[55]

---

53) 程頤・朱熹, 金碩鎭 譯, 「易本義圖」, 『周易傳義大全解釋 上』, (서울: 大有學堂, 1997), 82~94쪽; 馮友蘭 著, 『中國哲學史(下册)』, (上海: 華東師範大學出版社, 2003), pp. 216~220.

54) 朴一峰 譯, 『周易』, (서울: 育文社, 1987), 48~60・69~73쪽; 李基東 著, 『하늘의 뜻을 묻다』, (서울: 열림원, 2005), 63쪽.

55) 오행론과 『주역』의 논리는 서로 다른 내원을 가지고 있다. 그러므로 완전한 논리적 일치성을 확보

청운교와 백운교와 같은 음양의 상응적인 측면을 건(乾)과 곤(坤)의 중괘로 볼 경우 우리는 11지천태(地天泰)와 12천지비(天地否)의 두 괘를 검토해 볼 수가 있게 된다. 지천태는 상괘(上卦)가 곤(坤)이고 하괘(下卦)가 건(乾)으로 이는 크게 형통함을 의미한다.56) 이에 비해서 천지비는 상괘(上卦)가 건(乾)이고 하괘(下卦)가 곤(坤)으로 단절되어 막히는 것을 뜻한다.57) 즉, 건(乾)과 곤(坤)의 위치차이에 의해서 괘사(卦辭)가 극명하게 나뉘고 있는 것이다.

그러나 감(坎)과 리(離)의 중괘로 볼 경우에는 사뭇 다른 양상이 전개된다. 감(坎)과 리(離)의 중괘는 63수화기제(水火旣濟)와 64화수미제(火水未濟)의 두 괘(卦)이다. 수화미제는 상괘(上卦)가 감(坎)이고 하괘(下卦)가 리(離)가 되어 현재 완성되어 있지만, 결국 혼란으로 치닫게 되는 것을 의미한다.58) 이에 비해서 화수미제는 상괘(上卦)가 리(離)이고 하괘(下卦)가 감(坎)이 되어 현재는 미완성이지만, 나중에는 변화하여 통함을 뜻한다.59) 이 역시도 감(坎)과 리(離)의 위치 차

하지 못하고 있다. 그 결과 같은 水와 火라도 오행에서는 기준이 되는 반면, 『주역』에서는 건과 곤의 次第가 되는 것이다. 즉, 水·火라는 용어적인 동일성이 있지만, 그 위계에는 관점에 따른 차이가 있는 것이다.

56) 『周易』, 〈泰卦第十一〉, "泰, 小往大來, 吉, 亨. 象曰, [泰, 小往大來, 吉, 亨.] 則是天地交而萬物通也, 上下交而其志同也. 內陽而外陰, 內健而外順, 內君子而外小人, 君子道長, 小人道消也. 象曰, 天地交, 泰, 后以財成天地之道, 輔相天地之宜, 以左右民."

57) 『周易』, 〈否卦第十二〉, "否之匪人, 不利, 君子貞, 大往小來. 象曰, [否之匪人, 不利, 君子貞, 大往小來.] 則是天地不交而萬物不通也, 上下不交而天下无邦也. 內陰而外陽, 內柔而外剛, 內小人而外君子, 小人道長, 君子道消也. 象曰, 天地不交, [否], 君子以儉德辟難, 不可榮以祿."

58) 『周易』, 〈旣濟卦第六十三〉, "旣濟, 亨小, 利貞, 初吉終亂. 象曰, [旣濟, 亨], 小者亨也. [利貞], 剛柔正而位當也. [初吉], 柔得中也, [終止則亂], 其道窮也. 象曰, 水在火上, 旣濟, 君子以思患而豫防之."

59) 『周易』, 〈未濟卦第六十四〉, "未濟, 亨, 小狐汔濟, 濡其尾, 无攸利. 象曰, [未濟, 亨], 柔得中也. [小狐汔濟], 未出中也, [濡其尾, 无攸利], 不續終也. 雖不當位, 剛柔應也. 象曰, 火在水上, 未濟, 君子以愼辨物居方."

이에 의해서 상반된 괘사(卦辭)를 파생하게 되는데, 이때에는 화수미제가 미완성이지만 좋은 괘이고, 수화기제가 완성이지만 좋지 않은 괘가 된다.[60] 즉, 건(乾)·곤(坤)과 감(坎)·리(離)의 위치차이는 전혀 상반된 길(吉)·흉(凶)의 괘사(卦辭)를 파생하고 있는 것이다.

청운교와 백운교를 해석함에 있어서 『주역』의 괘는 오행과는 달리 특정 색을 배속하고 있지 않기 때문에 어떤 괘를 따라야 할지 불투명하다. 그러므로 우리는 청운교와 백운교의 위치에 따른 지천태와 천지비, 그리고 수화기제와 화수미제의 총 4괘를 확보해 볼 수가 있게 된다. 특히 이들 괘는 음양의 상반된 입장에서 괘사의 길흉 차이가 크다. 그렇기 때문에 이를 통한 청운교와 백운교의 위치 비정은 그리 용이한 것이 아니다. 그러므로 우리는 이의 이해를 위해서 易의 상징성에 관해서 먼저 납득할 필요가 있다.

『주역』은 성인이 관물취상(觀物取象)하여 "언부진의(言不盡意)"한 경계를 "입상이진의(立象以盡意)"한 것으로 상징성이 매우 강하다. 이와 같은 역의 발생적인 측면은 다음의 「계사전(繫辭傳)」의 내용을 통해서 단적인 확인이 가능하다.

옛적 포희씨(包犧氏)가 천하의 왕일 때, 우러러 하늘의 상(象)을 관(觀)하고 구부려 땅의 법(法)을 관(觀)하며, 조(鳥獸)수의 무늬와 땅의 마땅함을 살핌에 가깝게는 몸에서 취하고 멀게는 외물에서 취하였다. 이를 통하여 처음으로 8괘를 만드니 신명(神明)의 덕(德)과 통하고, 만

---

60) 이는 『三國遺事』, 「太宗春秋公」條의 新月과 滿月의 경우(有一龜, 其背有文, (曰)「〈百濟〉圓月輪, 〈新羅〉如新月」, 問之巫者, 云: 「圓月輪者滿也, 滿則虧; 如新月者未滿也, 未滿則漸盈.」)와 같다. 易은 變하여 通함을 吉하다고 한다. 그러므로 64未濟卦는 24地雷復卦와 마찬가지로 吉한 것이 된다.

물의 정(情)과 함께 하였다.61)

　성인(聖人)께서 천하의 내포의미를 파악하여서 그러한 모든 형용(形容)을 견주어 그 물(物)의 마땅함을 상징하였다. 이러한 연고로 '상(象)'이라고 이르는 것이다. 성인께서 천하의 움직임을 보아서 그러한 회통(會通)을 관하여 그 전례(典禮)를 행하는 것으로서 계사(繫辭)로 삼아 그 길흉(吉凶)을 판단하였다. 이러한 연고로 '효(爻)'라고 이르는 것이다. (성인은) 천하의 지색(至賾)을 말하여도 꺼림이 없고, 천하의 지동(至動)을 말하여도 혼란하지 않는다. (왜냐하면) 견주어 본 연후에 말하고, 숙고한 연후에 움직이니, 견주고 숙고하여서 그 변화를 이루기 (때문)이다.62)

　자왈(子曰), "글로는 말을 다할 수 없고, 말로는 뜻을 다할 수 없다", 그렇다면 성인의 뜻은 볼 수가 없다는 것인가? 자왈(子曰), "성인(聖人)은 상(象)을 세워서 뜻을 다하고 괘(卦)를 베풀어서 참과 거짓을 다하며, 계사(繫辭)로서 그 말을 다하고 변(變)과 통(通)으로서 이로움을 다하며, 북과 춤의 (마땅한 儀禮로서) 그 신(神)을 다하느니라.63)

　역(易)의 이와 같은 상징적인 측면은 현상의 이면인 본질에 대한 파악에 그 목적이 있다고 할 것이다. 그러나 이러한 상징성은 또한 현상과 정확하게 대응하지 못하는 말 그대로 주관적인 판단에 의존하는 바가 크다. 이는 공자(孔子)이래로 주장되어 왕필(王弼)과 정이

---

61) 『周易』, 「繫辭下傳」, "古者包犧氏之王天下也, 仰則觀象於天, 俯則觀法於地, 觀鳥獸之文與地之宜, 近取諸身, 遠取諸物, 於是始作八卦, 以通神明之德, 以類萬物之情."

62) 『周易』, 「繫辭上傳」, "聖人有以見天下之賾, 而擬諸其形容, 象其物宜, 是故謂之象. 聖人有以見天下之動, 而觀其會通, 以行其典禮, 繫辭焉以斷其吉凶, 是故謂之爻. 言天下之至賾, 而不可惡也, 言天下之至動, 而不可亂也, 擬之而後言, 議之而後動, 擬議以成其變化."

63) 『周易』, 「繫辭上傳」, "子曰, [書不盡言, 言不盡意.] 然則聖人之意其不可見乎? 子曰, [聖人立象以盡意, 設卦以盡情僞, 繫辭焉以盡其言, 變而通之以盡利, 鼓之舞之以盡神.]"

천(程伊川)에 의해서 계승되는 의리역(義理易)의 관점을 통해서도 방증될 수가 있다. 즉, 역(易)이란 이를 통해서 판단하는 것이 아니라 교훈으로 삼는다는 것이다.[64)

청운교와 백운교에 있어서 청(靑)과 백(白)의 두드러진 측면은 이의 오행적인 속성을 단적으로 나타내 주는 바라고 할 수가 있다. 그러므로 『주역』 괘(卦)의 양자가 공히 가능한 측면에 있어서 우리는 오행론의 기준을 수용할 타당성을 확보해 보게 된다. 이렇게 놓고 본다면, 종교적 시설물인 대웅전 진입 석계에 대한 파악은 화수미제괘로 이해하는 것이 보다 정당한 접근이 아닌가 한다. 이는 오행론에 있어서도 청과 백은 음양의 중심이 아니라 그 다음이 되고 있는 것을 통해서 논리적인 층차가 조금 다르기는 하지만, 나름의 정합성이 확보될 수가 있기 때문이다.

또한 청운교와 백운교 위에는 자하문이 위치해 있는데, 여기에서 자색이란 황색과 더불어 황제와 성인을 상징하는 색이다. 그러므로 화수미제괘의 현재는 미완성이지만, 결국은 안정되어 완성된다는 괘의 뜻은 중생의 접근적인 관점에서 백운교와 청운교를 지나 자하문으로 진입하게 되는 것과 의미적으로 일치될 수가 있다고 하겠다. 즉, 중생의 미완성적인 미제의 성향은 백운교와 청운교의 '雲'에 의한 상승을 통해 붓다의 경지경계로 진입하게 되는 것이다.

이에 비해서 지천태괘와 같은 경우는 이미 완성의 의미를 내포하고 있기 때문에 이는 대웅전의 진입로라는 상징성에 있어서 부적합한 측면을 내포하게 된다. 그러므로 『주역』적인 관점에 있어서는 화

---

64) 李基東 著, 『하늘의 뜻을 묻다』, (서울: 열림원, 2005), 65쪽.

수미제괘의 타당성이 높다고 할 수가 있는 것이다.

『주역』화수미제괘의 대입을 통해서 우리는 중생의 유루(有漏)경계는 백운교와 청운교의 바라밀적인 의미를 통해서 결국 붓다의 무루(無漏)경계로 진입하게 된다는 종교적인 상징성을 확보해 볼 수가 있게 된다. 그러므로『주역』적인 관점에서도 오행론에서의 청운교가 상계이고 백운교가 하계라는 측면은 큰 무리 없이 수용되어질 수가 있다고 하겠다.

Ⅳ. 불교방위(佛敎方位)적인 접근

1. 4천왕(四天王)의 방위

청운교 백운교의 위치와 순서 파악에 있어서 불교적인 방위의 인식은 매우 중요하다. 왜냐하면, 사원건축은 교리적인 의궤성에 의해서 구조화되는 것이 일반적이며, 불국사와 같은 국찰65)의 경우에는 이와 같은 경향성이 보다 더 강하게 나타난다고 할 수가 있기 때문이다.

---

65) 불국사에 대한 현재까지의 이해는 願刹보다는 國刹說이 더 보편적이고 타당하다고 할 수 있다.
　　姜友邦, 「佛國寺와 石佛寺의 功德主」, 『美術資料』, 제66호(2001), 13~14쪽; 金南允, 「佛國寺의 創建과 그 位相」, 『新羅文化祭學術發表會論文集』, 제18집(1997), 40~41쪽.

우리는 극락전의 진입석계인 연화교(蓮花橋)와 칠보교(七寶橋)에 있어서는 위치와 순서적인 혼란을 전혀 겪고 있지 않다. 이는 극락전 진입 석계 중 하계(下階)에는 연꽃잎이 새겨져 있고, 상계(上階)에는 계단 수가 7개로 되어 있기 때문이다.66) 그러므로 연화교와 칠보교의 위치와 순서는 상계(上階)가 칠보교이고, 하계(下階)가 연화교가 된다고 하겠다.

극락전 진입로의 석계 언급이 '下階(蓮花橋) → 上階(七寶橋)'라고 되어 있는 것은 일반적으로 인식할 수 있는 상하의 순서와는 다른 것이다. 그러므로 여기에는 불교적인 방위의 가능성이 내재되어 있을 수가 있으며, 이는 불교방위에 대한 검토의 필연성이 된다고 하겠다.

불교의 방위를 파악할 수 있는 것 중에 사원건축과 관련된 것으로 가장 대표적인 것은 천왕문(天王門)이다. 천왕문은 본래 수미산 우주론에 언급되어 있는 4천왕에 대한 측면을 중국문화적인 일향성(一向性)의 건축구조 속에 내포시키게 됨으로 인해서 파생한 측면이다.

4왕천(四王天)은 욕계6천 중 제1천으로 수미산의 중턱인 4만 2천 유순 지점(『俱舍論』은 4만 유순)에서 사방으로 돌출된 유건타산(由乾陀山)의 정상67)(『구사론』에서는 돌출된 지점임68))에 7보로 장엄된 4천왕의 성을 중심으로 그 권속들이 벌려 있는 세계를 말한다. 네 천왕은 각기 동방 지국천(持國天: 梵 Dhrtarāṣṭra)·남방 증장천(增長天: 梵 Virūḍhaka)·서방 광목천(廣目天: 梵 Virūpākṣa)·북방 다문

---

66) 拙稿, 「佛國寺 進入 石造階段의 空間分割的 意味」, 『建築歷史研究』 제16권(2007), 59쪽.

67) 『起世經』6, 「四天王品第七」(『大正藏』1, 339c); 『起世因本經』6, 「四天王品第七」(『大正藏』1, 394c).

68) 『阿毘達磨俱舍論』11, 「分別世品第三之四」(『大正藏』29, 59b·c); 權五民 譯, 『阿毘達磨俱舍論2』, (서울: 東國譯經院, 2002), 526~527쪽의 각주46, 參照.

천(多聞天: 梵 Dhanada · Vaiśravaṇa)이다. 이 중 다문천의 권능이 특히 수승하여 다른 천왕들과는 달리 세 개의 천궁과 이러한 천궁 사이에 유희원(遊戱園)과 연못을 소유하고서 다섯 야차(夜叉: 梵 yakṣa)의 시위를 받으며, 모든 천왕의 회합을 주도한다.69)

4천왕들은 또한 야차들을 거느리고 4왕천 이하에서 철위산(鐵圍山 · 金剛山) 안쪽의 내산(內山) 경계 영역을 다스리는 역할을 하고 있다.70) 즉, 4천왕은 각각의 방위에 따라 수미산의 중턱에서부터 4대주(四大州)에 이르는 영역을 각기 관장하고 있는 것이다. 그러므로 4천왕의 방위적인 측면은 이를 통해서 불교적인 세계관의 방위순서를 파악해 볼 수가 있다는 점에서 좋은 자료가 된다.

불교의 우주론에 관해서 자세하게 언급되어 있는 전적으로는 『세기경(世記經)』(『長阿含經』의 제4분, 권17~22) · 『대루탄경(大樓炭經)』 · 『기세경(起世經)』 · 『기세인본경(起世因本經)』 · 『구사론(俱舍論)』 등이 있다. 그러나 이 중 『세기경』 · 『대루탄경』 · 『기세경』 · 『기세인본경』 은 거의 같은 체계로 구성된 유사한 내용의 경전으로 대동소이한 면을 보인다. 특히 『대루탄경』 · 『기세경』 · 『기세인본경』은 동일한 문헌에 대한 이본(異本)과 이의 이역(異譯)적인 차이밖에는 존재하지 않는 정도로 파악된다.71) 그런데 이러한 전적들에서 제시되고 있는 4천왕과 관련된 방위순서는 공히 '동 → 남 → 서 → 북'으로 되어 있다.72)

---

69) 『長阿含經』20, 「第四分世記經四天王品第七」(『大正藏』1, 130b~131a); 『大樓炭經』3, 「四天王品第八」(『大正藏』1, 293b~294a); 『起世經』6, 「四天王品第七」(『大正藏』1, 339c~341a); 『起世因本經』6, 「四天王品第七」(『大正藏』1, 394c~396a).

70) 『阿毘達磨俱舍論』11, 「分別世品第三之四」(『大正藏』29, 59c).

71) 『開元釋教錄』7, 「總括群經錄上之七」(『大正藏』55, 551c); 『貞元新定釋教目錄』10, 「總集群經錄上之十」(『大正藏』55, 850a).

72) 『長阿含經』20, 「第四分世記經四天王品第七」(『大正藏』1, 130b); 『大樓炭經』3, 「四天王品第

이는 4천왕의 관리 영역에 속하는 4대주, 즉 좌측이 직선인 반달형의 동승신(東勝身: 梵 Pūrva-videha)주, 역사다리 형의 남섬부(南贍部: 梵 Jambu-dvīpa)주, 둥근 원상의 서우화(西牛貨: 梵 Apara-godānīya)주, 정사각형의 북구로(北俱盧: 梵 Uttara-kuru, 勝處)주의 언급에서도 공통으로 나타나는 양상이다.[73] 이러한 측면을 통해서 우리는 불교의 방위관점에서의 순서는 동·남·서·북으로 되어 있다는 것을 파악해 볼 수가 있게 된다.

중국은 불교의 전래 이전에 이미 인도에 필적할만한 고대문화를 구축하고 있었다. 이는 불교의 전래를 통한 인도문화의 수용에 있어서 중국적인 변형에 의한 제한적인 측면을 파생하게 된다. 인도는 철학적으로는 인식론이 발달해 있는데, 이러한 인식주관에 대한 강한 의존적 측면[74]은 건축에 있어서 수미산 우주론과 같은 동심원적인 구조를 낳게 된다.[75] 즉, 가장 핵심적인 측면이 정중앙에 위치하고 있는 것이다. 이에 비해서 중국은 윤리학이 발달하여 종법제(宗法制)적인 측면에서 예(禮)를 중시하는 친친존존(親親尊尊)의 수직적인 서열문화를 가지고 있다.[76] 이는 건축에 있어서 남향(南向)한 상태에서의 맨 후면에 가장 존귀한 측면이 자리잡게 되는 일향성의 직선형 건축형태를 낳게 된다.

八」(『大正藏』1, 293b·c); 『起世經』6, 「四天王品第七」(『大正藏』1, 339c~340a); 『起世因本經』6, 「四天王品第七」(『大正藏』1, 394c~395a).
　『俱舍論』에서는 4대주와 연해서 4천왕이 언급되고 있으므로 전체적인 연관관계를 통해서 확인해 볼 수가 있게 된다.
　『阿毘達磨俱舍論』11, 「分別世品第三之四」(『大正藏』29, 57c~59b).
73) 拙稿, 「Kailas山의 須彌山說에 관한 종합적 고찰」, 『佛敎學硏究』 제17집(2007), 322쪽.
74) 라다크리슈난 著, 李巨龍 譯, 『印度哲學史 I』, (서울: 한길사, 2003), 52~53쪽.
75) 拙稿, 「Kailas山의 須彌山說에 관한 종합적 고찰」, 『佛敎學硏究』 제17집(2007), 321~322쪽.
76) 李宗桂 著, 李宰碩 譯, 『中國文化槪論』, (서울: 東文選, 1993), 88쪽.

이와 같은 인도와 중국의 건축문화적인 차이는 결국 중국의 사원 건축을 통해 적절한 절충점을 이룩하게 된다. 이는 한 방향에 동시에 네 방향의 의미를 내포시킨다는 것이다. 즉, 방위를 의도적으로 왜곡하여 중국적인 일향성과 인도적인 동심원 구조를 동시에 만족시키고 있는 것이다. 이러한 측면에 관한 대표적인 경우를 우리는 천왕문을 통해서 확인해 볼 수가 있다.[77]

천왕문의 4천왕은 본전(本殿)의 붓다 입장에서의 좌측에서부터 동·남·서·북의 형태를 취하고 있는데, 이는 최고의 핵심적 존재를 중심으로 하는 방위 설정인 동시에 중국문화적인 맨 후면의 관점에 입각한 측면이라고 하겠다. 그리고 이와 같은 4천왕의 동·남·서·북의 배치는 4천왕이 등장하는 탱화를 통해서도 동일하게 나타나 보여지고 있다.[78]

4천왕의 구분은 지물을 통해서 가능한데, 조선시대 조상과 회화에 있어서 東-琵琶·西-劍·南-龍과 寶珠·北-塔으로 일반화되어 있으나,[79] 시대가 올라가는 감은사지의 사리장엄구 등에서는 이러한 의궤성이 일치되지 않고 있으며,[80] 이는 또한 중국의 4천왕과도 다른 측면이 있다.[81] 그러나 4천왕의 시대적인 차이에 의한 지물의 변화가 있기는 해도 그 방위적인 부분에 있어서는 특별한 이설이 없다.

---

77) 張忠植 著, 「3. 韓國佛畵의 四天王 배치 형식」, 『韓國佛教美術의 形式』, (서울: 시공아트, 2004), 176~177쪽.
78) 文明大 監修, 『朝鮮佛畵』, (서울: 中央日報社, 1996), 〈靈山會上圖〉 等 參照.
79) 張忠植 著, 「3. 韓國佛畵의 四天王 배치 형식」, 『韓國佛教美術의 形式』, (서울: 시공아트, 2004), 176~177쪽.
80) 신대현 著, 「Ⅵ. 感恩寺 東·西 三層石塔의 양식 고찰」, 『韓國의 舍利莊嚴』, (서울: 혜안, 2003), 391~399쪽; 신대현 著, 『寂滅의 宮殿 舍利莊嚴』, (서울: 한길아트, 2003), 100· 129쪽; 張忠植 著, 『新羅石塔研究』, (서울: 一志社, 1994), 201~202쪽.
81) 秦弘燮 著, 『韓國의 佛像』, (서울: 一志社, 1992), 47쪽.

그러므로 우리는 4천왕과 관련된 구조를 통해서 불교적인 방위인식은 동·남·서·북이 된다는 것을 파악해 볼 수가 있게 된다. 여기에 연화교와 칠보교의 명확한 측면을 배속하게 되면, 청운교와 백운교의 위치는 상계가 청운교이고 하계가 백운교가 되게 된다. 즉, 동·남·서·북의 방위순서에 입각하여 볼 때, 불국사 진입로의 석계는 동-청운교·남-백운교·서-연화교·북-칠보교가 되는 것이다.

2. 불교방위의 순서

불교방위의 순서가 건축적으로 가장 두드러지게 나타나는 경우는 천왕문이라고 할 수가 있지만, 이 외에도 불교적인 방위 인식은 여러 곳에서 다양하게 드러나고 있다.

이 중 붓다의 생애와 관련된 대표적인 것으로 우리는 붓다의 탄생 직후 즉행7보(卽行七步)에 대한 기록을 검토해 볼 수가 있다. 붓다는 룸비니에서의 탄생 직후 하늘과 땅을 가리키면서 7보를 걸은 것으로 되어 있다. 7보를 걸었다는 전승에는 7보만이 언급된 것도 있지만,[82] 전적에 따라서는 4방으로 7보를 걸었다는 것이나,[83] 6방으로 7보[84] 혹은 10방 7보를 걸었다는 전적들도 있다.[85] 이 중 4방과 6방의 언

---

82) 『佛說普曜經』2, 「欲生時三十二瑞品第五」(『大正藏』3, 494a); 『佛本行經』1, 「如來生品第四」(『大正藏』4, 59a); 『修行本起經』上, 「菩薩降身品第二」(『大正藏』3, 463c); 『過去現在因果經』1, (『大正藏』3, 425a); 『佛說太子瑞應本起經』上, (『大正藏』2, 473c); 『雜阿含經』22, 「阿育王經」(『大正藏』2, 166c); 『異出菩薩本起經』1, (『大正藏』3, 618a); 『中阿含經』8, 「(三二)未曾有法品 未曾有法經第一」(『大正藏』1, 470b).
83) 『佛本行集經』8, 「樹下誕生品下」(『大正藏』3, 687b); 『佛說衆許摩訶帝經』3, (『大正藏』3, 939b).
84) 『方廣大莊嚴經』3, 「誕生品第七」(『大正藏』3, 553a · b).

급을 통해서 우리는 불교적인 방위인식을 확인해 볼 수가 있게 된다. 그런데 이러한 경우에도 방위의 순서는 언제나 동·남·서·북으로 나타나고 있다.

그리고 붓다의 출가 동기와 관련된 4문유관(四門遊觀)에 있어서도 불교적인 방위인식이 잘 나타나고 있는데, 이때에도 역시 東-老·南-病·西-死·北-沙門의 방식으로 되어 있다.[86] 그리고 이 중에서 가장 중요한 방위는 동방(東方)이라고 할 수가 있는데, 이는 붓다의 출가가 동문(東門)을 통해서 이루어지며,[87] 또한 인도 사원의 방위가 주로 동방을 향하고 있다는 것을 통해서 단적인 확인이 가능하다고 하겠다.[88] 이를 통해서 우리는 동·남·서·북의 순서 이외에도 동방이 방위의 수장적인 역할을 하고 있다는 것을 파악해 볼 수가 있게 된다. 그리고 이는 다시금 동·남·서·북의 방위순서에서 동방이 가장 먼저 언급되는 필연성에 대한 한 방증이 된다고 하겠다.

붓다의 생애와 관련된 부분은 붓다와 가장 밀접한 연관관계를 확보한다고도 할 수가 있지만, 불전은 후대에 확립되는 것으로 다분히 종교적이며, 상징성이 강하다. 실제로 주행칠보나 사문유관과 같은 경우들도 종교적인 상징성의 입장에서 이해되어야 보다 타당함이 확보될 수 있는 측면이라고 할 수가 있는 부분들이다. 그러므로 이를 불교적인 방위인식으로 파악해 보는 것은 가능하지만, 이것이 곧 붓

---

85) 『大般涅槃經』7, 「如來性品第四之四」(『大正藏』12, 403a); 『大般涅槃經』7, 「邪正品第九」(『大正藏』12, 643c).

86) 渡邊照宏 著, 『新釋尊伝』, (東京: ちくま學藝文庫, 2005), pp. 89~94.

87) 『大唐西域記』6, 「劫比羅伐窣堵國」(『大正藏』51, 901b).

88) 『大唐西域記』1, (『大正藏』51, 869b·c), "三主之俗東方爲上。其居室則東闢其戶。旦日則東向以拜。人主之地南面爲尊。"

다의 방위인식이라고까지 단정하기에는 자칫 성급한 일반화의 오류가 내재할 가능성이 있다.

그러므로 우리는 붓다의 금구직설(金口直說)에서 드러나는 방위에 대한 인식에 대해서도 살펴 볼 필요가 있게 된다. 붓다의 교설 중「六方禮經(善生經)」은 조상 대대로 방위를 숭배하는 Siṅgālaka에게 붓다가 이를 불교식으로 재해석해서 가르침을 설하는 경전이다.[89] 그런데 이때에도 방위적인 언급은 동·남·서·북의 순서로 나타나고 있다. 이는 붓다에게 있어서도 방위적인 인식은 동·남·서·북이었다는 것을 의미한다고 하겠다. 즉, 동·남·서·북의 방위인식은 불교의 전체적인 측면을 반영하고 있는 것이다.

이와 같은 불교적인 방위인식에 기초하여 타방불(他方佛) 신앙이 확립되어 4방불(四方佛)이 언급되는 경우 등에 있어서도 방위적인 순서는 언제나 동·남·서·북으로 확정되어 나타나게 된다. 이와 같은 단적인 예를 우리는『법화경(法華經)』[90]이나『금광명경(金光明經)』,[91] 혹은『불명경(佛名經)』[92] 등[93]을 통해서 확보해 볼 수가 있게 된다.

이상의 불교적인 방위인식을 통해서 우리는 4왕천과 천왕문의 구조에서 파악되는 방위적인 부분들이 불교의 통론에 입각한 것이라는

---

89)『中阿含經』33,「(一三五)大品善生經第十九」(『大正藏』1, 638c~648a);『長阿含經』11,「(一六)第二分善生經第十二」(『大正藏』1, 70a~72c);『佛說尸迦羅越六方禮經』全1卷,(『大正藏』1, 250c~252a).

90)『妙法蓮華經』3,「化城喩品第七」(『大正藏』9, 252b·c);『添品妙法蓮華經』3,「化城喩品第七」(『大正藏』9, 159c~160a);『正法華經』4,「往古品第七」(『大正藏』9, 92a~92b).

91)『金光明經』1,「序品第一」(『大正藏』16, 335b);『金光明最勝王經』1,「序品第一」(『大正藏』16, 404a).

92)『佛說佛名經』全12卷,(『大正藏』14, 114a~184a);『佛說佛名經』全30卷,(『大正藏』14, 185a~311b).

93)『十住毘婆沙論』5,「易行品第九」(『大正藏』26, 41b).

것을 확인해 볼 수가 있게 된다.94) 그리고 이로 인하여 다시 한 번 동-청운교·남-백운교·서-연화교·북-칠보교라는 인식을 확보해 볼 수가 있게 된다고 하겠다.95)

V. 나가는 말

이상의 검토를 통해서 우리는 불국사의 대웅전 진입 석계의 명칭이 상계가 청운교이고, 하계가 백운교라는 것을 인식해 볼 수가 있게 되었다. 이는 다음의 세 가지 접근방식에 입각한 결론의 도출에 의한 것이다.

첫째, 불국사 대웅전 영역과 관련된 사원구조에 있어서 대웅전 진입 하계(下階)가 '연무효과(煙霧效果)'와 '백련(白蓮)'과 보다 상응할 수 있다는 점. 불국사의 사원구조는 불국사의 건축의도와 직결된 것으로 이를 통한 검토는 유물구조의 정당한 파악을 위해서 반드시 필요한 측면이 된다. 그런데 이와 같은 검토를 통해서 우리는 하계가 백운교가 되어야 하는 타당성을 인식해 볼 수가 있게 되는 것이다.

---

94) 이는 인도의 방위인식과도 그 궤를 같이하는 것으로 사료된다. 이에 관해서는 앞서 언급한 아뇩달지의 4대강 발원의 방위 등을 통해서 단적인 인식이 가능하다고 하겠다.
95) 불교적인 방위와 오행론의 방위는 서로 그 발생의 내원과 논리적인 층차를 달리하는 문화의 소산이다. 그러나 그럼에도 동일한 문화권 안에서 공존하게 되므로 인하여 서로 相攝되어 모순 속에서도 나름의 조화를 드러내면서 會通되고 있는 것이다.

둘째, 불국사에 내재한 동양철학적 관점을 통해서 상청(上靑)과 하백(下白)의 구조가 확인된다는 점. 건축적인 측면은 문화권의 전통과 상호 유리되는 것이 아니라는 점에서 동양철학, 즉 중국철학적인 배경에 대한 검토는 필연성을 확보할 수가 있는 부분이 된다. 그런데 동양철학의 건축원리에 있어서 중요한 측면이 되는 음양·오행론과 『주역』적인 측면이 공히 상청(上靑)과 하백(下白)의 구조를 나타내고 있다는 점은 청운교와 백운교의 위치와 순서에 있어서 시사하는 바가 크다고 하겠다.

셋째, 불교적인 방위인식에 있어서 청운교와 백운교의 위치와 순서를 파악해 볼 수가 있다는 점. 종교건축은 일반건축과 달리 강한 교리적 의궤성을 확보할 수 있다는 점에 있어서 이와 같은 측면의 검토 역시 문제파악에 있어서 매우 중요한 부분이 된다. 그런데 이와 같은 검토를 통해서 우리는 불교방위와 관련된 동·남·서·북의 공통인식을 확보해 볼 수가 있게 되며, 이를 통해서 상청(上靑)과 하백(下白)의 의궤적인 타당성을 확보해 보게 되는 것이다.

이와 같은 세 가지 방향의 문제접근을 통해서 불국사 대웅전의 진입석계는 상계가 청운교이고, 하계가 백운교가 되어야 한다는 점에 관해 인식해 볼 수가 있게 된다. 또한 이는 연화교·칠보교와 함께 불교적인 방위인식에 입각하여 전체적으로 '동-청운교·남-백운교·서-연화교·북-칠보교'가 된다고 하겠다.

불국사 대웅전 영역의
이중구조 해석

-화엄(華嚴)과 법화(法華)를 중심으로-

Ⅰ. 들어가는 말

불국사 대웅전 영역에 화엄과 법화의 이중구조가 존재한다는 것은 일찍부터 주목되어 왔다. 그러나 이러한 양자의 효율적 해법제시가 용이하지 않았기 때문에 화엄과 법화의 각각적인 이해가 시도되어 오게 된다.

화엄과 법화 중에서 먼저 주장된 것은 법화사상에 의한 해법도출로서 이는 고유섭(高裕燮)을 시작으로 해서 민영규[1])에 의해 계승되는 양상을 보인다. 이에 반해 화엄사상에 의한 측면은 김상현[2]·강우방[3]이 있으며, 화엄·밀교적인 관점은 신현숙[4]·홍윤식[5]·배진달[6]이 있고, 화엄·밀교·유식적인 관점은 고익진[7]·이만[8] 등에 의해서 견지되고 있다.

본 검토는 화엄과 법화 중 한 측면에 입각한 관점제시를 보이고 있는 종래의 접근방식을 지양하여, 화엄과 법화의 양사상에 공히 무

---

1) 閔泳珪, 「佛國寺와 石窟庵」, 『유네스코한국총람』, (서울: 유네스코 韓國總攬編纂委員會, 1957), 493쪽; 閔泳珪, 「石窟庵 彫刻의 敎理背景1」, 『考古美術』 제4호(1960), 參照.
2) 金相鉉 著, 「石佛寺 및 佛國寺에 表出된 華嚴世界」, 『新羅華嚴思想史 硏究』, (서울: 民族社, 1991), 187~218쪽.
3) 姜友邦, 「佛國寺 建築의 宗敎的 象徵構造」, 『新羅文化祭學術發表會論文集』 제18집(1997), 210쪽.
4) 申賢淑, 「慶州 石窟庵과 佛國寺의 思想的 背景2」, 『傳統文化』 제142호(1984), 104~111쪽.
5) 洪潤植, 「新羅社會와 曼茶羅」, 『新羅文化祭學術發表會論文集』 제14집(1993), 171~174쪽.
6) 裵珍達, 「佛國寺 石塔에 구현된 蓮華藏世界—釋迦塔·多寶塔의 명칭과 관련하여」, 『시각문화의 전통과 해석: 靜齋 金理那 교수 정년퇴임기념 미술사논문집』, (서울: 예경, 2007), 125~133쪽.
7) 高翊晋 著, 「華嚴學의 隆盛과 그 影響」, 『韓國古代佛教思想史』, (서울: 東國大學校出版部, 1989), 372쪽.
8) 李萬, 「佛國寺 建立의 思想的 背景」, 『新羅文化祭學術發表會論文集』 제18집(1997), 7~29쪽.

계중심을 두는 이중구조를 통한 이해만이 현존하는 건축적 요소와 유물에 있어서 가장 높은 타당성을 확보할 수 있다는 측면에서 제기된 것이다.

화엄과 법화는 각각의 관점이 강하여 이를 일관한다는 것은 매우 난해한 문제가 된다. 그러나 바로 그렇기 때문이 이를 이중성으로 배대하게 되면, 곧 상보적인 이상적 측면을 형성할 수가 있게 되는 것이다. 이와 같은 논리가 가능한 것은 대웅전의 영역에는 화엄과 법화라는 두 가지의 사상체계를 반영한 건축과 유물적 요소가 공히 존재하고 있기 때문이다. 그러므로 화엄과 법화에 대한 불리(不離)·부잡(不雜)의 이중적 이해야말로 대웅전 영역에 대한 건축자의 의도에 가장 근접한 이해시도가 될 수가 있는 것이라고 하겠다.

Ⅱ. 대웅전 영역의 이중구조

1. 화엄과 법화의 이중구조

불국사는 통일신라를 대표하는 사찰이자, 오늘날까지도 미학적 가치들을 두루 함섭하고 있는 불교건축문화의 정수이다.

불국사의 건축에는 화엄사상적 영향이 지대한데, 이는 당시의 화엄종(浮石宗)의 유행과 무관하지 않다고 하겠다. 불국사에 있어서 화엄

적인 영향을 파악해 볼 수가 있는 것은 '화엄불국사(華嚴佛國寺)'라
는 사찰의 명칭에서 단적으로 확인되는 바라고 할 수 있다.

『불국사사적(佛國寺事蹟)』과『불국사고금창기(佛國寺古今創記)』는 각
각 그 전칭(全稱)이『신라국동토함산화엄종불국사사적(新羅國東吐含山
華嚴宗佛國寺事蹟)』과『대화엄종불국사고금역대제현계창기(大華嚴宗佛
國寺古今歷代諸賢繼創記)』에 다름 아니다. 또한『고금창기』에는 사찰
의 명칭에 관해서 "혹칭화엄불국사 혹칭화엄법류사(或稱華嚴佛國寺
或稱華嚴法流寺)"라고 기록되어 있어 불국사가 창건 당시부터 화엄사
상과 밀접한 상관관계를 구축하고 있었음을 확인해 볼 수가 있다.

그러나『사적』은 1708년에 계천(繼天)에 의해 개간된 것이며,9)『고
금창기』는 1740년에 활암동은(活庵東隱)에 의해 작성된 것으로 두
자료 모두 자료의 취약성을 간직하고 있기 때문에 이를 곧장 수용하
기에는 무리가 있다.10) 그렇지만 이와 같은 문제는『고금창기』에 부
기(附記)되어 있는 최치원의 「대화엄종불국사아미타불상찬 [병]서(大
華嚴宗佛國寺阿彌陀佛像讚 [并]序)」11)와 「대화엄종불국사비로자나
문수보현상찬 [병]서(大華嚴宗佛國寺毘盧遮那文殊普賢像讚 [并]序)」12)
를 통해서 그 타당성을 확보할 수 있게 된다고 할 수가 있다.

---

9) 『佛國寺事蹟』에는 "慶歷 6년 丙戌(1046년) 2월에 國尊 曹溪宗 圓鏡冲照 大禪師 一然 撰"
　　이라고 되어 있고, 繼天은 이를 改刊한 것으로 기록되어 있다. 그러나 이는 繼天이 一然의
　　기록 등을 참고하여 저술한 것으로 보는 것이 타당하다고 사료된다.
10) 金相鉉 著,『新羅의 思想과 文化』, (서울: 一志社, 2003), 463~466쪽; 韓志允, 「佛國寺
　　構造에 나타난 密敎的 要素 硏究」, (서울: 東國大 碩士學位論文, 1995), 6~7쪽.
11) 「大華嚴宗佛國寺阿彌陀佛像讚 (并)序」는 「華嚴佛國寺阿彌陀佛畵像讚」이라는 명칭으로 義天
　　의『圓宗文類』에도 기록되어 있다.
　　「大華嚴宗佛國寺阿彌陀佛像讚 (并)序」, "東海東山有佳寺 華嚴佛國爲名字";『圓宗文類』, (『韓
　　佛全』4, 647b · c).
12) 韓國學文獻硏究所 編, 「佛國寺古今創記」,『佛國寺誌(外)』, (서울: 亞細亞文化社, 1983), 51쪽.

이 외에도 『삼국유사』의 「대성효2세부모(大城孝二世父母)」조(條)에는 불국사의 초대주지로 의상(義湘)의 제3세 부석적손(浮石嫡孫)으로 추정되는[13] 신림(神琳)이 언급되어 있으며,[14] 또 『십구장원통기(十句章圓通記)』권하에는 김대성이 표훈(表訓)으로부터 황복사(皇福寺)에서 삼본정(三本定)을 배운 기록이 있고[15] 『석화엄지귀장원통초(釋華嚴旨歸章圓通鈔)』권하에는 신림이 불국사에서 법회를 주관하였음이 나타나 보이고 있다.[16] 그러므로 불국사의 조성에 있어서 처음부터 화엄사상의 영향이 강하게 작용했다는 것에는 의심의 여지가 있을 수 없다.

그런데 그럼에도 불구하고, 불국사에는 석가탑과 다보탑이라는 『법화경(法華經)』「견보탑품(見寶塔品)」의 2불(二佛)을 상징적으로 표현하고 있는 쌍탑[17]이, 그것도 불국사의 비대칭적인 2중 축선구조에 있어서 대웅전 축선의 중심적 위치를 차지하고 있어 크게 주목된다. 또한 불국사의 본전(本殿)은 비로자나불(毘盧遮那佛)을 모시는 대적광전(大寂光殿)이나 대광명전(大光明殿) 등의 전각(殿閣)이 아닌 석가모니불을 법화사상적인 관점에서 모시고 있는 대웅전이라는 점은 쌍탑과 더불어 서로 상응하면서 불국사에 내재한 법화사상적 측면을 대변해 주고 있다고 하겠다.

---

13) 全海住 著, 『義湘華嚴思想史 研究』, (서울: 民族社, 1994), 106쪽.

14) 『三國遺事』5, 「神呪第六(大城孝二世父母 神文代)」(『大正藏』49, 1018a).

15) 『十句章圓通記』下, (『韓佛全』4, 63b), "表訓大德在皇福寺時 大正角于 進於訓德房中白言 請學三本定焉"

16) 『釋華嚴旨歸章圓通鈔』下, (『韓佛全』4, 125c).

17) 高裕燮 著, 『韓國塔婆의 研究』, (서울: 同和出版社, 1975), 237~241쪽; 韓國佛教研究院 著, 『佛國寺』, (서울: 一志社, 1999), 41~49쪽; 金秀炫, 「佛國寺 多寶塔 造成의 思想的 背景」, 『蓮史 洪潤植教授 停年退任紀念論叢: 韓國文化의 傳統과 佛教』, (서울: 蓮史洪潤植教授停年退任紀念論叢刊行委員會, 2000), 參照.

불국사에 화엄과 법화사상적 가치가 공존하고 있다는 것은 불국사 가람배치의 특징인 대웅전과 극락전의 이중축선 구조의 이해를 통해서도 확인해 볼 수가 있다. 최치원은 그의 「아미타불상찬 (병)서」에서 "화엄(華嚴)에 눈이 머물면 연화장세계(蓮華藏世界)를 보게 되고, 불국(佛國)으로 마음을 치닫게 하면 안양(安養)으로 연결된다"18)라고 하여 화엄과 극락정토의 이중구조를 분명히 드러내고 있다. 이는 불국사의 대웅전 영역을 화엄의 관점에서 파악하고 있다고 할 수가 있는 것이다. 그런데 후대의 자료인 『불국사사적』에서는 이에 대한 이해가 "13교(橋)는 4성(聖)·6범(凡)이 청법(聽法)하러 왕래하는 계단에 차등을 둔 것이다. 이는 완연히 옛적 영산회상(靈山會上)에서 종일토록 『묘법연화경(妙法蓮華經)』을 담론하던 의궤와 똑 같았다. 또한 서방무량수국(西方無量壽國)의 분서9품(分序九品)의 도량(道場)과도 같았다. 이것이 본사의 명칭(여기서는 그냥 불국사임)을 삼은 대의가 아니겠는가!"19)라고 하여 영산정토(靈山淨土)와 극락정토의 이중구조적인 파악을 하고 있다. 즉, 여기에서는 불국사의 대웅전 영역을 법화적인 관점에서 이해하고 있는 것이다.

『법화경』을 소의경전으로 하는 천태종(天台宗)은 삼국시대부터 영향을 미치고 있기는 하지만,20) 고려 문종(文宗)의 넷째 아들인 대각

---

18) 「大華嚴宗佛國寺阿彌陀佛像讚 (并)序」, "華嚴寓目瞻蓮藏 佛國馳心係安養"

19) 『佛國寺事蹟』全1卷, "十三橋爲四聖六凡聽法往來之階差 則宛同昔日未會靈山終談妙法之儀軌 亦似西方無量壽國分序九品之道場 此非本寺爲名之大義耶"

20) 天台宗이 우리나라에 전래되는 것은 大覺義天에 의해서이지만, 天台의 사상적 측면이 영향을 미치는 것은 거의 동시적이라고 할 수가 있다. 예컨대, 元曉의 『海東疏』「止觀門」에 대한 설명 같은 부분에서는 天台의 설을 약 ⅔나 그대로 인용하고 있을 정도이다. 이는 天台宗의 유입이전에도 天台의 설이 우리나라에 많은 영향을 미쳤다는 한 방증이 된다고 하겠다. 崔箕杓, 「『起信論疏』에 나타난 天台 止觀論」, 『韓國佛敎學』 제31호(2002), 110~127쪽.

국사(大覺國師) 의천(義天)에 의해서 본격적으로 전래되면서 확대된 종파이다.21) 그러므로 의천 이전의 인물인 최치원에게 있어서 법화사상은 화엄사상에 비견되기에 어려움이 있었을 것이다. 그러므로 최치원은 불국사의 구조를 자연스럽게 화엄사상과의 연관관계 속에서 언급하고 있다고 할 수가 있다. 그러나 계천은 1700년대의 승려이므로 최치원에 비해서 천태사상에도 많은 영향을 받았다고 하겠다. 그러므로 석가탑과 다보탑이라는 충실한 유물을 입론근거로 하여 대웅전 영역을 법화사상으로 귀결시키고 있는 것으로 사료된다. 그런데, 두 사람의 이와 같은 동일경계에 대한 상이한 인식은 불국사의 대웅전 영역에 화엄과 법화라는 이중의 해석이 모두 가능한 측면이 존재하고 있기 때문이라고 하겠다. 즉, 이들의 관점적인 차이는 가람배치에 따른 유물적 차이에 근거하고 있다고 할 수가 있는 것이다.

2. 국토통일 이후의 과제

불국사가 전체적으로 화엄을 표방하면서도 가장 핵심적인 주불전(主佛殿) 영역에 법화사상적인 측면을 수용하고 있다는 것은 일견 교리와 이를 근거로 하는 종교건축적인 의궤성에 있어서 문제가 된다고 할 수가 있는 부분이다. 그러나 석가탑과 다보탑이 후대에 부가된 건축물이 아닌 김대성의 창건, 혹은 중건당시의 유물이라는 점을 고려해 볼 때, 여기에는 고도로 의도된 상징적 측면이 내포되어 있다고 보아야 할 것이다.

---

21) 『新編諸宗敎藏總錄』1, (『韓佛全』4, 689c).

134

이에 관한 모색에 있어서 주의가 요구되는 부분이 바로 불국사의 원찰설과 국찰설에 대한 측면이다. 불국사는 김대성에 의해 발원되어 창건 혹은 중건된 사찰이라고 하지만,[22] 그 규모의 광대함이나 김대성이 완성하지 못한 것을 국가가 완성했다[23]는 『삼국유사』의 내용을 근거로 현재 국찰설이 더 일반적이라고 할 수가 있다.[24]

김대성은 앞서 언급한 황복사에서 삼본정을 배웠다는 것에서 알 수 있듯이 화엄종과 가까운 인물이었던 것으로 추정된다. 그러므로 그가 원찰로서 불국사를 창건 혹은 중건했다면, 여기에 본전(本殿)의 영역을 대웅전과 석가탑·다보탑이라는 법화사상적인 가치로 건축했다는 것에는 논리적인 모순의 여지가 존재한다고 하겠다. 물론 불국사에는 의상계의 사찰들에서 보이는 화엄 안에서의 극락정토[25]와의 이중구조가 부석사(浮石寺)나 봉정사(鳳停寺)에서와 같이 잘 드러나고 있다.[26] 그러나 그렇다고 하더라도 법화사상적 측면으로 본전(本殿)과 그 주변을 장식한다는 것은 결코 일반적이라고 할 수 없으며, 이는 또한 부석사나 봉정사에서와도 건축적인 성향을 달리하는 측면이라고 하지 않을 수가 없다.

---

22) 韓國學文獻研究所 編, 「佛國寺事蹟」, 『佛國寺誌(外)』, (서울: 亞細亞文化社, 1983), 10~11쪽; 韓國佛敎研究院 著, 『佛國寺』, (서울: 一志社, 1999), 41~49쪽; 李萬, 「佛國寺 建立의 思想的 背景」, 『新羅文化祭學術發表會論文集』 제18집(1997), 9~14쪽; 金南允, 「佛國寺의 創建과 그 位相」, 『新羅文化祭學術發表會論文集』 제18집(1997), 33~42쪽.

23) 『三國遺事』5, 「神咒第六(大城孝二世父母 神文代)」(『大正藏』49, 1018a), "國家乃畢成之。"

24) 姜友邦, 「佛國寺와 石佛寺의 功德主」, 『美術資料』, 제66호(2001), 13~14쪽; 金南允, 「佛國寺의 創建과 그 位相」, 『新羅文化祭學術發表會論文集』, 제18집(1997), 40~41쪽.

25) 鄭炳三, 「義湘華嚴思想 研究」, (서울: 서울大 博士學位論文, 1991), 179~189쪽.

26) 韓國佛敎研究院 著, 『浮石寺』, (서울: 一志社, 1993), 63~64쪽; 鳳停寺 編, 『鳳停寺』, (安東: 鳳停寺, 2003) 108~109쪽; 金聖惠, 「華嚴系 寺刹의 空間構成과 佛國土 思想에 관한 研究」, (서울: 서울大 碩士學位論文, 1995), 34~35쪽.

그러므로 불국사의 접근에 있어서는 원찰설 보다는 국찰설에 관해서 접근해 보아야 할 것으로 사료된다. 불국사가 오늘날과 같은 가람의 형태를 확보하게 되는 것은 751년이다. 이는 신라의 삼국통일로부터 약 70~80여년이 경과한 시점이며, 이때는 동시에 통일이 완수된 후 안정기에 접어들어 진일보하던 시기라고 하겠다. 이 시기 신라는 필연적으로 통일과정과 그 이후 파생한 민족적 문제들을 융화하고, 하나의 신라로 나아갈 수 있는 전환에 있어서 상징적인 측면이 요청되고 있었다고 할 수 있다. 즉, 국토의 통일 이후 하나의 민족이라는 정신적 통일의 필요가 절실했던 시기인 것이다.

신라는 이전에도 황룡사와 9층목탑을 이용하여 국론통일을 꾀했던 적이 있었고,[27] 당시 불교는 삼국의 공통된 신앙이었으므로 민족과 국가를 넘어서는 상징성이 발현되기에 적합한 측면이 있었다고 할 수 있다. 그러므로 불국사와 같은 해법도출은 어찌 보면 당연한 측면이 존재한다고 하겠다. 즉, 삼국의 통일은 불국사를 통해서 신라가 고구려와 백제를 정복한 것이 아닌 하나의 '불국(佛國)'으로서 거듭나는 측면을 완성하게 되는 것이다. 이와 같은 논리적 선상에서 본다면 '화엄불국사(華嚴佛國寺)'에서의 '화엄(華嚴)'은 화엄종[28]이라는 측면보다도 오히려 화엄의 원융무애(圓融無碍)한 사상적 경향성의 의미를 더 강하게 내포하는 것이라고도 이해되어질 수가 있는 것이다.

이와 같은 측면은 아사달과 아사녀의 설화를 통해서도 납득될 수

---

27) 『三國遺事』3,「興法第三(皇龍寺九層塔)」(『大正藏』49, 990c~991a).

28) 신라시대에는 화엄종이라고 하지 않고, 단지 華嚴業이라고만 했으므로 華嚴宗이라는 표현은 후대에 부가된 것이다.
　　文明大,「佛國寺 佛敎美術의 綜合的 硏究─佛國寺 佛敎建築美術論」,『講座美術史』, 제12호 (1999), 14쪽.

있는 여지가 있다. 아사달과 아사녀라는 신라의 통일 이후에도 존재하는 백제인29)은 결국 불국사의 백미인 다보탑과 석가탑을 제작하여 그 정신을 승화하고는 결국, 불국의 완성과 더불어 죽음을 맞이하게 된다. 이는 불국사의 건축을 통한 백제와 신라의 화합을 상징적으로 내포하고 있는 설화로 해석될 여지가 있다. 또한 이를 통해서 '화엄'과 '불국'이라는 '사상적인 원융'과 '현실적인 원융'의 가치가 잘 드러나고 있다고 하겠다.

불국사가 삼국민의 정신적 화합을 위한 국찰의 성격을 가진다면, 화엄종이 대표적 종파이기는 하지만, 그럼에도 이러한 하나의 종파불교적 성향만을 일방적으로 표방할 수는 없는 측면이 있다. 불국사가 중국불교의 4가대승(四家大乘)인 천태(天台)·화엄(華嚴)·선(禪)·정토(淨土)30)의 의미를 공히 내포하고 있다는 것은 결코 우연으로 치부하기에는 너무 의도성이 강하다고 하지 않을 수 없다. 특히나 불국사와 같은 전체적인 설계에 의해 건축된 사찰에 있어서, 이러한 다중적 사상체계가 함께 공존하고 있다는 것은 건축당시의 계획적인 의도가 투영된 것이라고 하지 않을 수 없는 것이다.

불국사는 극락전과 대웅전이라는 두 개의 축선을 통해서 사후와 현실을 구분한다. 그리고 대웅전 영역에는 화엄을 중심으로 법화를 수용하여 화엄과 법화를 통한 보다 원융한 완성을 의도하고 있는 것

---

29) 아사달과 아사녀에 대해서는 『佛國寺古今創記』에 의거한 唐人이라는 설이 있다. 그러나 이는 너무나도 공교로운 솜씨에서 기인하는 상징적 오류라고 보는 것이 일반적이다. 그러므로 본 필자는 백제인설을 수용하는 바이다.
韓國學文獻研究所 編, 「佛國寺古今創記」, 『佛國寺誌(外)』, (서울: 亞細亞文化社, 1983), 47쪽; 황수영 著, 『佛國寺와 石窟庵』, (서울: 世宗大王記念事業會, 2000), 108~109쪽.
30) 다마키 코시로 外 著, 鄭舜日 譯, 『中國佛敎의 思想』, (서울: 民族社, 1991), 參照.

이다. 불국사는 이를 통해서 중국불교적 가치들을 함섭(含攝)하고, 이로써 진정한 화합과 융합을 모색하고 있다고 하겠다.

Ⅲ. 대웅전 외부 영역

1. 화엄사상적 측면

대웅전 영역에 있어서 나타나 보이는 화엄사상적 측면들은 수미범종각(須彌梵鐘閣)과 청운교(靑雲橋)·백운교(白雲橋)를 들 수가 있다. 이들 유적들은 공히 대웅전 앞의 공간이 『화엄경』에 입각한 수미산정임을 의미한다고 하겠다.

『화엄경』에 의하면 석가모니 붓다는 정각(正覺)의 성취처인 보리도량(菩提道場)을 떠나지 않고, 수미산 정상의 제석천궁(帝釋天宮)에서 법혜보살(法慧菩薩)을 상대로 제3회의 법문을 설시하는 것으로 되어 있다. 이는 『80화엄경(八十華嚴經)』을 기준으로 「13: 승수미산정품(昇須彌山頂品)~18: 명법품(明法品)」에 이르는 중요한 부분이 여기에 해당된다.31) 즉, 대웅전 영역의 수미범종각과 청운교·백운교는 이곳이 곧 수미산정의 화엄법문(華嚴法門) 설법처임을 변증하고 있는 것이다.

---

31) 『大方廣佛華嚴經』16~18, 「昇須彌山頂品第十三~明法品第十八」(『大正藏』10, 80c~99a); 『大方廣佛華嚴經』7, 「佛昇須彌頂品第九~明法品第十四」(『大正藏』9, 441b~442a).

(1) 수미범종각(須彌梵鐘閣)

현재 범영루(泛影樓)로 편액되어 있는 유적은 『고금창기』에는 수미범종각으로 나타나 있다. 그리고 이와 관련하여서는 "수미산 모양의 8각 정상에 누각을 지어 그 위에 108명이 앉을 수 있었다"라고 되어 있다. 이 말은 수미범종각 하부의 공교로움이 극화된 석축이 곧 수미산을 상징하며, 종각이 위치한 곳은 수미산정임을 의미하는 것임을 알게 해준다.

수미산의 수미는 Sumeru를 음사한 것으로 약칭하여 Meru라고도 하는데, 흔히 묘고산(妙高山)으로 번역되는 이 세계의 산왕(山王)이자 불교 우주론에 있어서의 우주산(宇宙山), 즉 축산(軸山)이다. 수미산이 축산이라는 것은 수미산을 중심으로 이 세계가 수평적으로는 9산8해의 구조를 이루고 있으며, 수직적으로는 욕계의 공거천(空居天)과 색계와 무색계의 천상세계가 벌려져 있기 때문이다.[32]

수미산의 높이에 대하여서는 『대루탄경』·『기세경』·『기세인본경』·『장아함경』[33]에는 8만 4천 유순으로 되어 있고,[34] 『구사론』에는 8만 유순이라고 기록하고 있다.[35] 그러나 밑면의 길이에 관해서 전자에는 기

---

32) 김진열, 「輪廻說 再考Ⅲ—輪廻說의 기원과 그 토대」, 『東國思想』 제23집(1990), 193쪽; 吳亨根 著, 『佛敎의 靈魂과 輪廻觀』, (서울: 佛敎思想社, 1987), 360쪽 이하; 定方晨 著, 東峰 譯, 『佛敎의 宇宙觀』, (서울: 觀音出版社, 1993), 62쪽.

33) 『大樓炭經』·『起世經』·『起世因本經』·『長阿含經』의 「世記經」은 거의 같은 체계로 구성된 유사한 내용의 경전으로 異本과 이의 異譯的인 차이밖에는 존재하지 않는다.
『開元釋敎錄』7, 「總括群經錄上之七」(『大正藏』55, 551c); 『貞元新定釋敎目錄』10, 「總集群經錄上之十」(『大正藏』55, 850a).

34) 『大樓炭經』1, 「閻浮利品第一」(『大正藏』1, 277b); 『起世經』1, 「閻浮洲品第一」(『大正藏』1, 310c); 『起世因本經』1, 「閻浮洲品第一」(『大正藏』1, 365c); 『長阿含經』6, 「閻浮提州品第一」(『大正藏』1, 114c).

록이 없고, 후자는 이 역시도 8만 유순이라고 되어 있다.36)

또한 수미산은 산정(山頂)이 정방형의 평면이며, 사방의 모서리가 솟아 있는 형태인데, 『기세경(起世經)』·『기세인본경(起世因本經)』에는 수미산정의 한 변 길이가 8만 유순이라고만 되어 있다.37) 그러나 『구사론』에는 수미산의 상부는 8만 유순, 혹은 4변이 도합 8만 유순의 두 가지 설이 제시되어 있는데, 세친(世親)은 이 중에서 전자에 더 무게 비중을 두고 있음을 알 수 있다.38)

수미산정은 지상과 연결된 이 세계 안의 공간이지만, 성(聖)과 속(俗)의 영역적 분기39)에 의해서 천(天)이라는 신(神)들의 세계에 배속된다. 이는 그리스·로마 신화에 있어서 올림포스산과 같다고 하겠다.40)

수미산정은 욕계의 제2천으로서 명칭으로는 도리천(忉利天)이라고 하는데, 여기에서의 '도리(忉利)'는 숫자 '33'을 의미한다. 이는 수미산정에 지거천(地居天)의 천주인 제석천이 휘하의 32천들과 함께 살고 있기 때문이다.41)

---

35) 『阿毘達磨俱舍論』11, 「分別世品第三之四」(『大正藏』29, 57b).

36) 權五民 譯, 『阿毘達磨俱舍論2』, (서울: 東國譯經院, 2002), 509쪽의 각주14, 參照.

37) 『起世經』6, 「三十三天品第八之一」(『大正藏』1, 341a); 『起世因本經』6, 「三十三天品第八上」(『大正藏』1, 396a).

38) 『阿毘達磨俱舍論』11, 「分別世品第三之四」(『大正藏』29, 59c), "論曰。三十三天住迷盧頂。其頂四面各八十千。與下四邊其量無別。有餘師說。周八十千別說四邊各唯二萬。"

39) 멀치아 엘리아데 著, 李東夏 譯, 『聖과 俗』, (서울: 학민사, 1997), 19~22쪽; 金勝惠 編, 『宗敎學의 理解』, (서울: 분도출판사, 1995), 103쪽.

40) 拙稿, 「Kailas山의 須彌山說에 관한 종합적 고찰」, 『佛敎學硏究』 제17집(2007), 318~319쪽.

41) 수미산정 33천의 數에 관해서는 '제석천+32천'이라는 설과 제석천을 제외한 33천이 존재한다는 설의 두 가지가 있다. 그러나 선법당의 중앙에 제석천이 좌정하고 좌우로 16천씩 배석하게 된다는 점이 누 차례 기록되어 있는 것 등을 통해서 볼 때, 전자가 더 타당하다고 사료된다.
『正法念處經』25, 「觀天品第六之四(三十三天初)」(『大正藏』17, 143b); 『起世因本經』6, 「三十

140

사원건축에 있어서 석가모니 붓다의 위치는 언제나 도리천으로 비정되어 왔으며, 이의 경전적 근거는 전술한 『화엄경』에 다름 아니다. 그러나 왜 하필 붓다를 도리천과 연결시키는가에 관해서는 아직까지 이렇다할 연구가 진행되어 있지 못하다.

이에 관해서는 전술한 도리천의 특수성에 근거하여, 대략 두 가지를 입론해 볼 수가 있을 것 같다. 그 첫째는 도리천이 이 세계(속)의 연장공간이면서도 성(聖)의 속성을 가지고 있다는 것이다. 이는 불교적으로는 붓다와 중생이 유리되지 않은 상태에서 붓다의 성스러움은 유지되면서도 그 자비는 능히 미칠 수 있다는 것을 상징한다고 할 수가 있다. 둘째는 도리천에 축산(軸山)의 핵심적 의미가 담지될 수 있다는 것이다. 이는 불교적으로는 붓다가 중도(中道)의 중정(中正)한 경계에서 일체의 만생들을 보듬어 줄 수가 있다는 상징성을 내포할 수 있는 바라고 하겠다.

수미범종각이란, 수미산 위의 범종을 모신 종루라는 의미이다. 그러므로 여기에서 도리천은 범종각의 방형공간이라고 할 수 있다. 범종은 소리로써 일체의 중생을 구원하는 법물(法物)이다. 그런데 범종이 도리천에 있다는 것은 범종이 곧 붓다이며, 종소리가 곧 법음(法音)임을 상징하고 있다고 할 수가 있다. 즉, 여기에는 도리천이라는 이 세계의 중심에서 붓다를 대신하여 범종의 소리를 통해 일체 중생을 구제하겠다는 의미가 내포되어 있는 것이다.42)

수미범종각은 종루(鐘樓)와 고루(鼓樓)라는 사원건축적 측면 중에서

三天品第八上」(『大正藏』1, 396b), "其座兩邊。各有十六小天王座。"; 『起世因本經』8, 「鬪戰品第九」(『大正藏』1, 404c), "帝釋天王。告其三十二天言。"

42) 일현문도회 編, 『釋門儀式集』, (서울: 大興企劃, 1994), 65~71쪽.

종루를 도리천의 영역과 연결시켜 붓다의 중생구제적 측면을 보다 종교의 상징적 측면에서 현실화하였다고 할 수 있다. 그리고 이러한 수미범종각의 존재를 통해서 우리는 대웅전 영역에 화엄사상적인 관점에 입각한 도리천의 측면이 존재한다는 것을 확인해 볼 수가 있게 된다.

(2) 청운교 · 백운교

청운교와 백운교는 총 계단의 수가 33계단이라는 측면 때문에 일직부터서 대웅전 영역을 도리천과 연결시켜주는 유물로 주목받아 왔다.[43) 청운교와 백운교 역시 그 명칭은 『고금창기』에서 찾아 볼 수 있다.[44)

청운교와 백운교에서 청(靑)과 백(白)이 대칭이 되는 것은 오행설(五行說)에 있어서 동방(東方)이 목(木)으로서 청(靑)이 되고, 서방(西方)은 금(金)으로서 백(白)이 되기 때문에[45) 이를 근거로 대칭화하기 때문이다. 또한 공히 '운(雲)'이라는 측면을 사용한 것은 대웅전 영역으로의 상승효과를 주기위한 것과 불국사 앞마당 공간에 있었던 9품연지(九品蓮池)와 낙수조(落水槽: 切水構)를 통한 연무효과(煙霧效果)와 연관된 것으로 이해된다.[46)

청운교와 백운교는 상계가 16, 하계가 17의 총 33계단으로 구성되

---

43) 拙稿, 「佛國寺 進入 石造階段의 空間分割的 意味」, 『建築歷史研究』 제16권(2007), 64~65쪽.
44) 韓國學文獻研究所 編, 「佛國寺古今創記」, 『佛國寺誌(外)』, (서울: 亞細亞文化社, 1983), 47쪽.
45) 拙稿, 「佛國寺 進入 石造階段의 空間分割的 意味」, 『建築歷史研究』 제16권(2007), 63~64쪽; 金谷治 外 著, 조성을 譯, 『中國思想史』, (서울: 理論과 實踐, 1996), 92쪽.
46) 추상훈, 「佛國寺 九品蓮池의 影池的 특징과 煙霧效果에 관한 研究」, (서울: 弘益大 碩士學位論文, 1997), 70쪽.

어 있으며, 상계와 하계 사이에는 층계참이 존재하고 있다. 33은 범어의 도리로 곧 33천으로의 연결을 상징한다는 점에서 불국사의 화엄적 측면의 이해에 있어서 주목되어 왔다. 즉, 청운교와 백운교의 33계단 위의 대웅전 앞 방형공간은 수미산정의 방형공간이라는 의미가 되는 것이다.

그리고 이와 아울러서 검토될 수 있는 부분은 33계단의 층계참으로 이는 수미산의 구조에 있어서 수미산 중턱에 위치해 있다고 하는 4왕천과 연결해서 이해될 수 있는 측면이 있다.[47] 또한 청운교와 백운교 위의 정상부분인 자하문(紫霞門) 영역에는 해와 달의 출몰에 관한 조각이 있는데, 이 역시도 해와 달이 수미산의 주위를 도는 것[48]으로 되어 있는 수미산 우주론과 무관하지 않다고 하겠다.

이상을 통해서 청운교와 백운교의 33계단을 통해서 우리는 33계단의 상부인 자하문의 안쪽 영역이 곧 방형의 수미산정, 즉 도리천이라는 상징적 의미를 읽어 낼 수가 있게 되는 것이다.

2. 법화사상적 측면

대웅전 영역을 법화사상과 연결시킬 수 있는 가장 큰 유물은 당연히 석가탑과 다보탑이다. 그리고 이러한 쌍탑의 존재로 인하여 파생될 수 있는 영산정토(靈山淨土)의 측면이 있다고 하겠다.

석가탑과 다보탑은 불국사를 화엄사상적인 가치로만 보았을 경우

---

47) 『阿毘達磨俱舍論』11, 「分別世品第三之四」(『大正藏』29, 59c).
48) 위의 책, 59a.

에는 가장 이질적인 부분이다. 이로 인하여 불국사를 화엄밀교적인 측면으로 이해하려는 신현숙과 배진달 등은 이러한 쌍탑을 화엄사상의 안에서 이해하려는 시도들을 개진하였다.[49] 그러나 석가탑과 다보탑이라는 무게비중과 다보탑의 다보여래(多寶如來)가 『화엄경』과는 전혀 상관관계를 확보할 수 없다는 점[50]에 있어서 이러한 노력들은 효율적인 해법제시에는 도달하지 못하고 있다.

특히 배진달은 1966년 석가탑의 해체복원과정에서 발견된 고려시대인 1038년에 쓰여진 「불국사서석탑중수형지기(佛國寺西石塔重修形止記)」를 근거로 18C의 기록인 『사적』과 『고금창기』 등에 언급된[51] 다보탑과 석가탑은 본래 명칭이 아니며, 이는 동탑(東塔)과 서탑(西塔)일 뿐이라는 주장을 개진하고 있어 주목된다.[52] 이는 석가탑과 다보탑의 명칭을 그대로 놓아두고서는 화엄사상으로서의 단일화가 도저히 불가능하기 때문에 시도된 측면이라고 하겠다. 그러나 석가탑을 모방하여 일본에 건립된 석산사(石山寺) 다보탑(1194년)과 금강삼매

---

49) 申賢淑은 多寶塔의 명칭을 인정하면서도 이를 화엄사상의 안에서 일원화시켜 보려고 하는 반면, 裵珍達은 多寶塔 자체의 명칭을 부정하고 이를 東塔으로 규정하여 문제를 해결하려는 시도를 하고 있다.
申賢淑, 「慶州 石窟庵과 佛國寺의 思想的 背景2」, 『傳統文化』 제142호(1984), 104~111쪽; 裵珍達, 「佛國寺 石塔에 구현된 蓮華藏世界-釋迦塔·多寶塔의 명칭과 관련하여」, 『시각문화의 전통과 해석: 靜齋 金理那 交手 정년퇴임기념 미술사논문집』, (서울: 예경, 2007), 125~133쪽.

50) 『화엄경』관련 주석서들에서 '多寶如來'가 등장하는 내용은 『法華經』, 혹은 『攝大乘論釋』에 의한 것일 뿐으로 이는 『華嚴經』과의 직접적인 상관관계를 확보하고 있는 것이라고 보기는 어렵다.
『新華嚴經論』1, (『大正藏』36, 725b); 『華嚴經探玄記』3, 「盧舍那佛品第二」(『大正藏』35, 147c); 『大方廣佛華嚴經隨疏演義鈔』23·25, (『大正藏』36, 177b·189c).

51) 裵珍達, 「佛國寺 石塔에 구현된 蓮華藏世界-釋迦塔·多寶塔의 명칭과 관련하여」, 『시각문화의 전통과 해석: 靜齋 金理那 交手 정년퇴임기념 미술사논문집』, (서울: 예경, 2007), 122쪽의 각주2 參照.

52) 위의 논문, 125쪽.

원(金剛三昧院) 다보탑(1223년), 그리고 정토사(淨土寺) 다보탑(1329
년)과 자안원(慈眼院) 다보탑(1585년) 등이 존재한다는 점[53]을 고려
해 볼 때, 다보탑의 명칭이 18C에 파생한 것일 뿐이라는 배진달의
주장은 타당성을 확보하기에는 문제가 있다고 하겠다.

그러나 이러한 노력들의 검토를 통해서 우리는 다보탑과 석가탑이
불국사의 화엄사상적인 이해에 있어서 얼마나 걸림돌이 되고 있는지
를 단적으로 파악해 볼 수가 있게 된다. 그러나 불국사는 국찰로서
단지 화엄사상이 주가 될 뿐이라는 점을 인정하게 된다면, 법화사상
적 측면이 작용하고 있는 것은 오히려 화엄과 불국이라는 원융적인
관점에 있어서 전혀 문제가 있을 수 없는 측면이 아닌가 한다.

(1) 석가탑과 다보탑

대웅전 앞의 쌍탑이 석가탑과 다보탑이라면, 이의 근거는 필연적으
로 『법화경』의 「견보탑품」이 될 수밖에 없다. 우리가 쌍탑을 석가탑
과 다보탑으로 비정하는 이유는 『사적』이라는 전적에 의한 근거와
다보탑의 그 어느 탑에서도 볼 수 없는 화려함을 표방하고 있기 때
문이다.

주지하다시피, 석가모니는 장신구를 착용하지 않으므로 당연히 단
출할 수밖에는 없다. 이는 석가탑의 의연하고도 고고한 자태를 통해

---

53) 일본에는 현재 69기의 다보탑이 전해지고 있으며, 양식에 있어서도 편차를 보이고 있지만,
石山寺·金剛三昧院 다보탑 등은 불국사 다보탑을 양식적으로 계승하고 있다. 이러한 불국
사 다보탑의 영향을 일본학자들은 8~9C경에 비롯된 것으로 추정하고 있다.
石田茂作 著, 『佛教考古學論考4(佛塔篇)』, (京都: 思文閣出版, 1978), pp. 8~13; 대구
MBC 編, 『多寶塔』, (서울: 이른아침, 2004), 96~99쪽.

서 잘 드러나고 있다. 그러나 다보탑에 대한 묘사는 극히 화려한 것으로 설정되어 있는데, 현존하는 다보탑은 이를 상징적으로 반영하고 있는 것으로 이해된다. 즉, 『사적』과 다보탑의 이형적 화려함이라는 두 가지 근거가 다보탑이라는 명칭을 확정하는 기본적인 근거가 되고 있는 것이다. 물론 이외에도 앞서 언급한 일본에 존재하는 우리의 다보탑들을 모방한 다보탑의 존재들 역시도 다보탑이 다보탑일 수 있도록 해주는 한 근거가 된다고 할 수가 있겠다.

그런데 문제는 「견보탑품」을 기준으로 2불(二佛)이 회화나 조각으로 묘사될 경우에는 다보탑 안에서 반분좌하는 양상으로 나타날 뿐, 쌍탑의 양상으로 나타나는 경우는 그 실례가 전무하다는 것이다.[54] 만일 석가탑과 다보탑을 2불병좌(二佛竝坐)의 양상으로 해석한다면, 대웅전 영역 전체가 다보탑 내의 공간이 되어야 하는데, 이는 교리적인 의궤에 있어서 문제가 있는 설정이다. 그러므로 「견보탑품」과 관련하여 석가탑과 다보탑의 현행 구조에 대한 합리적인 설명은 석가모니 붓다가 『법화경』을 설하자, 상주증명(常住證明)을 위해서 다보탑이 땅 속에서 솟아오른 측면이라고 할 수가 있다고 하겠다.[55] 그런데 이와 같은 상태에 대한 묘사는 불교미술의 어떤 양식에도 존재하지 않는 것이다. 그리고 바로 그렇기 때문에 이의 타당성에 문제가 제기될 수가 있는 측면이 존재하게 된다.

그러나 선행방식이 없었다고 해서 이의 묘사가 불가능하다는 것

---

54) 裵珍達, 「佛國寺 石塔에 구현된 蓮華藏世界—釋迦塔·多寶塔의 명칭과 관련하여」, 『시각문화의 전통과 해석: 靜齋 金理那 交手 정년퇴임기념 미술사논문집』, (서울: 예경, 2007), 124쪽.
55) 『妙法蓮華經』4, 「見寶塔品第十一」(『大正藏』9, 32b·c); 金英吉, 「法華經의 塔說에 관한 研究」, 『韓國佛敎學』 제7호(1982), 70~72쪽.

역시 타당한 반론이라고는 할 수가 없다. 특히 이러한 논리는 불국사의 건축적인 접근에 있어서는 거의 무책임하다는 비판이 성립될 정도이다. 왜냐하면, 앞서 검토한 수미범종각이나 청운교·백운교, 그리고 특유의 석축이나 다보탑과 같은 유적들 역시 선행되는 측면이 존재하지 않는 가운데 파생한 상징적 측면들에 다름 아니기 때문이다. 그러므로 쌍탑의 존재접근에 있어서 우리는 한 층 개방된 인식적 측면이 필요한 것이 아닌가 한다.

실제로 「견보탑품」에 있어서는 2불병좌 보다도 오히려 『법화경』의 설법에 대한 상주증명으로서 다보탑이 솟아오르는 측면이 보다 더 종교적이고 사상적인 가치를 확보하고 있다고도 할 수가 있다. 그러므로 이러한 핵심적인 측면에 착안하여 이를 표현하고 있는 것이 유사한 예가 발견되지 않는다는 이유로 부정될 수는 없다고 하겠다. 만일 유사한 예가 없으므로 부정되어야 한다면, 불국사에 있어서의 대다수의 건축적 측면들은 모두 다 그 가치를 상실한다고 하지 않을 수가 없게 된다. 그러므로 석가탑과 다보탑의 이해에 있어서는 현존하는 유물에 입각한 판단으로서 석가모니불의 『법화경』 설법과 이를 다보탑이 상주증명하는 모습으로 이해하는 것이 보다 더 타당한 것이 아닌가 사료된다.56) 그리고 이와 같은 양상은 『법화경』에 대한 이해에 있어서 불국사의 기획자들이 관점을 달리하고 있었기 때문이 아닌가 한다.

석가탑과 다보탑의 존재는 대웅전 영역에 법화사상적 가치가 존재함을 가장 결정적으로 나타내 주는 측면이다. 화엄이 원융적인 세계

---

56) 『佛國寺事蹟』全1卷, "而一以無影塔 爲釋迦如來常住說法之寶所 一以多寶塔 爲多寶如來常住 證明之刹幢"

관을 주장한다면,[57] 법화는 일불승(一佛乘)에 근거한 모든 중생들의 성불수기(成佛授記)의 관점을 획득하고 있다고 할 수 있다.[58] 즉, 불국사의 대웅전 영역은 화엄에 의해서 기세간(器世間)적인 원융(국토의 통일)을 획득하고 있다면, 법화에 의해서는 성불수기에 입각한 중생세간(衆生世間)적인 균제화(백성의 통일)를 획득하고 있는 것이다. 그리고 이러한 화엄과 법화의 묘합(妙合)은 궁극적인 지정각세간(智正覺世間)의 완성인 불국(완전한 통일)을 상징적으로 획득하고 있는 것이라고 하겠다.

우리는 화엄과 법화의 이중구조가 설시된 불국사의 대웅전 영역을 통해서 불국사라는 국찰의 건축에 내재한 문제의식의 한 단면에 접근해 볼 수가 있게 되는 것이다.

(2) 영산정토(靈山淨土)

화엄에서 주장하는 붓다의 주처는 도리천이다. 그러나 도리천은 성역에 속하기 때문에 일반의 중생들로서는 접근할 수 있는 공간이 아니다. 인간으로서 도리천에 오를 수 있는 사람은 초기경전에 의거해 보면 네 종류 밖에 없다. 그 첫째는 붓다이고, 둘째는 신통을 성취한 연각(緣覺)과 벽지불(辟支佛)이며, 셋째는 4쌍8배의(四雙八輩) 성위(聖位)에 올라 신통을 구족한 성문제자(聲聞弟子)이고, 넷째는 전륜성왕(轉輪聖王)이다.[59] 이외에 후대의 대승불교에 오게 되면, 여기에 대승

---

57) 까르마 C. C. 츠앙 著, 이찬수 譯, 『華嚴哲學』, (서울: 經書院, 1998), 219~298쪽.
58) 田賀龍彦, 慧學 譯, 「授記와 譬喩」, 『法華思想』, (서울: 經書院, 1997), 247~251쪽.
59) 이와 같은 네 종류의 인간형은 인간을 초극한 인간으로 ①覺·②神通·③法王(여기에서의

보살(大乘菩薩)들이 첨가된다. 이는 성(聖)과 속(俗)의 분기에 의해서 도리천이 지상에 속하기는 하지만, 일반의 중생들로서는 접근할 수가 없는 신성공간이라는 의미를 내포하고 있다고 할 수 있다.

그러나 붓다는 중생의 존숭의 대상이기도 하지만, 동시에 중생이 접근해서 닮아가야 할 이상인격이기도 하다. 즉, 불교적인 관점에서 붓다는 중생과 격절된 상태에 존재해서는 안 되는 것이다. 그로 인하여 대두되는 가치가 바로 법화에서 주장되는 영산정토라고 할 수가 있다.60)

『법화경』의 설법지는 영취산의 방형으로 된 산정(山頂)이다. 영취산정은 이 세계와 같은 예토(穢土)에 속하지만, 『법화경』의 설법으로 인하여 정토가 될 수 있는 공간이라는 점에서 속(俗)이 성(聖)으로 전환되는 측면을 내포하고 있다고 할 수 있다. 그로 인하여 영취산정에는 중생들의 접근이 가능한 성역(聖域)이라는 보다 현실적인 의미가 확보될 수가 있게 된다고 하겠다.

석가탑과 다보탑의 존재는 대웅전 앞의 영역이 『법화경』이 설해지고 있는 공간이라는 것을 의미하고 있기 때문에, 대웅전 영역은 곧 그 자체로 영산정토가 된다고 할 수가 있다. 이는 『사적』에서 "영산회상에서 종일토록 『묘법연화경』을 담론하던 의궤와 똑 같다"라고 한 것을 통해서도 이와 같은 인식이 존재했음에 관해서 확인해 볼 수가 있는 바라고 하겠다. 즉, 대웅전 영역은 화엄에 의한 신성공간

'法'은 '법의 통치'라는 의미임)이라는 세 계통으로의 구분이 가능하다. 그리고 이들은 또한 탑을 세워서 공양해야할 주체들이기도 하다.

　『大般涅槃經』中, 「七寶塔品第十一」(『大正藏』1, 200a・b).

60) 坪井俊映 著, 韓普光 譯, 『淨土敎槪論』, (서울: 弘法院, 1996), 33~35.

인 동시에 법화에 의해 중생의 노력을 통한 접근이 가능한 현실정토
라는 이중성을 획득하고 있는 것이다. 이는 이상과 현실의 절묘한 조
화에 대한 상징성적인 측면이라고 하지 않을 수 없다.

Ⅳ. 대웅전 내부 영역

1. 대웅전의 타당성 검토

대웅전의 외부 영역이 화엄과 법화의 이중구조에 의한 불교적 상징
성을 내포하고 있는 것처럼, 현존하는 대웅전과 관련해서도 우리는 이
와 같은 이중적인 의미를 모색해 볼 수가 있게 된다. 그러나 현존하는
대웅전이 과연 창건당시, 혹은 대대적인 중건 때의 측면들을 반영하여
계승하고 있는 것인지에 관해서는 다소 의문이 아닐 수 없다.

현존하는 대웅전은 임란 후인 1659년에 중건(1765년 재건)된 건축
물이고, 석축의 일부를 제외하고는 창건이나 중건시점을 확보하고 있
는 건축적 측면과 유물은 존재하지 않는다. 특히나 여기에는 불국사
가 화엄사상의 영향을 크게 입고 있다는 점에서 과연 주불전(主佛殿)
이 대웅전이 되는 것이 바람직한 것인가에 있어서도 문제가 제기될
수 있는 측면이 존재하고 있다. 즉, 본전(本殿)이 대적광전과 같은 전
각이 되어서 비로자나불을 모시거나 했을 개연성에 관해서도 상정해

볼 수가 있다는 말이다.

그러나 다행스럽게도 불국사에는 이러한 문제에 대한 해법의 제기에 단서가 될 수 있는 유물이 존재하고 있다. 불국사에는 현재 통일신라 3대 금동불 중의 두 구인 국보27호 금동아미타여래좌상(金銅阿彌陀如來坐像)과 국보26호 금동비로자나불좌상(金銅毘盧遮那佛坐像)이 모셔져 있다. 그런데 두 불상의 크기는 각각 1.66m와 1.77m로 큰 차이를 보이고 있지 않다. 이는 비로자나불좌상이 불국사 본전(本殿)의 본존불이 아니었을 개연성을 증대시켜 주는 부분이라고 할 수가 있다.

불국사의 대웅전 영역은 극락전 영역에 비해서 더 크며, 또한 높이와 위계에 있어서 상위에 위치한다고 할 수 있다. 그러므로 본래부터 전각의 크기는 극락전에 비해서 더 크게 되며, 이는 전각의 기단을 통해서도 확인해 볼 수가 있는 부분이다. 그런데 그럼에도 불구하고 극락전과 유사한 크기의 불상을 모신다는 것은 이치적으로 납득되기 어렵다고 할 수 있다.61) 물론 현존하지 않는 더 큰 비로자나불상이 존재했을 개연성도 있다. 그러나 이 역시도 현존하는 비로자나불좌상이 존재하고 있는 한 이치적으로 납득되기에는 어려움이 파생하게 된다. 왜냐하면, 본존으로 비로자나불상을 모신 사찰에서, 다시금 별도로 작은 규모의 전각에 또 다른 비로자나불좌상을 모신다는 것은

---

61) 『佛國寺古今創記』가 전하는 바에 의하면, 불국사는 大雄殿·極樂殿·毘盧殿·觀音殿·地藏殿 등의 전각으로 구성되어져 있는 것으로 되어 있다. 물론 이는 불국사의 창건, 혹은 중건 당시의 상황을 나타내고 있다고는 할 수 없다. 그러나 불국사 가람배치의 수미일관된 전체적인 구조 속에서 후대에 일부를 개변한다는 것은 쉬운 일이 아니었을 것이라는 점에서 이 역시 참고자료로서의 의미는 충분히 확보할 수 있는 것이 아닌가 한다.
韓國學文獻研究所 編, 「佛國寺古今創記」, 『佛國寺誌(外)』, (서울: 亞細亞文化社, 1983), 47~48쪽.

불교적인 의궤성에 있어서 문제가 있는 측면이기 때문이다. 특히나 불국사가 국찰로서 전체적인 구성에 의해 건축되었다는 점을 고려해 본다면, 이와 같은 산만한 구조가 존재할 개연성은 극히 희박하다고 하지 않을 수 없다.

물론 비로자나불좌상의 제작연대가 아미타좌상에 비해서 후대라면, 또한 이러한 문제들은 극복될 여지가 존재하게 된다. 그러나 현재와 같이 아미타좌상과 비로자나좌상이 동시대의 소산으로 때를 같이한 다고 전제하게 되는 경우, 우리는 필연적으로 불국사의 본전(本尊)이 비로자나불이 아니라는 결론에 도달하지 않을 수 없게 된다. 그리고 이와 같은 상황에다가, 불국사에는 극락전 영역이 별도로 존재하여 부석사에서와 같은 아미타불이 본존이 될 수 있는 측면이 발생할 개 연성이 전혀 없다는 점을 감안하게 되면, 불국사의 본존은 창건, 혹 은 대대적인 중건 당시부터 석가모니불이었을 가능성이 가장 크다고 하겠다. 그리고 이러한 가능성은 대웅전 앞의 석가·다보 쌍탑, 및 대웅전이라는 본전의 편액과 상호 호응하여 교리적인 의궤성을 강하 게 확보할 수가 있는 부분이라고 하겠다. 즉, 현존하는 비로자나불좌 상이 본존일 확률이 낮다는 것은 필연적으로 본전(本殿)의 불상이 석 가모니불이었을 개연성을 증대시켜 주게 된다고 할 수가 있게 되는 것이다. 왜냐하면, 석가모니불은 화엄과 법화에 공히 상통할 수 있는 측면이 존재하고 있기 때문이다.

또한 청운교와 백운교의 33계단과 수미범종각의 유적이 대웅전 영 역을 도리천으로 상징화하고 있는 측면에서도 본전(本殿)의 불상은 본래가 석가모니불이었을 것이라는 추정을 가능케 한다. 그리고 이는

일반적으로 불전(佛殿)과 같은 경우는 특별한 위치 이동이나 변화가
존재하지 않는 이상은 이전의 측면들을 계승하는 것이 보통이라는
점에서도 그 타당성이 확보될 수가 있다고 하겠다. 그러므로 본전(本
殿)의 편액 역시 쌍탑의 의미와 더하여 대웅전이 되어도 크게 무리는
없는 것이 아닌가 한다. 이는 실제로 의상계 사찰인 봉정사에서도 극
락전과 대웅전의 양 축선이 발견되는 것과 연관해서 검토해 보아도
큰 무리는 없는 추론이라고 할 수가 있을 것이다.

2. 화엄사상적 측면

화엄사상적 관점에서 석가모니불이 계신 대웅전은 도리천의 제석
천궁인 善見城(帝釋殿=帝釋宮)에 해당한다고 할 수가 있다.[62] 그러나
대웅전 내부에 해당하는 측면들은 창건이나 대대적인 중건 당시의
측면을 전혀 알 수가 없다는 점에서 실체적인 접근에 있어서 어려움

---

62) 『起世經』과 『起世因本經』, 및 『長阿含經』과 『俱舍論』에는 공히 "善見城"으로 되어 있으나
(『大樓炭經』에는 "須陀延"으로 되어 있음), 『華嚴經』에는 帝釋殿으로 나타나고 있다. 그러
나 『華嚴經』에는 이후에 妙勝殿이 또다시 등장하고 있으므로 여기에서의 帝釋殿은 法藏이
나 澄觀의 기술처럼 帝釋宮으로 보아야 할 것이다. 그러므로 忉利天의 전체적인 구조에서
볼 때, 이는 善見城과 상응한다고 보아도 무방한 것으로 사료된다.
『起世經』6, 「三十三天品第八之一」(『大正藏』1, 341a); 『起世因本經』6, 「三十三天品第八上」(『大
正藏』1, 366a); 『長阿含經』6, 「第四分世記經忉利天品第八」(『大正藏』1, 131a · b); 『阿毘達磨俱
舍論』11, 「分別世品第三之四」(『大正藏』29, 59c); 『大樓炭經』4, 「忉利天品第九」(『大正藏』1,
294a); 『大方廣佛華嚴經』16, 「昇須彌山頂品第十三」(『大正藏』10, 80c), "爾時世尊。不離一切
菩提樹下。而上昇須彌。向帝釋殿。時天帝釋。在妙勝殿前。遙見佛來。即以神力。莊嚴此殿。
置普光明藏師子之座。"; 『大方廣佛華嚴經』7, 「佛昇須彌頂品第九」(『大正藏』9, 441b), "爾時
世尊威神力故。不起此座。昇須彌頂向帝釋殿。爾時帝釋遙見佛來。即於妙勝殿上。敷置衆寶師
子之座。"; 『花嚴經文義綱目』全1卷, (『大正藏』35, 496b), "第三會在須彌山頂帝釋宮中妙勝
殿。"; 『新譯華嚴經七處九會頌釋章』全1卷, (『大正藏』36, 712a), "第三會在須彌山頂帝釋宮
中妙勝殿。"

이 있다. 그러므로 이 부분에 있어서는 현존하는 측면들이 대체로 선행하던 관점을 답습하고 있을 것이라는 점을 전제로 해서 이의 접근을 모색해 보고자 한다.

실제로 대웅전 안의 구조적인 측면들은 불국사뿐만이 아니라 일정 규모 이상을 확보하고 있는 거의 모든 사찰들에서는 공통되이 나타나고 있는 의궤적 측면이라고 할 수가 있다. 즉, 불전(佛殿) 내의 구조에는 강한 의궤성이 존재하고 있는 것이다. 그리고 이와 같은 지극히 일반화된 양상의 경우는 상대적으로 더 오랜 종교문화를 담지하고 있다고 할 수가 있게 된다. 그러므로 불국사 대웅전에 있어서도 전체적인 구조체계에 있어서는 현존하는 측면에 입각한 관점에서의 접근도 큰 오류의 개연성은 내포하지 않는 것이 아닌가 한다.

현재 대웅전 안에서 화엄사상과 연관해서 생각해 볼 수 있는 부분으로는 수미단과 신중단의 측면을 들 수가 있다. 그러므로 화엄사상과 관련해서는 이 두 부분에 대한 검토를 통해서 진행해 보고자 한다.

(1) 수미단(須彌壇)

수미단은 붓다를 모신 좌대를 지칭하는 것인데, 수미산과 같은 壇이라고 하여 수미단이라는 명칭을 얻고 있다.[63] 앞서 언급한 것과 같이 석가모니불을 수미산과 연결시킬 수 있는 측면은 『화엄경』의 제3회 설법에 다름 아니다.

수미산 우주론과 『화엄경』의 설법 및 이에 대한 주석적 입장을 종

---

63) 東國佛敎美術人會 著, 『寺刹에서 만나는 佛敎美術』, (서울: 대한불교진흥원, 2005), 217쪽; 東國佛敎美術人會 著, 『알기 쉬운 佛敎美術』, (서울: BBS 불교방송, 1998), 152쪽.

합해 본다면, 대웅전 영역의 방형공간은 전체적으로 수미산정인 방형의 도리천이 된다고 할 수가 있으며, 그 안에서의 대웅전은 도리천 안의 제석천궁인 선견성에 해당한다고 이해될 수 있다. 그리고 수미단은 다시금 선견성 안에서의 제석천의 정전(正殿)에 해당하는 묘승전(妙勝殿)이 된다고 하겠다.[64]

수미단 영역은 대웅전 안에서도 특별히 더 성역적 측면을 확보하고 있는 곳으로 불상을 모신 상부에는 日傘(蓋)이 건축물적인 요소로 변화한 天蓋(닫집)를 갖추고 있다. 율장의 규정이나 『유행경(遊行經)』 등에 따르면, 탑의 건립에는 일산을 씌우는 측면이 나타나 보이고 있고,[65] 이는 탑에 있어서는 현재까지도 상륜부로 남아 있다.[66] 그리고 이러한 양상이 불상으로 와서는 더운 지방에는 일산양식도 존재하던 것[67]이 중국문화권에 와서는 기후환경적인 차이에 의해서 필연적이지 않게 되자, 장막형의 천개(天蓋)를 거쳐 결국 닫집이라는 '집속의 집'의 양식으로 변모하게 된다.[68] 이를 통해서 우리는 닫집의 존재가

---

64) 『華嚴經』에서는 "妙勝殿"으로 되어 있는 것이 『俱舍論』에서는 "殊勝殿"으로 나타난다. 그러나 『起世經』과 『起世因本經』에는 다만 "勝殿"으로 나타나고 있으므로, 妙勝殿・殊勝殿은 전각에 대한 고유명사라기 보다는 그 빼어남을 상징화한 것으로 사료된다. 이러한 추정은 『俱舍論』을 통해서도 확인된다고 할 수가 있다.
   『起世經』8, 「鬪戰品第九」(『大正藏』1, 352a); 『起世因本經』8, 「鬪戰品第九」(『大正藏』1, 407a); 『阿毘達磨俱舍論』11, 「分別世品第三之四」(『大正藏』29, 59c), "於其城中有殊勝殿。種種妙寶具足莊嚴。蔽餘天宮故名殊勝。"
65) 『四分律』52, 「雜揵度之二」(『大正藏』22, 956c), "彼欲華香供養。佛言。聽四邊作欄楯安華香著上。彼欲上幡蓋。佛言聽安懸幡蓋物。"; 『長阿含經』3, 「遊行經第二中」(『大正藏』1, 20b), "佛告阿難。天下有四種人。應得起塔。香花繒蓋。伎樂供養。"
66) 『四分律』의 幡蓋는 『摩訶僧祇律』에 오면 輪相으로 바뀌고 있다.
   『摩訶僧祇律』33, 「明雜誦跋渠法之十一」(『大正藏』22, 497c), "爾時世尊自起迦葉佛塔。下基四方周匝欄楯。圓起二重方牙四出。上施槃蓋長表輪相。佛言。作塔法應如是。"
67) 國立中央博物館 編, 『ART OF INDONESIA』, (서울: 시월, 2005), 120・122・130〜131쪽.
68) 文明大 著, 『韓國佛教美術의 形式』, (서울: 한・언, 1997), 199쪽.

대웅전이라는 성역 안에서 다시금 붓다와 중생을 분기하여 붓다의 신성성을 강조하기 위한 측면의 의미를 내포하고 있다는 점을 알 수가 있게 된다.

일반적으로 불보살의 단(壇)을 통칭하여 수미단이라고 하는데, 이는 전부 화엄적 영향에서 기인하여 보편화된 것이다. 그러므로 엄밀한 관점에서는 석가모니불의 단(壇)만이 수미단이 되며, 다른 붓다의 단(壇)은 불단(佛壇)이 된다고도 할 수가 있는 것이다. 이러한 점을 고려한다면, 우리는 대웅전 안의 수미단의 존재를 통해서 이의 화엄적 영향을 도출해 볼 수가 있게 된다고 하겠다.

(2) 신중단(神衆壇)과 화엄성중(華嚴聖衆)

대웅전 안의 본존을 모신 좌측에는 일반적으로 신중단을 두어 여러 신중들을 모시는 것을 의궤적 원칙으로 하고 있다. 이는 신중이 붓다를 호위하는 옹호성중이기 때문에 좌측이라는 중국문화권에서 가장 가까운 측면을 점유하고 있는 것이다.[69] 물론 우리나라와 같은 경우 조선후기에 이르게 되면 삼장단(三藏壇)이라고 해서 천장(天藏)·지지(地持)·지장(地藏)보살을 모신 탱화가[70] 동일한 전각 안에 공존할 경우에는 신중단보다 우선권을 가져서 신중단이 우측으로 이동하는 경우도 있다.

불국사와 같은 경우도 대웅전의 규모상 삼장단이 존재하고 있다. 그러나 불전의 규모가 큰 까닭에 삼장단을 좌측 후면에 배치하고 신중

---

69) 王弼 著, 임채우 譯, 『王弼의 老子』, (서울: 예문서원, 1997), 134쪽.
70) 國史編纂委員會 編, 『佛教美術, 象徵과 念願의 世界』, (서울: 두산동아, 2007), 245쪽.

단은 좌측벽면에 안배하고 있다. 즉, 삼장단과 신중단을 공히 본존의 좌측에 배치하여 전체적인 의궤성을 보다 극진히 하고 있는 것이다.

신중단의 신중은 주지하다시피 『화엄경』과 관련된 화엄성중이다. 신중단에 모시는 신중의 숫자는 크게 39위(位) 이하와 39위(位), 그리고 104위(位)로 나누어 볼 수가 있다.[71] '위(位)'라는 것은 신(神)을 세는 단위인데, 이 중 39위는 「화엄경약찬게(華嚴經略纂偈)」에서 언급되고 있는 것과 같이 『화엄경』과 관련된 신들이며,[72] 104위는 39위에 한국적 신들이 증가되어 완성된 것으로 『석문의범(釋門儀範)』등에 나타나 보이는 다소 변형된 신관(神觀)이라고 할 수 있다. 즉, 39위가 원형이라면 104위는 한국문화에 의해 개량된 측면인 것이다.[73]

신중단에 『화엄경』이 설해질 때의 신들이 등장하고 있다는 것은 '화엄성중(華嚴聖衆)'이라는 신중단과 관련된 정근을 통해서도 분명해지는데,[74] 이를 통해서 우리는 본존인 석가모니불이 무언으로 설하시는 경전이 『화엄경』이라는 것을 알 수가 있게 된다. 또한 이는 붓다의 수인(手印)과도 관련되는 측면이 있는데, 석가모니불의 별인(別印)은 항마촉지인(降魔觸地印)이며, 이는 대다수의 석가모니좌불에게서 나타나 보이는 공통된 양상이라고 할 수 있다.

항마촉지인이 보리수하(菩提樹下)의 정각(正覺)상태를 의미한다는

---

71) 權志恩, 「19세기 神衆幀畵의 研究」, (서울: 東國大 碩士學位論文, 2001), 19～44쪽.
72) 大韓佛敎曹溪宗 布敎院 編, 「華嚴經略纂偈」, 『통일법요집』, (서울: 曹溪宗出版社, 1998), 149～151쪽.
73) 安震湖 編, 『釋門儀範』, (서울: 法輪社, 檀紀4294), 59～68쪽; 김영희, 「韓國 神衆幀畵의 圖像學的 研究」, (서울: 東國大 碩士學位論文, 2001), 45～54쪽; 權志恩, 「19세기 神衆幀畵의 研究」, (서울: 東國大 碩士學位論文, 2001), 41～42쪽.
74) 大韓佛敎曹溪宗 布敎院 編, 『통일법요집』, (서울: 曹溪宗出版社, 1998), 152쪽.

점을 상정한다면,[75] 이때 설법되는 경전은 당연히 『화엄경』이 될 수 밖에는 없게 된다. 『화엄경』의 제3회 설법은 붓다께서 보리수하의 정각도량(正覺道場)을 여의지 않고 도리천의 묘승전(妙勝殿)에 가셔서 설법하시는 것에 다름 아니다. 그러므로 항마촉지인과 화엄성중은 서로 간에 호응되는 구조를 확보하고 있으며, 이는 전체적으로 화엄적 측면을 드러내 주고 있다고 할 수가 있게 되는 것이다.

3. 법화사상적 측면

대웅전의 내부 공간이 화엄과만 관련을 맺게 된다면, 붓다에 대한 존엄성은 확보될 수 있지만, 이를 통해서 중생의 접근은 용이한 측면이 될 수가 없다. 이러한 이중적 측면은 불교의 종교적 특성에 있어서 가장 중요한 내용이라고 할 수가 있는 부분이다. 그러므로 대웅전과 관련해서 불교적 의궤는 공히 화엄과 더불어 법화적인 측면을 강조하고 있다고 할 수가 있는 것이다. 그리고 불국사 역시도 이와 같은 연장선상에서 동일한 의궤적 궤적을 그리고 있다고 하겠다.

법화사상의 관점에서 대웅전과 관련되어 이해될 수 있는 부분은 대웅전이라는 편액에 대한 측면과 영산회상도(靈山會上圖)라는 후불탱화(後佛幀畵)이다. 그러므로 법화사상과 관련해서는 이 두 부분에 대한 검토를 통한 진행을 개진해 보고자 한다.

---

75) 김영주 著, 『韓國 佛敎 美術史』, (서울: 솔, 1997), 78쪽.

(1) 대웅전

대웅전의 '대웅(大雄)'은 석가모니불에 대한 칭호이기는 하지만, 여래10호 등에서는 보이지 않는 것으로 석가모니에 대한 일반적인 칭호는 아니다. '대웅'이라는 칭호나 '붓다'라는 칭호는 모두 깨달은 각자(覺者)에 대한 존호(尊號)에 다름 아니다. 그러나 대웅이라는 칭호는 주로 자이나교의 Niganṭa Nātaputta에 대해서 사용되고,76) 붓다라는 칭호는 불교에서 주로 사용됨으로 인하여 대웅이라는 표현은 석가모니에 대한 존호로서는 일반적이지 않은 모습을 보이게 된다.

그러나 『묘법연화경(妙法蓮華經)』을 중심으로 하는 『법화경』계열에서는 이러한 칭호가 사용되고 있으며,77) 이로써 대웅전이라는 전각명(殿閣名)은 법화사상적인 관점에 입각한 측면에서 석가모니불을 본존으로 모실 때와 관련되어 유행하게 되었다고 할 수가 있다.78) 『법

---

76) 大雄은 곧 범어 Mahāvīr에 대한 역어이다.

J. B. 노스 著, 尹以欽 譯, 『世界宗敎史下』, (서울: 玄音社, 1998), 627쪽; 라다크리슈난 著, 이거룡 譯, 『印度哲學史Ⅱ』, (서울: 한길사, 2003), 60쪽; 中村元 著, 鄭泰爀 譯, 『原始佛敎』, (서울: 東文選, 1993), 30~31쪽, "위대한 영웅이라는 호칭은 불전에서는 붓다에 대해서도 사용되었으니, 한역불전에서는 '大雄'이라고 번역되고 있듯이 자이나교만이 아니라 당시의 여러 종교에서 일반적으로 위대한 종교가에 대해서 붙여진 존칭이나, 후세에 마하비라라고 하면 오로지 자이나교의 개조를 가리켜서 말하는 것으로 이해되게 되었다."

77) 『妙法蓮華經』3, 「授記品第六」(『大正藏』9, 21a); 『妙法蓮華經』5, 「從地踊出品第十五」(『大正藏』9, 40b); 『添品妙法蓮華經』3, 「授記品第六」(『大正藏』9, 115c); 『添品妙法蓮華經』3, 「從地踊出品第十四」(『大正藏』9, 174c); 『正法華經』3, 「信樂品第四」(『大正藏』9, 82b); 『正法華經』7, 「菩薩從地踊出品第十四」(『大正藏』9, 111c); 『正法華經』8, 「勸助品第十七」(『大正藏』9, 118a).

78) 우리는 『華嚴經』에서도 '大雄'이라는 80화엄에서 3차례 등장하는 모습을 살펴 볼 수가 있다. 그러나 '大雄殿'의 상징성은 화엄이 大寂光殿을 主佛殿으로 사용하는 것 등과 관련하여 화엄사상과 연결시키지는 않는다.

『大方廣佛華嚴經』4, 「世主妙嚴品第一之四」(『大正藏』9, 18a); 『大方廣佛華嚴經』27, 「十迴向品第二十五之五」(『大正藏』9, 150a); 『大方廣佛華嚴經』50, 「如來出現品第三十七之一」(『大

화경』계열에서 대웅이라는 그 이전의 불교들과는 다른 표현을 사용하고 있는 것은 『법화경』의 중심지인 영취산과 마가다가 자이나교의 세력적인 영향권과 중첩되는 측면에서 기인한 것으로 사료된다. 즉, 이는 자이나교적인 측면이 『법화경』의 성립에 있어서 영향을 준 것이라고 할 수가 있는 측면인 것이다.

대웅전이라는 편액적 표현이 법화사상과 관련된다는 점을 통해서 우리는 대웅전 앞 영역의 석가탑·다보탑과 연결되는 이중적인 법화사상적 측면을 확보해 볼 수가 있게 된다. 앞서 석가탑과 다보탑의 검토를 통해서 우리는 석가탑과 다보탑이 존재하는 상황이 곧 석가모니불의 『법화경』 설법과 다보여래(多寶如來)의 상주증명(常住證明)과 관련됨을 모색해 보았다. 그리고 대웅전이 존재한다는 점을 통해서는 이와는 별도로 대웅전이 또한 석가모니불의 『법화경』설법 공간이 됨을 의미하게 된다는 점을 확보해 볼 수가 있게 되는 것이다. 즉,『법화경』은 대웅전 밖에서 한 번, 그리고 대웅전 안에서 한 번의 두 차례에 의한 상징적 설법이 행해지고 있는 것이다.

대웅전 안의 불상에 의해서 『법화경』이 설법되고 있는 측면에 관해서는 후불탱화인 영산회상도를 통해서 단적인 인식이 가능해지게 된다. 그러므로 이러한 경우 대웅전 안의 수미좌는 수미산정의 도리천이라기 보다는 영취산정의 방형공간인 여래향실(如來香室)로 이해되어져야 할 것이다. 즉, 동일한 불단(佛壇)이라 하여도 화엄적 관점에서는 도리천의 묘승전(妙勝殿)이 되는가 하면, 법화적 관점에 입각하게 되면 영취산의 여래향실이 된다고 할 수가 있는 것이다. 이러한

正藏』9, 265a).

이중적 측면은 대웅전 앞의 영역이 화엄사상에 입각하게 되면 도리천이 되고, 법화사상에 입각하게 되면 영취산정이 되는 것과 동일한 측면으로, 화엄과 법화의 사상적 관점의 교차에 의한 불국사 대웅전 영역의 건축적인 요소에서 나타나 보이는 이중적인 상징성의 부여라고 할 수가 있는 부분이다.

이상을 통해서 우리는 대웅전이라는 편액명을 통해서 대웅전 안의 경계가 곧 영취산의 『법화경』설법처가 되어 대웅전 안의 공간이 곧 영산정토가 될 수 있음을 인식해 볼 수가 있게 된다. 그리고 이러한 영산정토의 확보는 중생의 접근적 측면을 고려한 것이라고 할 수가 있다. 즉, 화엄과 법화사상의 이중적 측면은 동시에 현시되어 불(佛)과 중생(衆生)의 양자를 하나도 잃지 않는 가운데에서 양자를 모두 성취시킬 수 있는 관점을 피력해 내고 있는 것이다.

(2) 영산회상도(靈山會上圖)

영산회상도는 영취산의 『법화경』설법을 상징적으로 표현한 탱화이다. 이 탱화에는 중앙의 석가모니 붓다를 중심으로 소위 석가모니 8대보살로 일컬어지는 문수 · 보현 · 관세음 · 미륵 · 약왕 · 묘음 · 무진의 · 상정진의 『법화경』과 관련된 보살들이 등장하고, 이외에 10대제자 등이 묘사되고 있다.[79]

석가모니 8대보살을 살펴보면 『법화경』 내에서 중요한 역할을 하는 보살들로서, 이를 통해서 이 탱화가 『법화경』의 설법을 묘사한 것

---

79) 洪潤植, 「靈山會上幀畵와 法華經信仰」, 『韓國佛敎學』 제3호(1977), 112~122쪽.

이라는 점을 단적으로 확인해 볼 수가 있게 된다.[80] 그런데 여기에서 주목되는 것은 중앙의 붓다와 같은 경우 설법인(說法印)과 같은 수인을 취하고 있는 것이 아니라 항마촉지인을 취하고 있다는 것이다. 이는 석가모니불이라는 측면을 강조하기 위해서 영산회상도에까지 항마촉지인의 석가모니불을 묘사한 것이라고 할 수가 있다. 그러나 이를 통해서 우리는 영산회상도의 후불탱화 앞에 존재하게 되는 항마촉지인의 존상 역시도 『법화경』을 설법하는 모습으로 이해해 볼 수 있는 가능성을 확보해 볼 수가 있게 된다. 즉, 이러한 경우에 있어서도 화엄과 법화의 철저한 이중구조를 인식해 보는 것이 가능해지게 되는 것이다.

영산회상도가 영취산의 『법화경』 설법을 묘사하고 있다는 것과 항마촉지인의 석가모니불상이 『법화경』을 설법하고 있는 것으로도 이해될 수가 있는 측면은 대웅전이라는 전제적인 부분과 연계하여 대웅전 안이 전체적으로 영취산의 『법화경』 설법도량으로서 영산정토(靈山淨土)가 됨을 의미한다고도 할 수가 있게 된다. 즉, 이러한 경우에 있어서도 우리는 화엄과 법화의 철저한 이중구조에 의한 미분리적 측면을 확인해 볼 수가 있게 되는 것이다.

---

80) 위의 논문.

V. 나가는 말

이상을 통해서 불국사 대웅전 영역에 존재하는 화엄과 법화의 관점을 현존하는 건축적 요소와 유물을 통해서 검토해 보았다.

본 검토는 먼저 역사적 관점에서 신라가 삼국의 국토통일 이후, 완전한 하나의 국가로 나아가기 위한 정신적 화해가 요청되던 시기에 불국사가 중국불교적인 다양한 요소들을 겸비한 가운데 국찰로써 건축되는 측면에 관해 검토해 보았다. 이를 통해서 우리는 당시의 시대적 요청과 '불국(佛國)'이라는 상징성에 관한 보다 타당한 이해의 도출을 시도해 볼 수가 있었다.

다음으로 종교적 관점에 있어서는 대웅전 영역의 건축적 요소와 유물 등을 통해서 '화엄에 입각한 붓다의 존엄성'과 '법화에 의한 중생의 접근'이라는 두 가지 가장 중요하다고 할 수 있는 불교적 측면에 관해 검토해 보았다. 즉, 붓다와 중생은 불교 안에서 불리(不離)이면서 부잡(不雜)의 관계를 구축하고 있으며, 이의 가장 효율적인 상징적 표현이 화엄과 법화의 이중구조라고 할 수가 있는 것이다.

불국사를 건축한 노력은 국지대찰(國之大刹)인 황룡사와 필적할 정도로서 여타의 다른 7처가람(七處伽藍)들을 능가할 수 있는 측면이 있다. 그러나 불국사는 결코 7처가람과 같은 종교성이 강한 건축물은 아니다. 이는 불국사가 종교건축이지만, 상징성이 강한 건축물임을 의미한다고 할 수가 있다. 그리고 그러한 상징성은 '불국(佛國)'이라는 사명(寺名)을 통해서 완전한 국가로의 지향이라는 것을 분명히 해주고 있다. 화엄과 법화의 이중성은 바로 이러한 화해와 평등의 관점에서 진정한 통일의 완성을 위해 불국사의 대웅전 영역이라는 하나의 구조체계 안에서 드러나고 있는 것이다. 그러므로 이러한 양 사상은 이이일(二而一)이면서 일이이(一而二)라고 보아야할 것이다.

불국사 '3도(三道) 16계단(十六階段)'의 이중구조적인 상징성

—극락전(極樂殿) 영역과 대웅전(大雄殿) 영역을 중심으로—

Ⅰ. 들어가는 말

불국사는 통일신라시대를 대표하는 국찰(國刹)로서,[1] 불교교리적인 의궤성(儀軌性)과 상징성(象徵性)을 함섭(含攝)하는 불교건축물의 백미(白眉)이다.

불국사는 대웅전(大雄殿)과 극락전(極樂殿)을 중심으로 하는 두 축선을 가지고 있는 일반적이지 않은 가람배치 구조를 형성하고 있다. 또한 대웅전 영역과 극락전 영역은 고저(高低)에 의한 위치차이가 발생되어 있는데, 이의 연결을 위해서 3도(三道) 16계단(十六階段)이라는 매우 특징적인 석계(石階)가 시설되어 있다.

불국사의 석계는 청운교(靑雲橋)·백운교(白雲橋)와 연화교(蓮華橋)·칠보교(七寶橋)에서 나타나 보이는 것처럼, 강한 의궤와 상징성을 내포한다.

3도 16계단은 비록 초창 이후 필요의 증대로 설시된 석계이지만, 두 중심축선의 연결을 담당하고 있다는 점에서 매우 중요한 의미를 내포할 수 있는 개연성을 가진다.[2] 그러므로 이의 의궤와 상징성에 관한 검토는 필연적인 타당성을 확보한다고 할 수가 있다.

---

[1] 불국사에 대해서는 일부 願刹說이 제기되기도(成樂冑, 「歸納推理에 의한 石窟庵과 佛國寺 관련 문헌사료의 연구」, 『東岳美術史學』, 제2호(2001) 하지만, 이에 대해서는 역시 國刹說이 주류가 된다고 하겠다.
　추상훈, 「佛國寺 九品蓮池의 影池的 특징과 煙霧效果에 관한 研究」, (서울: 弘益大 碩士學位論文, 1997), 11~12쪽.
[2] 文化公報部 文化財管理局 編, 『佛國寺-復元工事報告書』, (慶州: 光明印刷公社, 1976), 159쪽.

불국사의 3도 16계단

    3도 16계단이 대웅전 영역과 극락전 영역에 공히 배속될 수 있다는 것은 양 영역적 관점에서의 이해 가능성을 시사하는 부분이라고 하겠다. 물론 이외에도 불국사에는 대웅전 영역과 법화전지(法華殿地)로 추정하는 영역 간에는 주된 출입구로서 3도 16계단과 구조적으로 일치되면서도 폭이 훨씬 넓은 3도 12계단의 유적이 존재하고 있다.[3] 그러나 이는 대웅전과 극락전의 연결이라는 이중구조의 상징적인 의미와는 의궤적 층차를 달리할 수 있는 측면으로 사료되어 본 검토의 연구범주에서는 제외하였다.

    3도 16계단에 대한 지금까지의 접근은 극락전 영역에서의 48원이나 16관법과 관련된 언급정도가 고작인데, 그 나마도 다분히 극락전 일변도였다고 할 수 있다. 그러나 이러한 석계가 극락전의 영역뿐만이 아니라 대웅전의 영역에도 공히 걸쳐서 존재하고 있다는 점은 양 영역의 동시적인 영향을 내포할 개연성을 확보하는 바라고 하겠다.

    그러므로 본 검토에서는 양 영역의 관점을 동시에 수용하여 문제

---

3) 위의 책, 159·206쪽.

의 보다 정당한 해법 도출을 시도해 보고자 한다. 그리고 이와 연관
하여 대웅전과 극락전 영역에서 발생하고 있는 고저의 위치차이에
관한 측면에 있어서도 검토를 개진하고자 하였다. 즉, 3도 16계단에
대한 대웅전과 극락전의 이중구조를 통한 총체적인 모색을 시도해
보고자 하는 것이다. 왜냐하면, 이와 같은 접근방법을 통하여야 만이
3도 16계단이라는 특징적인 유물의 정당한 이해 접근에 보다 근접할
수 있을 것으로 사료되기 때문이다.

Ⅱ. 극락전 관점의 이해

1. 48서원(誓願)을 통한 접근

불국사는 대웅전 영역과 극락전 영역이라는 두 중심축을 확보하고
있는 비대칭적 균형미4)를 가진 특수한 구조의 사찰이다. 물론 이 중
에서 대웅전 영역이 보다 중요한 무게비중을 점유하고 있다는 것에는
이론의 여지가 있을 수 없다. 그러나 대웅전과 극락전의 두 불전(佛
殿)은 창건(혹은 대대적인 중건) 당시의 상황을 비교적 온전히 반영한
다고 할 수 있는 석조기단(石彫基壇)과 운제(雲梯)5) 등의 유구를 통해

---

4) 주남철 著, 『韓國建築史』, (서울: 高麗大出版部, 2006), 7쪽; 李鐘錫, 「佛國寺의 配置 및
   空間構成에 관한 硏究」, (慶山: 慶北産業大 碩士學位論文, 1995), 68쪽.

서 볼 때,6) 처음부터 각기 다른 존재의의를 확보하고 있었다고 사료된다.

  불국사는 토함산에 위치해 있지만, 처음부터 산지 안의 비교적 평탄한 지형을 택하여 건축된 것으로 이해된다.7) 특히, 불국사가 국가적인 대찰이라는 점을 감안한다면 크게 과하지 않은 지형적 불균형은 그리 장애될 것이 없다. 이는 불국사 미적 부분의 대다수를 차지한다고 할 수 있는 석단(石壇)과 운제 등에 대한 대대적인 건축물의 축조를 통해서 능히 확인될 수 있는 부분이다.8) 그럼에도 불국하고 대웅전 영역과 극락전 영역 사이에 고저(高低)의 위치차이를 두어 양 공간의 연결에 석조계단을 사용하고 있다는 것은 분명 건축 상에서의 의도된 측면이라고 하지 않을 수 없는 것이다.

  대웅전 영역과 극락전 영역을 연결하는 석조계단은 '3도 16계단'이라는 매우 특이한 구조를 이루고 있어 주목된다. 또한 계단의 형식에 있어서도 일괄적으로 길고 완만한 양상을 보이고 있어, 일반적으로 나타날 수 있는 계단 중간의 층계참과 같은 부분은 존재하지 않는다.

---

5) 『三國遺事』5, 「神呪第六(大城孝二世父母 神文代)」,(『大正藏』49, 1018b).
6) 불국사에 대해서는 김대성이 창건했다는 설과 김대성에 의해서 대대적으로 중건됐다는 설의 두 가지가 있다.
   李慈慶, 「佛國寺에 관한 硏究」, (大邱: 大邱曉星가톨릭大 碩士學位論文, 1999), 3~8쪽; 李鐘錫, 「佛國寺의 配置 및 空間構成에 관한 硏究」, (慶山: 慶北産業大 碩士學位論文, 1995), 24~26쪽.
7) 南龍熙, 「佛國寺의 坐向에 관한 硏究」, (서울: 漢陽大 碩士學位論文, 1994), 49쪽.
8) 김대성은 불국사 공사를 시작한 후 24년 되는 해인 774년에 사망한다. 그리고 국가를 이를 완성하였다고 『삼국유사』는 기록되어 있지만, 최종적인 완성에 몇 년이 걸렸는지에 관한 정확한 기록은 전하지 않는다. 이에 관해서는 다만 이종상(1799~?)의 「登佛國泛影樓」라는 시에 39년 만에 완공되었다는 기록이 있을 뿐이다. 이종상의 기록은 신뢰하기 어렵지만 불국사가 한 세대에 걸친 대공사였다는 것은 분명하다. 불국사 건립에 특히나 많은 세월이 소요된 것은 당연히 석축과 운제 등의 석조건축에 시간 할애가 많았기 때문으로 사료된다.

3도 16계단은 대웅전과 극락전이라는 그리 높지 않은 차이를 낮은 계단 폭에 의한 긴 장축의 석계(石階)를 사용하고 있어, 공간을 차지하는 부분이 상대적으로 매우 너르게 나타나고 있다.9)

3도 16계단에서 나타나 보이는 3도(三道)의 형식 역시 사원건축의 계단양식에서는 매우 이례적인 것으로 주의가 요구되는 측면이다. 3도의 계단 양식은 일반적인 사원건축에서는 나타나 보이는 양상이 아니다. 이와 유사한 구조는 궁궐건축 등에서 발견되는 '3중계(三重階)'가 있지만, 이러한 경우 3중계는 정방향(正方向)인 남향(南向)으로 설시될 뿐 측면에는 배치되지 않는다. 이는 3중계의 중앙이 인도(人道)가 아닌 신도(神道), 혹은 조도(祖道)에 해당되기 때문이다. 그러므로 3중계의 계단에 있어서 중앙은 용(龍)과 봉황(鳳凰)과 같은 강한 상징성의 부조가 차용되고, 실질적인 계단은 좌우에 배치되는 것이 일반적이다.10) 또한 3중계에는 심리적 안정감과 연속된 계단을 통한 위험적 요소를 줄이는 방법으로 층계참에 의한 계단 분할의 측면이 나타나 보인다. 그러므로 궁궐건축에서의 3중계와 불국사의 3도는 매우 다른 양상을 가지고 있으며, 이는 각기 다른 내포적 함의에 의해 기인되는 것이라고 할 수 있다.

불국사 3도 16계단의 독특한 양식은 매우 특수한 것으로 이에 관한 검토는 충분한 필연성을 가진다. 이에 관하여 가장 일반적인 접근방식은 극락전 관점에서의 이해인 법장비구(法藏比丘)의 48원(願)과 관련된 것이다. 이는 3도 16계단의 총 수를 합하면 48(3×16)이 되는

---

9) 사진 1·2 참조.
10) 질 베갱·도미니크 모렐 著, 김주경 譯, 『紫金城』, (서울: 時空社, 2004), 48쪽; 이강근 著, 『韓國의 宮闕』, (서울: 대원사, 2003), 113쪽.

것에서 기인한 추론이다.

아미타정토 사상의 핵심적인 경전은 주지하다시피 정토삼부경이다. 정토3부경(淨土三部經)은 『무량수경(無量壽經)』과 『아미타경(阿彌陀經)』, 그리고 『관무량수경(觀無量壽[佛]經)』의 세 경전을 일컫는 것인데,11) 이 중 대경(大經)인 『무량수경』에는 법장비구의 성불(成佛) 서원(誓願)인 48원이 나타나 있다.12)

『무량수경』에는 아미타불(阿彌陀佛)의 성불인연(成佛因緣)으로서의 세자재왕(世自在王) 여래 시절에 한 국왕이 여래의 감화에 의해서 국왕의 신분을 버리고 출가하여 법장비구가 된 사연에 관해 기록하고 있다. 법장비구는 제불(諸佛)이 정토(淨土)를 성취한 수행을 묻고, 210억의 불국토에 대한 내용의 가르침을 받고는 5겁에 걸쳐 장엄불국(莊嚴佛國)의 청정한 행을 사유하게 된다.13) 그리고 그 핵심되는 요목(要目)들을 간추려서 세자재왕과 여러 대중들 앞에서 48원을 발하게 된다.

숫자 '4'는 인도불교의 전통에서는 실제로 4를 지시하기도 하지만, 만수(滿數)로서 '완전함을 의미'하는 측면으로도 사용된다. 이는 4의 배수인 '8'과 3배수인 '12', 그리고 4의 제곱인 '16'을 통해서도 드러나는 것으로 이와 같은 숫자의 접근에 있어서는 특별히 주의가 요구되는 바라고 하겠다.

예컨대, 붓다께서는 4월 8일에 탄생하시어 4성제(四聖諦)와 8정도(八正道)의 가르침을 시설하시고, 가장 중요한 핵심교리인 연기법(緣

---

11) 坪井俊映 著, 李太元 譯, 『淨土三部經槪說』, (서울: 운주사, 1995), 33·331·489쪽.
12) 『無量壽經』上, (『大正藏』12, 267c～269b).
13) 위의 책, 267a～267c.

起法)은 12연기(十二緣起)이며, 일평생 8만 4천 법문[14]을 설하시고는 80세를 일기로 돌아가셨다는 것 등이 모두 여기에 해당한다고 할 수 있다.[15] 즉, 4와 그 배수들은 실질적인 숫자이기도 하지만, 그것을 통해서 곧 완전성이 설시되고 있는 것이다.

불탄일(佛誕日)인 4월 8일이 상징적 의미를 가진다는 것은 『십이유경(十二遊經)』의 붓다는 4월 8일생이고 제바달다는 4월 7일생이며, 난타는 4월 9일생이고 아난은 4월 10일생이라고 되어 있는것[16]을 통해서 간단히 파악해 볼 수가 있다. 또한 4성제와 8정도가 곧 4가지와 8덕목인 동시에 모든 붓다의 교설을 아우르는 의미가 확보될 수 있다는 것은 「상적유경(象跡喻經)」 등을 통해서 단적인 확인이 가능하다.[17] 그리고 연기법에는 2연기·5연기·8연기·9연기·10연기 등의 여러 가지가 확인되지만, 총괄적인 12가지로써 모든 연기법의 무한성을 상징적으로 표현하고 있다고 할 수 있다.[18]

4와 4의 배수에 만수(滿數)로서의 완전성의 의미가 있다는 것은 법장비구의 48원에서도 적용될 수 있는 측면이다. 즉, 법장비구의 48원

---

14) 『Thera-gāthā(長老偈)』, "1024: 나는 붓다로부터 8만 2천의 가르침을 받았습니다. 또 수행자들로부터 2천의 가르침을 받았습니다. 이런 이유로 8만4천의 가르침이 행해지고 있는 것입니다."

15) 16에 관한 측면은 뒤의 「3. 3道路와 3道 16階段」項에서 『大智度論』 권35에 의거하여 별도의 검토를 진행하게 되므로 여기에서는 생략함.

16) 『佛說十二遊經』全1卷, (『大正藏』4, 146c), "調達以四月七日生。佛以四月八日生。佛弟難陀四月九日生。阿難以四月十日生。"

17) 『中阿含經』7, "(三〇)舍梨子相應品象跡喻經第十(初一日誦)」(『大正藏』1, 464b), "爾時。尊者舍梨子告諸比丘。諸賢。若有無量善法。彼一切法皆四聖諦所攝。來入四聖諦中。謂四聖諦於一切法最爲第一。所以者何。攝受一切衆善法故。諸賢。猶如諸畜之跡。象跡爲第一。所以者何。彼象跡者最廣大故。如是。諸賢。無量善法。彼一切法皆四聖諦所攝。來入四聖諦中。謂四聖諦於一切法最爲第一。"

18) 崔鳳守 著, 『原始佛敎의 緣起思想研究』, (서울: 經書院, 1997), 22~43쪽.

은 개별적인 48개의 서원(誓願)인 동시에 곧 모든 선법(善法)을 구족
한 정토의 이상을 반영하는 측면으로도 이해해 볼 수가 있기 때문이
다. 실제로 『무량수경』에는 극락세계가 인(人)·천(天)의 세상에 있어
서 최고가 된다고 설해져 있는데,[19] 이는 이와 같은 함의를 잘 반영
하고 있는 부분이라고 하겠다. 즉, 법장비구의 48원이 단지 개별적인
48원에 그친다면, 이후로 48원을 포함하는 더 많은 서원을 수립하는
존재가 대두될 필연성이 발생하게 되지만, 48원에 완전성의 의미가
함섭(含攝)되기 때문에 아미타불의 극락정토는 불교 내에서 최상의
가치를 항구적으로 내포할 수 있게 되는 것이다.

극락정토사상에서 가장 중요한 것은 극락정토에 태어나게 되면,
'불퇴전(不退轉)'하게 된다는 것과 중생의 구제자로서 아미타불의 '접
인래영(接引來迎)'에 관한 것이다.[20] 이 중 불퇴전은 극락정토에 가
서 얻게 되는 수용에 관한 부분이고, 접인래영은 극락정토에까지 가
는 방법적 용이(容易)에 관한 측면이다. 그런데 이와 같은 중요한 부
분들도 모두 다 48원에 배속되는 가치일 뿐이다. 그러한 면에서 48
원은 극락정토사상에 있어서 가장 중요한 의미를 확보하는 부분이라
고 할 수가 있다. 그러므로 극락전의 영역에도 배속될 수 있는 3도
16계단이 법장비구의 48원을 상징하고 있다는 것은 불교건축에 있어
서 높은 상징성을 발현한 것으로 타당성 있는 해석이 된다고 하겠다.

48원에는 다양한 내용들이 설시되어 있는데, 이는 다시금 세 가지
범주로 계통 지을 수 있는 측면이 있다. 첫째 '극락중생의 깨달음 성

---

19) 『無量壽經』上, (『大正藏』12, 參照), "(32願): 嚴飾奇妙超諸人天。(268c)"·"清淨莊嚴超踰
十方一切世界。(270a)"
20) '不退轉'과 '接引來迎'은 淨土三部經에서 공히 다수 발견되는 극락의 가장 핵심적인 부분이다.

취'와 관련된 부분, 둘째 '극락중생의 복덕(福德) 향수(享受)'와 관련된 부분, 셋째 '아미타불의 위신력(威神力)'과 관련된 부분이 그것이다. 물론 48원은 모두가 아미타불과 관련된 것이라고 할 수 있다. 그러나 그 중에서도 다시금 극락대중의 깨달음 성취가 중심이 되는지, 또는 극락세계라는 특수성에 입각한 복덕의 향수가 중심이 되는지, 아미타불의 위신력에 의한 측면이 중심이 되는지의 계통성이 구분되어지는 측면이 나타나 보인다는 말이다.[21]

48원에 대한 세 가지 범주의 이해가 가능하다는 것은 3도 16계단의 구조가 48원을 보다 상징적으로 표현하고 있다는 의미로 이해될 수 있다. 그러므로 3도 16계단의 이해에 있어서 48원적 관점은 나름의 정합성을 확보하는 바라고 하겠다.

또한 『무량수경』에는 48원과 더불어 중요한 극락왕생(極樂往生)의 3배(輩) 관점이 나타나 있다.[22] 3배(輩)는 상배(上輩)·중배(中輩)·하배(下輩)를 의미하는데, 이는 극락왕생을 위한 중생의 자세와 관계된 것이다. 즉, 3배는 아미타불의 접인래영과 호응할 수 있는 왕생자의 실천적 입각점을 의미하는 것이라고 할 수 있다. 극락정토는 아미타불의 서원에 의해서 이루어진 것이기는 하지만, 이는 또한 중생구제를 위한 것이기도 하다. 그러므로 중생의 입장에서의 3배왕생(三輩往生)이라는 측면은 매우 중요한 의미를 확보하게 된다. 왜냐하면, 3배왕생과 관계된 중생의 자세에 입각하여 아미타불의 접인래영이 성립되고, 그 결과로 극락에서의 불퇴전 성취가 확보된다고 할 수가 있

---

21) 48원에는 의미적으로 중첩되는 것들도 다수 나타나 보이기 때문에 이에 관한 명확한 구분은 어렵다. 그러므로 이는 계통성에 관한 구분정도의 의미만을 확보한다고 하겠다.
22) 『無量壽經』下, (『大正藏』12, 272b), "凡有三輩。"

기 때문이다. 즉, 접인래영과 불퇴전이 아미타불 극락정토(極樂淨土)의 핵심이라면, 이의 수용을 위한 중생의 자세인 3배는 아미타불의 서원력이 작용할 수 있도록 해 주는 도화선 역할을 담당한다고 하겠다.23) 그러므로 접인래영과 불퇴전의 가치를 含攝하는 48원과 더불어 3배왕생의 측면은 『무량수경』에 있어서 가장 宗要로운 사상적 측면이 된다고 할 수 있는 것이다. 그렇기 때문에 3도 16계단은 아미타불의 48원과 더불어 중생의 수용적 측면인 3배왕생의 관점을 상징화 하고 있는 것으로도 이해될 수가 있게 된다. 이렇게 되면 3도 16계단은 아미타불과 중생이 서로 호응하는 줄탁동시(啐啄同時)가 잘 발현된 것이라는 해법적 도출이 가능해지게 되는 것이다.

이상을 통해서 『무량수경』을 통한 3도 16계단의 이해에는 '48원을 계통성으로 분류하여 파악하는 측면'과 '48원이라는 아미타불의 관점과 3배라는 중생의 수용적 측면'이 상호 호응하는 두 가지의 타당한 이해가 존재함을 우리는 인지해 볼 수가 있게 된다.

2. 16관법(觀法)을 통한 접근

『관무량수경(觀無量壽[佛]經)』에 관한 현존본은 강량야사(畺良耶舍)의 한역본(漢譯本) 이외에도 위그르역의 일부가 잔존하고 있을 뿐

---

23) 아미타불의 誓願力이 있어도 수용자에게 5逆罪와 正法誹謗의 장애가 있으면, 서원력의 작용에 문제가 있을 수 있는 부분이 있다. 그러므로 수용자의 측면에 관한 부분 역시 매우 중요한 의미를 확보하고 있다고 하겠다.
『無量壽經』上, (『大正藏』12, 268a), "設我得佛。十方衆生至心信樂。欲生我國乃至十念。若不生者不取正覺。唯除五逆誹謗正法。"; 『無量壽經』下, (『大正藏』12, 272b), "至心迴向願生彼國。卽得往生住不退轉。唯除五逆誹謗正法。"

이다. 그러나 이는 한역이 재번역 된 것으로 추정되며, 범어본이나 티벳본은 전혀 발견되지 않고 있다.24) 여기에 이 경이 관법(觀法)을 위주로 하고 있는 점 등으로 인하여 중앙아시아에서 성립된 경전(僞經)일 가능성이 많은 설득력을 확보하고 있다.25) 『관무량수경』은 이와 같은 성립상에 있어서의 문제점을 내포하고 있음에도 빔비사라왕(頻婆娑羅王)의 아사세(阿闍世)에 의한 유폐와 이러한 과정에서의 중간자인 위제희(韋提希) 부인의 고뇌 같은 극적인 내용을 배경으로 구체적인 관법이 설시되어 있어26) 극락정토의 의궤와 사상의 발전에 있어서 지대한 역할을 수행하고 있다.27)

『관무량수경』의 안에는 법장비구의 48원이 직접 언급되어 있고,28) 또한 3배의 관점에서 발전한 것으로 사료되는 3배9품왕생(三輩九品往生) 사상이 드러나고 있어,29) 『무량수경』의 이후에 그 영향 하에서 성립된 것이라는 점을 분명히 해주고 있다.

『관무량수경』이 『무량수경』이라는 선행 경전이 있음에도 다시금 성립될 수가 있게 되는 것은 『관무량수경』의 핵심 내용인 16관법의

---

24) 渡邊照宏 著, 金無得 譯, 『經典成立論』, (서울: 經書院, 1993), 227쪽.
25) 토오도오 교순·시오이리 료오도 著, 차차석 譯, 『中國佛敎史』, (서울: 대원정사, 1992), 208~209쪽.
26) 『觀無量壽經』은 『十誦律』 권36의 「雜誦第一(調達事上)」 등에 등장하는 신심 깊은 빔비사라왕의 비참한 최후를 종교적으로 승화시키기 위해 대승의 관점에서 재구성된 것으로 이해된다.
   『十誦律』36, 「雜誦第一(調達事上)」(『大正藏』23, 261a~261c).
27) 『觀無量壽經』에는 觀世音菩薩의 化佛이나 大勢至菩薩의 寶瓶 등의 묘사와 같은 부분들이 구체적으로 잘 드러나 있다.
   『佛說觀無量壽佛經』全1卷, (『大正藏』12, 參照), "頂上毘楞伽摩尼妙寶。以爲天冠。其天冠中有一立化佛。(343c)"·"頂上肉髻如鉢頭摩花。於肉髻上有一寶瓶。(344a)"
28) 『佛說觀無量壽佛經』全1卷, (『大正藏』12, 345c), "亦說法藏比丘四十八大願。"
29) 위의 책, "是名上輩生想。名第十四觀。(345b)"·"是名中輩生想。名第十五觀。(345c)"·"是名下輩生想。名第十六觀。(346a)"

검토를 통해서 납득가능하다. 『무량수경』이 법장비구의 48원과 이의 결과로서 극락세계의 완성이라는 아미타불을 중심으로 경전의 초점이 맞추어져 있다면, 『관무량수경』은 16관법을 통해서 극락정토로 다가가는 중생의 측면이 중심으로 구성되어 있다. 즉, 『관무량수경』은 『무량수경』에서는 상대적으로 소홀이 다루어진 중생의 왕생관점에서의 접근을 시도하고 있는데, 이는 이 경의 존재의의와 연관된다고 하겠다.

『관무량수경』의 핵심내용은 극락왕생을 위한 중생들의 실천적 방법인 16관에 있다. 그리고 이러한 16관의 말미인 14~16관은 『무량수경』의 3배 관점이 확대된 9품왕생의 사상으로 되어있다. 이와 같이 앞의 13관과 뒤의 3관은 내용적인 면에서 차이가 크기 때문에 앞의 13관까지를 정선13관(定善十三觀)이라고 하고, 뒤의 14~16관은 산선9품(散善九品)이라고 칭해진다.30)

16관은 모두 아미타불의 구제력(救濟力)을 기반으로 성립된 것이지만, 상대적으로 정선13관은 자력적인 요소가 강한 반면, 산선9품은 타력적 성향이 더 강하게 작용한다. 이는 단적으로 정선13관이 위제희 부인의 요청에 의해 붓다가 설한 것인 반면, 산선9품은 붓다께서 산란(散亂)한 근기의 중생들을 위해서 자비로 설하시는 것(散善自開)이라는 점을 통해서도 확인된다고 하겠다.31) 그러므로 정토종의 '말법시에는 서원력에 의지해야 한다는 관점'에서는 산선9품이 더 종요로운 가르침이 될 수가 있는 것이다.32)

---

30) 坪井俊映 著, 韓普光 譯, 『淨土敎槪論』, (서울: 弘法院, 1996), 74쪽.
31) 『依觀經等明般舟三昧行道往生讚』全1卷, (『大正藏』47, 455c), "定善一門韋提請(願往生) 散善一行釋迦開(無量樂)"

산선9품은『무량수경』의 3배관점이 한 번 더 중첩되어 구체화된 것이라고 할 수 있다. 즉, 상·중·하의 3품이 다시금 상·중·하를 만나 3배9품으로 세분화되는 것이다. 그러므로 9품의 본질은 결국 상·중·하의 3배라고 할 수가 있게 된다.

이와 같은 이해를 통하여 우리는『관무량수경』의 핵심이 전체적으로 16관에 있고, 다시금 그 핵심으로 3배가 존재한다는 것을 요해할 수 있게 된다. 이는 3도 16계단의 구조와 일치되는 것이다. 그러므로 3도 16계단에 대한『관무량수경』에 입각한 이해 역시 충분한 타당성을 확보할 수 있다고 하겠다.

이상을 통해서 3도 16계단을 극락전의 영역에서 이해함에 있어서 우리는『무량수경』을 의궤적 근거로 해서 '48원과 이의 세 가지 계통성', 그리고 '48원과 3배왕생'의 측면이 있음을 확인해 보았고,『관무량수경』을 통해서는 '16관과 3품'의 관점에 입각한 이해가 가능함을 검토해 보았다. 그러나 3도 16계단은 단순히 극락전 영역에만 배속되는 유구는 아니다. 3도 16계단이 대웅전 영역과 극락전 영역의 공간분할과 동시에 필연적인 연결구조물이라는 점은 분명 대웅전의 영역에 있어서도 검토의 필연성이 대두되는 부분이라고 하겠다. 그러므로 다음으로는 3도 16계단에 대한 대웅전 영역에서의 이해를 시도해 보고자 한다.

---

32) 坪井俊映 著, 李太元 譯,『淨土三部經槪說』, (서울: 운주사, 1995), 380~386쪽.

Ⅲ. 대웅전 관점의 이해

1. 대웅전 영역과 도리천(忉利天)

불국사의 대웅전 영역은 다보탑(多寶塔)과 석가탑(釋迦塔)을 중심
으로 하는 법화사상(法華思想)적인 영산정토(靈山淨土)[33]의 측면[34]
과 청운교(靑雲橋)와 백운교(白雲橋)의 33계단, 그리고 수미범종각
(須彌梵鐘閣)의 유물로 인한 화엄사상(華嚴思想)적인 수미산정(須彌
山頂)의 이중구조로 되어 있다. 이와 같은 이중구조는 석가모니 붓다
를 대승적 관점에서 이해하는 측면에서 붓다의 위대한 존엄성과 중
생의 접근이라는 이중적 측면이 발현된 결과로 오늘날까지도 석가모
니 붓다를 이해하는 중요한 접근방식이 되고 있다.

석가모니 붓다는 대웅전이라는 법화사상적 측면 내에 다시금 수미
단이라는 수미산정을 상징하는 화엄사상적 가치 위에 앉아 계신다.
그리고 영산회상도(靈山會上圖)를 배경으로 신중단에 있는 화엄성중
(華嚴聖衆)의 옹호를 받으면서 거하고 있다. 이는 석가모니 붓다에

---

33) 坪井俊映 著, 韓普光 譯, 『淨土敎槪論』, (서울: 弘法院, 1996), 33~35쪽.
34) 불국사의 대웅전 영역에 대해서는 법화와 화엄의 이중구조적인 면이라는 것이 일반적이다.
    그러나 이에 대해서 배진달은 「佛國寺 石塔에 구현된 蓮華藏世界—釋迦塔・多寶塔의 명칭과
    관련하여」라는 소논문을 통해서 이의 부당성을 지적하고 화엄사상으로 일원화해야 한다는
    입장을 밝힌 바 있다. 그러나 이는 다소 미흡한 측면이 있어 일반화하여 수용하기에는 어려
    움이 내포한다고 할 수 있다. 그리고 이에 관한 필자의 견해는 「佛國寺 進入 石造階段의 空
    間分割的 意味」의 관련 부분을 통해서 제시한 바 있다.
    裵珍達, 「佛國寺 石塔에 구현된 蓮華藏世界—釋迦塔・多寶塔의 명칭과 관련하여」, 『시각문화
    의 전통과 해석: 靜齋 金理那 敎授 정년퇴임기념 미술사논문집』, (서울: 예경, 2007), 121~
    137쪽; 拙稿, 「佛國寺 進入 石造階段의 空間分割的 意味」, 『建築歷史研究』, 제16권(2007),
    參照.

대한 이해가 법화와 화엄의 철저한 이중구조를 기반으로 확립되어 있음을 잘 나타내 주는 점이라고 하겠다. 그리고 이와 같은 이중구조적인 이해의 선상에 불국사의 대웅전 영역 역시 위치하고 있는 것이다.

불국사의 대웅전 영역의 이중구조적인 이해는 최치원(崔致遠)과 계천(継天)의 기록을 통해서도 단적인 확인이 가능하다. 최치원은 그의 「대화엄종불국사아미타불상찬 [병]서(大華嚴宗佛國寺阿彌陀佛像讚 [并]序)」에서 화엄불국사(華嚴佛國寺)의 명칭을 "화엄(華嚴)에 눈이 머물면 연화장세계(蓮華藏世界)를 보게 되고, 불국(佛國)으로 마음을 치닫게 하면 안양(安養)으로 연결된다"35)라고 하여, 불국사의 대웅전 영역이 화엄사상과 연관됨을 언급하고 있다. 이에 반해서 계천은 『불국사사적』에서 "13교(橋)는 4성(聖)·6범(凡)이 청법(聽法)하러 왕래하는 계단에 차등을 둔 것이다. 이는 완연히 옛적 영산회상(靈山會上)에서 종일토록 『묘법연화경(妙法蓮華經)』을 담론하던 의궤와 똑 같았다. 또한 서방무량수국(西方無量壽國)의 분서9품(分序九品)의 도량(道場)과도 같았다. 이것이 본사의 명칭(여기서는 그냥 불국사임)을 삼은 대의가 아니겠는가!"36)라고 하여 대웅전 영역에 내재하는 법화사상과의 연관성을 분명하게 피력하고 있다. 그러나 이에 관한 보다 자세한 내용적 접근은 본 검토의 범주로부터 일탈되는 부분이므로 제한하고,37) 여기에서는 화엄적 요소에 의한 수미산정의 측면에 관해서만 이해의 도출을 시도해 보고자 한다.

---

35) 「大華嚴宗佛國寺阿彌陀佛像讚 (并)序」, "華嚴寓目瞻蓮藏 佛國馳心係安養"
36) 『佛國寺事蹟』全1卷, "十三橋爲四聖六凡聽法往來之階差　則宛同昔日未會靈山終談妙法之儀軌　亦似西方無量壽國分序九品之道場　此非本寺爲名之大義耶"
37) 拙稿, 「佛國寺 進入 石造階段의 空間分割的 意味」, 『建築歷史研究』, 제16권(2007), 參照.

불국사에 강한 화엄사상적 측면이 작용한다는 것은 화엄불국사라는 사명(寺名)을 통해서 단적인 이해가 가능하다. 이는 최치원의 「대화엄종불국사아미타불상찬 [병]서(大華嚴宗佛國寺阿彌陀佛像讚 [并]序)」를 통해 사찰명이 '화엄불국사'라는 것을 확인할 수 있는데,[38] 이는 같은 최치원 찬(讚)의 「대화엄종불국사비로자나문수보현상찬 [병]서(大華嚴宗佛國寺毘盧遮那文殊普賢像讚 [并]序)」[39]을 통해서도 확인되는 점이다. 또한 『불국사고금창기』의 전칭(全稱)인 『대화엄종불국사고금역대제현계창기(大華嚴宗佛國寺古今歷代諸賢繼創記)』와 「혹칭화엄불국사 혹칭화엄법류사(或稱華嚴佛國寺 或稱華嚴法流寺)」라는 내용을 통해서도 확인해 볼 수가 있다.[40] 그리고 『삼국유사(三國遺事)』의 「대성효2세부모(大城孝二世父母)」조(條)에는 초대주지로 의상(義湘)의 제3세 부석적손(浮石嫡孫)으로 추정되는[41] 신림(神琳)이 언급되어 있으며,[42] 또 『석화엄지귀장원통초(釋華嚴旨歸章圓通鈔)』 권하에는 신림이 불국사에서 법회를 주관하였음도 나타나 보이고 있다.[43] 그러므로 불국사의 조성에 있어서 화엄사상의 영향이 강하게 작용했다는 것에는 의심의 여지가 없다고 할 수 있다.

화엄사상(華嚴思想)과 도리천(忉利天)의 상관관계는 석가모니(釋迦牟尼) 붓다가 정각(正覺)의 성취처인 보리도량(菩提道場)을 떠나지 않고, 수미산 정상의 제석천궁(帝釋天宮)에서 법혜보살(法慧菩薩)을 상

---

38) 「大華嚴宗佛國寺阿彌陀佛像讚 (并)序」, "東海東山有佳寺 華嚴佛國爲名字"
39) 韓國學文獻研究所 編, 『佛國寺誌(外)』, (서울: 亞細亞文化社, 1983), 51쪽.
40) 위의 책, 43쪽.
41) 全海住 著, 『義湘華嚴思想史 研究』, (서울: 民族社, 1994), 106쪽.
42) 『三國遺事』5, 「神呪第六(大城孝二世父母 神文代)」(『大正藏』49, 1018a).
43) 『釋華嚴旨歸章圓通鈔』下, (『韓佛全』4, 125c).

대로 제3회의 법문을 설시하는 것을 통해서 단적인 확인이 가능하다. 이는 『80화엄경(八十華嚴經)』을 기준으로 「13: 승수미산정품(昇須彌山頂品)~18: 명법품(明法品)」에 이르는 중요한 부분이 여기에 해당된다.44)

사원건축에 있어서 『화엄경』과 관계된 붓다는 도리천인 수미산정에 위치하는 것으로 설정되어 있다. 그러므로 화엄사상과 관련되어서는 도리천인 수미산정의 요소가 필수적으로 등장하게 되는 것이다.

불국사에 있어서 대웅전 영역을 도리천인 수미산정으로 이해해 볼 수 있는 유물로는 33계단으로 이루어진 청운교와 백운교, 그리고 범영루(泛影樓)인 수미범종각을 들 수 있다.

청운교와 백운교는 총 33계단(상단16·하단17)으로 이루어져 있는데, 33을 범어(梵語)로는 '도리(忉利)'라고 한다. 수미산의 정상 남쪽(『대비바사론』계통에서는 서남쪽) 선법당(善法堂) 주위에는 32천들이 각기 위계에 따른 궁전에 살고 있고, 이의 북쪽 善見城(宮)에는 지거세주(地居世主) 제석천(帝釋天)이 머물고 있다.45) 그러므로 도합 33

---

44) 『大方廣佛華嚴經』16~18, 「昇須彌山頂品第十三~明法品第十八」(『大正藏』10, 80c~99a); 『大方廣佛華嚴經』7, 「佛昇須彌頂品第九~明法品第十四」(『大正藏』9, 441b~442a).

45) 忉利天의 구조에 관해서는 善法堂을 중심으로 하는 측면(『大樓炭經』4, 「忉利天品第九」, 『大正藏』1, 294b~295b; 『長阿含經』20, 「第四分世記經忉利天品第八」, 『大正藏』1, 131b~132a; 『起世經』6, 「三十三天品第八之一」, 『大正藏』1, 341b~342a; 『起世因本經』6, 「三十三天品第八上」, 『大正藏』1, 396b~397a)과 善見城을 중심으로 하는 측면(『大毘婆沙論』133, 「大種蘊第五中緣納息第二之三」, 『大正藏』27, 691c~692a; 『阿毘達磨俱舍論』11, 「分別世品第三之四」, 『大正藏』29, 59c~60a; 『阿毘達磨順正理論』31, 「辯緣起品第三之十一」, 『大正藏』29, 518c~519a; 『阿毘達磨藏顯宗論』16, 「辯緣起品第四之五」, 『大正藏』29, 852c~853b), 그리고 제석천을 중앙해서 32천들이 4방으로 벌려 있다(『釋迦如來行蹟頌』上, 『大正藏』75, 22c, "忉利此云三十三。在須彌山頂。四方各八天[成三十二]。帝釋居中。")는 3가지 설이 있다.
玄奘 著, 水谷眞成 譯, 『大唐西域記』, (東京: 平凡社, 昭和49), p. 9의 須彌山圖 參照.

신(神)의 세계가 펼쳐지게 되는데, 이를 33천(天), 혹은 도리천이라고 하는 것이다. 그렇기 때문에 청운교와 백운교의 33계단은 33천인 도리천을 상징적으로 표현하고 있은 것으로 이해될 수 있게 된다.

다음으로 현존 범영루로 되어 있는 건축물은『불국사고금창기(佛國寺古今創記)』에는 수미범종각이라는 명칭의 3칸 건물로 언급되어 있다.46) 그리고 수미범종각은 수미산 형태의 8각 구조물 정상에 건립되어 있다는 내용에 관해서도 확인해 볼 수 있다. 즉, 범영루 외부기단의 미적 구조물은 곧 수미산을 상징하는 것에 다름 아니며, 그로써 그 위의 누각은 자연스럽게 수미산정에 위치해 있는 것이 되는 것이다.

청운교와 백운교의 33계단과 수미범종각의 존재는 불국사 대웅전 영역의 외부공간이 33천인 도리천으로 수미산정임을 의미하는 것이라고 할 수 있다.47) 그리고 이와 같은 유물적 측면은 불국사의 조성에 많은 영향을 미친 화엄사상적 측면과 일치되는 것이라고 하겠다. 즉, 화엄사상적인 관점에서 대웅전의 외부공간은 수미산정이 되어야 하며, 이는 대웅전 영역의 진입 석계(石階)인 청운교와 백운교, 그리고 수미범종각이라는 실존적 유물을 통해서 충분히 확인되는 부분이라고 하겠다.

---

46)『佛國寺古今創記』全1卷, "須彌梵鐘閣(三間)亦以石彫　須彌山形八角頂專樓　上可坐百八衆　下可建五丈竿"

47) 拙稿,「佛國寺　大雄殿　영역의　이중구조에　관한　고찰－華嚴과　法華를　중심으로」,『宗教研究』, 제49집(2007), 180～184쪽.

2. 도리천과 3도로(道路)

화엄사상에서도 도리천과 관련되는 부분이 중요한 측면으로 작용하고 있지만,『화엄경』의 성립 이전으로 거슬러 올라가게 되면, 석가모니 붓다와 관련된 도리천으로서 우리는 '도리천 위모설법(爲母說法)'이라는 경전적 내용과 마주치게 된다.

붓다의 생모인 마야부인은 붓다 생후 7일 만에 임종하여 사후 도리천에 태어난 것으로 되어 있다.[48] 이로 인하여 마야부인은 생모임에도 불구하고 붓다의 감화를 전혀 입지 못하게 된다. 성도(成道) 후 붓다는 기원정사(祇園精舍)에서 제석천의 권유로 마야부인을 위해 도리천으로 올라가셔서 3개월에 동안 善法講堂(善法堂)에서 설법하시게 된다. 그리고 마지막 7일을 남겨둔 시점에서 제석천에게 신통을 사용하지 않는 지상으로의 하강 의도를 피력하신다. 이로 인하여 도리천에서 지상(地上)인 승가시(僧迦尸: 梵 Saṅkāsya)에 이르는 보배계단이 제석천의 주도로 화작(化作)되게 된다. 그런데 이때 붓다를 중심으로 좌우에 제석(帝釋)과 범천(梵天)이 공경히 모시면서 내려오기 때문에 보배계단은 자연 3도로(三道路)의 형상을 띠게 된다. 도리천 위모설법에 관한 내용은『잡아함경』권19[49]와『비바사론(鞞婆沙論)』권9[50] 등 다수의 경론들에서 매우 폭넓게 등장하고 있다. 그러나 대다수의 경론들에 기록되어 있는 것은 위모설법에 대한 개략적인 언

---

48)『佛說太子瑞應本起經』上, (『大正藏』3, 479a), "適生七日。其母命終。以懷天人師功福大故。上生切利。封受自然。菩薩本知母人之德不堪受其禮故。因其將終。而從之生。"
49)『雜阿含經』19,「五〇六」(『大正藏』2, 134a).
50)『鞞婆沙論』9,「四聖諦處第三十二之餘」(『大正藏』28, 481c).

급일 뿐으로 자세한 상황 파악에는 어려움이 있다. 그러나 『증일아함
경』 권28에는 위모설법의 전후 상황과 관련 내용의 묘사가 매우 상
세하게 드러나 있어 사건을 이해하는데, 많은 도움이 된다.

　『증일아함경』의 내용을 정리 고찰해 보면 다음과 같다.

> 이때 7일의 처음이 되자, 석제환인(釋提桓因)은 자재천자(自在天子)에
> 게 고하여 말하였다. "너는 이제 수미산정에서 승가시의 연못에 이르는
> 3도로를 만들어라. 여래께서는 神足(神通)을 사용하지 않고서 염부지(閻
> 浮地)에 이르고자 하신다." 자재천자가 대답하여 말했다. "그 일이 심가
> (甚佳)합니다." 이때 자재천자가 곧 금·은·수정의 3도(三道)를 화작(化
> 作)하였다. 이것은 금도(金道)가 마땅히 중앙에 있고, 양 옆으로 수정도
> (水精道)와 은도(銀道)가 있으며, (가로수로) 금수(金樹)가 화작된 것이다.
> … 이때 세존께서 이 게송을 설하여 마치시고, 문득 중앙의 금도로 나
> 가셨다. 이때 범천(梵天)은 여래의 우측인 은도에 있었고, 석제환인은 좌
> 측의 수정도에 있었다. (그리고) 제천인(諸天人)들은 허공중에서 산화(散
> 華)·소향(燒香)하고, 창기악(倡伎樂)을 지어서 여래를 기쁘게 하였다.
> … 그때 세존께서는 수많은 천인(天人)들을 거느리시고 수미산정에서 연
> 못가로 내려오셨다.51)

　이를 통해서 우리는 붓다가 3도로를 통해서 도리천에서 승가시로
하강했음을 확인할 수 있다. 이는 수미산정에서 지상에 도달하는 3도
로라는 3분된 계단의 존재를 분명히 드러내주는 대목이라고 하겠다.

---

51) 『增壹阿含經』28, 「聽法品第三十六-五」(『大正藏』2, 707a~708a), "爾時。臨七日頭。釋提
桓因告自在天子曰。汝今從須彌山頂至僧迦尸池水作三道路。觀如來不用神足至閻浮地。自在
天子報曰。此事甚佳。正爾時辦。爾時。自在天子卽化作三道金·銀·水精。是時。金道當在
中央。俠水精道側·銀道側。化作金樹。… 爾時。世尊說此偈已。便詣中道。是時。梵天在如
來右處銀道側。釋提桓因在水精道側。及諸天人在虛空中散華燒香。作倡伎樂。娛樂如來。…
爾時。世尊將數萬天人從須彌山頂來。至池水側。"

이러한 3도로의 존재는 대웅전 영역의 관점에 있어서 3도 16계단이 석가모니(釋迦牟尼)와 관련된 불교 교리적 이해를 획득할 수 있는 부분이라고 하겠다.

승가시의 3도로에 관해서는 경전적 내용 이외에도 인도 성적(聖跡)을 순례한 기행문에도 다수 등장하고 있는데, 이를 통해서 우리는 3도로의 유적적 측면을 간접적으로나마 확인해 볼 수가 있게 된다. 승가시는 3도로의 기적에 의해 후일 붓다의 8대(大) 성지(聖地) 중 한 곳[52]이 되는 중요한 곳이기 때문에 불적 순례자들은 거의 예외 없이 이곳을 방문하였던 듯하다. 그 대표적인 경우가 법현(法顯)[53]·현장(玄奘)·혜초(慧超)[54]와 같은 경우들인데, 이 중 현장의 『대당서역기(大唐西域記)』 권4의 내용이 가장 자세하다.[55] 이를 정리해 보면 다음과 같다.

가람(伽藍)의 커다란 담장 안에는 3보계(三寶階)가 있다. (이는) 남북으로 펼쳐져 동쪽으로 내려가게 되어 있다. … 3개월이 지난 후에 장차 하강(下降)하려 하시니, 천제석(天帝釋)이 신력(神力)으로 보계(寶階)를 건립하여 지상까지 늘어트렸는데, 중간의 계단은 황금이고 좌측은 수정, 우측은 백은이었다. 여래께서 선법당(善法堂)에서 일어나셔서 제천중(諸天衆)을 거느리고 중간계단을 밟고 내려오셨다. (이때) 대범천왕(大梵天王)은 흰 불자(拂子)를 잡고서 은 계단을 밟고서 우측에서 모셨으며, 천제석(天帝釋)은 보개(寶蓋)를 잡고서 수정 계단을 밟으며 좌측에서 모셨

---

52) 이거룡 著, 『이거룡의 印度寺院巡禮』, (서울: 한길사, 2003), 301쪽.
53) 『高僧法顯傳』全1卷, 「名僧迦國」(『大正藏』51, 859c).
54) 『往五天竺國傳』殘存本, (『大正藏』51, 976a).
55) 玄奘의 기록은 『大唐西域記』와 『大唐大慈恩寺三藏法師傳』에 공히 나타나 보인다. 내용은 대동소이하며 『대당서역기』의 내용이 더 자세하다.
　　『大唐大慈恩寺三藏法師傳』2, 「劫比他國(中印度)」(『大正藏』50, 233a·b).

다. (이때) 천중(天衆)은 허공에 꽃을 뿌리면서 (그) 덕을 기렸다. 수백 년 전까지만 해도 계단이 남아 있었으나, 지금에 이르러서는 함몰되어 남아 있지 않다. 여러 나라의 군왕(君王)들이 (계단을) 보지 못하는 것을 비분(悲憤)히 여겨 (계단을) 벽돌과 돌로 쌓고 진보(珍寶)로 장식하였다. 그러한 연고로 현재의 (계단으로 된) 기단은 옛날의 보계(寶階)를 본뜬 것일 뿐이다. 그 높이는 70여척이며, 위에는 정사(精舍)를 세웠고, 중간에는 석불상(石佛像)이 있으며, 좌우의 계단에는 제석과 범천의 상이 있다. (이 역시) 처음의 것을 본떠서 하강의 모습으로 되어 있다.56)

이상을 통해서 승가시의 3도로가 경전상의 기록에만 나타나는 종교적 유적이 아니며, 여기에는 실재를 반영하는 측면이 있었다는 것을 알 수 있게 되는데, 이는 법현이나 혜초의 기록을 통해서도 확인되는 점이다. 그러나 그 유적은 현장 당시에도 훼손이 심하여 이미 원본을 확인하기에는 어려운 상황이었던 듯하다. 이는 현장보다 200여년 앞선 법현에게서도 일부 확인된다. 법현은 승가시의 답사 때에 7계단에 관해서 언급하고 있지만, 법현이 도착했을 당시 이미 3보도의 유적을 기단으로 하여 정사가 세워져 있었다고 기록하고 있기 때문이다.57)

3도로가 단순히 종교상의 기술에서 그치는 것이 아니라 사실적인

---

56) 『大唐西域記』4, 「劫比他國」(『大正藏』51, 893a・b), "伽藍大垣內有三寶階。南北列東面下。… 過三月已將欲下降。天帝釋乃縱神力建立寶階。中階黃金。左水精。右白銀。如來起善法堂。從諸天衆履中階而下。大梵王執白拂履銀階而右侍。天帝釋持寶蓋蹈水精階而左侍。天衆凌虛散華讚德。數百年前猶有階級。逮至今時陷沒已盡。諸國君王悲慨不遇。疊以塼石飾以珍寶。於其故基擬昔寶階。其高七十餘尺。上起精舍。中有石佛像。而左右之階有釋梵之像形。擬厥初猶爲下勢。"

57) 『高僧法顯傳』全1卷, 「名僧迦國」(『大正藏』51, 859c), "佛旣下三階俱沒于地。餘有七級而現。後阿育王欲知其根際。遣人掘看。下至黃泉根猶不盡。王益敬信。卽於階上起精舍。當中階作丈六立像。"

유적으로 존재했었다는 것은 이와 관련된 내용들의 영향적 범주가 매우 폭넓다는 것을 의미한다. 실제로 승가시가 8대 성지 중 한 곳으로 오늘날까지도 많은 순례객들을 끌어들이고 있는 것은 그 영향력을 확인해 볼 수 있는 단적인 부분이라고 하겠다.

물론 승가시의 3도로에 관한 『증일아함경』의 기록 전후에는 불상의 탄생과 같은 후대와 연관된 부분들이 존재하고 있어,[58] 이러한 내용이 과연 붓다 당시의 상황에 대한 온전한 전승인가에 대한 의구심을 불러일으키게 한다. 그러나 『잡아함경』 권23[59]에 아소카 왕과 관련된 기록이 전하고 있고, 이를 방증이나 하듯이 법현이나 현장의 기록에도 공히 아소카석주(石柱)에 관한 내용이 등장하고 있다.[60] 또한 1876년에는 컨닝햄에 의한 발굴을 통해 이의 타당성이 입증되었기 때문에[61] 3도로에 대한 측면이 이른 시기에 성립되어 폭넓게 영향을 미쳤다는 데에는 달리 이견(異見)이 있을 수 없다.

또한 3도로와 전후해서 나타나는 우전왕(優塡王)에 의한 불상의 최초조성과 수보리(須菩提)가 공관(空觀)을 통해서 앉은 자리에서 붓다를 마중하였다는 내용은 비록 후대의 찬입(竄入)된 측면이 강하지만,

---

58) 다카다 오사무 著, 이숙희 譯, 『佛像의 誕生』, (서울: 예경, 1994), 12~13쪽; 최완수 著, 『韓國佛像의 원류를 찾아서』, (서울: 대원사, 2002), 35~36쪽.
59) 『雜阿含經』23, 「六〇四」(『大正藏』2, 167b).
60) 『高僧法顯傳』全1卷, 「名僧迦國」(『大正藏』51, 859c), "精舍後立石柱。高二十肘。上作師子。柱內四邊有佛像。內外映徹淨若琉璃。"; 『大唐西域記』4, 「劫比他國」(『大正藏』51, 893b), "傍有石柱。高七十餘尺。無憂王所建。色紺光潤質堅密理。上作師子蹲踞向階。雕鏤奇形周其方面。隨人罪福影現柱中。"
61) 컨닝햄에 의해 발굴된 석주는 頭部가 코끼리로 되어 있는 것이다. 그러나 법현과 현장이 기록하고 있는 것은 頭部가 獅子이며, 이에 관한 『鞞婆沙論』 권9의 기록 역시 사자로 되어 있어 양자가 동일한 유적을 지칭하는 것인지에 관해서는 의문이 제기될 수 있다.
　正覺 著, 「상카시아」, 『印度와 네팔의 佛敎聖地』, (서울: 佛光出版社, 2002), 79쪽; 『鞞婆沙論』9, 「四聖諦處第三十二之餘」(『大正藏』28, 482a), "彼處有師子幢。"

이는 오늘날까지도 널리 인구(人口)에 회자(膾炙)되는 매우 중요한 부분이다. 실제로 3도로에 관한 인식이 널리 보편화되는데 있어서 이와 같은 측면들이 결정적 역할을 하였다고 해도 크게 과언은 아닐 것이다. 왜냐하면, 불상의 탄생이나 후일 10대제자의 1인[62]으로서『금 강경(金剛經)』의 주인공이 되는 수보리의 공관에 관한 측면은, 불상을 가장 중요한 상징으로 삼는 대승불교와『금강경』을 소의경전으로 하는 홍주종계(洪州宗系) 선종(禪宗)에 있어서는 더할 나위 없이 중요한 의미가 되기에 충분하기 때문이다. 그러므로 도리천 위모설법이라는 상징성이 강한 유물이 불국사에서 드러날 수 있는 개연성은 충분히 존재한다고 할 수가 있는 것이다.[63]

3도 16계단의 해법에 있어서 정토삼부경의 관점만을 취하게 된다면, 우리는 대웅전 영역이 극락전 영역에 비해서 보다 더 중심이 되는 부분에 있어 논리적인 정합성의 확보에 실패하게 된다. 그러므로 대웅전, 즉 석가모니불 관점에서의 타당성에 관한 확보 역시 매우 중요하다고 하겠다. 그러므로 3도 16계단을 3도로와 연관시켜 검토하는 것은 불국사의 가람배치 구조의 온당한 이해 도출을 위해서 필연적인 내포의미를 확보한다고 할 것이다.

---

62) 10대 제자라는 구조는『維摩經』이 그 효시가 된다.
　　『維摩詰所說經』上,「弟子品第三」(『大正藏』14, 539c〜544a).
63) 수보리의 空觀인 禪的 측면과 불국사를 연관 지어 볼 수 있는 것으로는『佛國寺事蹟』에 등장하는, 前佛時代의 절터로 7處伽藍地 이외에 5백 禪刹이 있는데, 그 중 불국사가 첫째가 된다는 것이 있다. 그러나 이는 전혀 신빙성을 확보할 수 없는 부분이기 때문에 별도로 언급하지는 않는다.
　　『佛國寺事蹟』全1卷, "其京都內有七處伽藍之墟 … 又有五百禪刹之墟 其第一曰妙吉坊今佛國寺"

3. 3도로(道路)와 3도(道) 16계단(階段)

3도로의 측면이 3도 16계단과 형태적인 면과 내용적인 부분에서 정합성이 발견된다고 해도 이를 완전히 일치시키기는 부분에는 자칫 성급한 일반화의 오류 개연성이 존재할 수가 있다. 그러므로 유물적 변증을 통해서 우리는 양자의 정합성 관계를 확인해 보는 과정을 거쳐야 할 것이다.

3도로를 나타내고 있는 현존유물로 가장 오래된 것은 당연히 승가 시의 지층유적이다. 그러나 오늘날 이 유적은 심하게 훼손된 상태에 서 이를 기초로 그 위에 다시금 힌두사원이 자리 잡고 있어 실체적 접근은 불가능한 상태이다.[64] 또한 현장 등의 기록에도 훼손의 정도 가 극심한 것으로 되어 있어 설령 발굴된다 하더라도 불국사의 3도 16계단과의 양식적 비교에는 어려움이 예상된다. 그러나 승가시의 3 도로 기적은 초기부터 다양한 경론 등을 통하여 폭넓은 영향력을 미 쳐왔기 때문에 이를 모사한 유물적 측면이 일부나마 현존하고 있어 이러한 측면을 통한 접근의 검토가 가능하다.

3도로를 묘사하고 있는 작품으로 주목되는 것은 기원전 2C 후반에 건립된 바르후트 대탑의 부조[65]와 기원후 1C 간다라의 부조[66] 등[67] 이다. 이는 현존하는 불교유물로는 매우 이른 시기를 점유하고 있다.

---

64) 正覺 著, 「상카시아」, 『印度와 네팔의 佛教聖地』, (서울: 佛光出版社, 2002), 79~80쪽.

65) 사진 1 참조.

66) 사진 2 참조.

67) 이 외에도 마투라에서 출토된 기원후 2~3C(68×107×15cm, 마투라박물관 소장) 작품 등 이 있다.
　　中村元 著, 鄭泰爀 譯, 『原始佛教-그 思想과 生活』, (서울: 東文選, 1993), 52쪽.

그러므로 승가시의 유적을 상당수 반영하고 있었을 것으로 이해된다.
즉, 여기에서 드러나는 3도로 양식은 당시의 인식적 보편화를 수용한
측면이라고 사료해 볼 수가 있는 것이다.

사진 1   사진 2

바르후트 대탑은 인도불교의 현존 유물 중에서 최고층에 속한다.[68]
이는 승가시의 기적이 불교적으로 매우 이른 시기에 성립되었다는
한 방증이 되기에 충분하다. 그런데 여기에서 묘사되고 있는 3도로는
불국사의 3도 16계단과 양식과 계단 수에 있어서 정확히 일치되는
모습을 보이고 있다.

바르후트 대탑의 3도로와 불국사의 3도 16계단은 공히 3도의 기본
양식에 최상의 상층면까지 합하여 총 16단으로 구성되어 있다. 이는 3
도 16계단이 대웅전 영역의 석가모니 붓다와 관련하여 3도로가 될 수

---

68) 다카다 오사무 著, 이숙희 譯, 『佛像의 誕生』, (서울: 예경, 1994), 47~48쪽.

있는 결정적인 부분이라고 하겠다. 그러나 바르후트의 부조에 있어서 3도로의 묘사는 수직적인 것으로 사다리와 같은 양태를 보이고 있어 비스듬하게 설치되어 있는 3도 16계단과는 상호 차이가 있다.

불교의 우주론에 입각해 볼 때, 수미산정은 남섬부주(南贍部洲)에 속하는 승가시에 비해서 북쪽에 위치한 산이므로 수직적 묘사보다는 대각선의 묘사가 보다 더 정합성을 확보하게 된다. 즉, 33천은 욕계(欲界) 제2천에 배속되지만 이는 공거천(空居天)이 아닌 지거천(地居天)이며, 그로써 완전 수직의 계단이 설시될 수는 없는 것이다.[69] 또한 붓다는 제석 및 범천과 더불어 걸어서 내려오셨으므로 마땅히 대각선의 구조가 적합하다고 할 수 있다. 실제로 현장의 기록이나 법현의 기술에 나타나고 있는 승가시의 지층 유적 역시 대각선의 구조로 되어있었음을 확인할 수 있다.

바르후트 대답의 건립시기로 보아 당시에는 승가시 유적의 직접적인 인식이 상당 부분이상 가능했을 것으로 사료된다. 왜냐하면, 법현과 같은 경우 7층 계단을 언급하고 있고, 이를 기단으로 사원을 건립하는 주체를 아소카왕으로 기록하고 있기 때문이다. 그러므로 바르후트 대탑의 건립 당시에는 이와 직접적으로 관련된 유적이 남아 있었거나, 혹은 그 유적을 본 사람들이 다수 존재하고 있었을 것이다. 그렇기 때문에 왜곡의 개연성은 상대적으로 매우 낮게 된다. 그럼에도 불구하고 바르후트 대답의 부조가 사선이 아닌 수직적 구도를 취하고 있다는 것은, 붓다의 존엄성을, 측면이 아닌 정면의 구도에서 파

---

69) 김진열, 「輪回說 再考Ⅲ—윤회설의 기원과 그 토대」, 『東國思想』, 제23집(1990), 191~193쪽; 『阿毘達磨俱舍論』11, 「分別世品第三之四」(『大正藏』29, 057c), "論曰。於外海中大洲有四。謂於四面對妙高山。南贍部洲北廣南陝。三邊量等。其相如車。"

악하려는 종교적 의도에 의한 것이 아닌가 한다. 즉, 붓다의 존엄성
과 종교적 측면에 입각하여 보다 자연스럽게 다가올 수가 있는 측면
구도를 피하고, 일부러 정면구도를 택하고 있는 것이라는 말이다. 이
는 다음에 검토할 간다라의 3도로가 측면구도라는 보다 사실적인 부
분에 입각점을 두고 있는 것과는 다른 것으로 종교적 관점에 입각해
있는 부분이라고 하겠다.

이상의 구도적인 부분의 차이를 이해하게 된다면, 우리는 바르후트
대탑의 부조와 3도 16계단이 모든 점에서 일치됨을 확인해 볼 수 있
게 된다.

다음으로 간다라의 부조에서 나타나는 3도로는 스와트의 붓카라
제1유적에서 출토된 기원후 1C(편암, 36×34cm, 스와트박물관 소
장)[70]의 유물이다. 이는 바르후트 대탑의 부조에서와는 달리 사선구
도로 제작되어 있는데, 사실성에 보다 무게비중을 두는 간다라미술의
특성이 발현된 것으로 이해된다. 즉, 바르후트의 3도로에는 '종교성'
의 우위가 나타나 보이는 반면, 간다라에서는 '사실성'의 우위가 잘
표현되어 있는 것이다. 그런데 이러한 사실성으로 인하여, 불국사의
3도 16계단과 더욱 흡사한 양상을 띠게 된다. 또한 이 부조에는 가
로수로 추정되는 나무의 모습이 확인되는데, 이는 『증일아함경』의
"화작금수(化作金樹)"를 표현한 것으로 사료된다. 즉, 간다라의 부조
는 경전의 양상을 매우 충실히 반영하고 있는 것이다.

그러나 비스듬한 구도로 인하여 계단의 정확한 숫자를 파악하기는
다소 어려운 측면이 있다. 그렇지만 좌우를 비교하여 살펴보면, 중앙

---

70) 예술의 전당 編, 『간다라 미술』, (서울: 예술의 전당, 1999), 155쪽; 민희식 · 박교순 著, 『불
    교의 고향 간다라』, (서울: 가이아, 1999), 204쪽.

은 13계단 좌우는 16계단으로 추정해 볼 수가 있다. 중앙과 좌우계단의 숫자가 차이를 보이고 있다는 것은 일견 납득되기 어렵다. 그러므로 이는 중앙계단의 하부에 붓다의 발자국을 새겨 넣기 위해서 계단 폭을 확보하는 과정에서 파생된 측면이 아닌가 한다. 왜냐하면, 중앙계단의 상부는 좌우계단과 동일한 층수와 층간높이를 가지는데 반하여, 붓다의 발자국이 새겨지는 하부 쪽에 오게 되면 계단의 크기가 급격히 커지는 양상을 확인해 볼 수가 있기 때문이다. 만일 간다라 부조에서 나타나 보이는 중앙과 좌우 계단의 불일치를 이와 같은 관점에서 이해하게 된다면, 우리는 또 다시 3도 16계단과 동일한 양상의 귀결을 확보할 수 있게 된다. 물론 3도로가 묘사되고 있는 부조들에는 계단의 수가 16이 아닌 경우도 있다. 그러나 이상의 예를 통해서 우리는 16이라는 숫자에 대한 상징적인 의도성에 관해서 파악해 볼 수 있는 측면이 있게 된다.

16의 불교적인 상징성은 '16'이라는 숫자가 불교문화에서는 일반적인 16을 의미하는 이외에 '매우 많아서 헤아릴 수 없는'의 의미를 확보하고 있다. 이는 3도로가 왜 16계단의 형식으로 표현되어야 보다 높은 정합성을 확보할 수 있게 되는가에 대한 파악을 가능하게 한다.

숫자 16에 만수(滿數)의 의미가 내포되어 '산수와 비유로 미칠 수 없음'을 상징한다는 내용에 관해서는 『대지도론(大智度論)』 권35의 다음과 같은 내용을 통해서 고찰되어진다.

산수(算數)와 비유로서도 미칠 수 없다는 것은 이는 그 극어(極語)이다. … 성문(聲聞)의 가르침 중에는 항상 [16분의 1에도 미치지 못한다]는 것으로 비유를 삼았는데, (이를) 대승의 가르침 중에는 [내지 산수와

비유로서도 미칠 수 없는 바]라고 하는 것이다.[71)

약설(略說)하면 16이지만, 광설(廣說)하면 무량(無量)이다.[72)

또한 16에 관한 이와 같은 측면이 초기부터 존재하고 있었다는 것은 『잡아함경(雜阿含經)』의 권22[73) 등을 통해서 확인해 볼 수가 있다. 그러므로 3도 16계단이란, 3도로의 셀 수 없는 계단을 상징화한 것이라고 하겠다. 이렇게 되면, 16계단만을 가지고도 능히 도리천에서 지상으로의 연결이라는 측면이 가능해 지게 되기 때문이다. 이는 3도로의 계단 수를 16 이외의 다른 수로 하는 것에 비해서 16으로 하는 것이 보다 유용함을 의미한다고 하겠다.

이상의 현존하는 유물에 입각한 접근은 앞서 검토한 내용적인 타당성과 상호 결합하여 3도 16계단이 3도로로가 될 수 있는 타당성을 입증해 준다고 할 수 있다. 이를 통해서 우리는 대웅전 영역의 검토에 있어서 3도 16계단이 석가모니 붓다와 직결되는 3도로를 상징하는 유구임을 확인할 수 있게 된다. 즉, 3도 16계단은 극락전 영역의 관점에서는 48원과 16관법을 통해서 이해될 수 있는 유물인 동시에 대웅전 영역의 관점에서는 승가시의 3도로와 직결되어 납득될 수 있는 이중구조를 내재하고 있는 것이다. 이는 3도 16계단이 대웅전과 극락전의 공간분할과 연결통로라는 중간적 이중의미를 확보하고 있는 것과 일치되는 것으로 매우 높은 상징성을 내포하고 있는 부분이라고 하겠다.

---

71) 『大智度論』35, 「大智度論釋習相應品第三之一」(『大正藏』25, 320b), "(答曰。)算數譬喩所不能及者是其極語。(譬如人有重罪先以打縛楚毒然後乃殺。)如聲聞法中常以十六不及一爲喩。大乘法中則以乃至算數譬喩所不能及。"

72) 『大智度論』35, 「大智度論釋習相應品第三之一」(『大正藏』25, 319c), "(答曰。)略說則十六。廣說則無量。"

73) 『雜阿含經』22, 「五九三」(『大正藏』2, 158c), "一切世間智　唯除於如來　比舍利弗智　十六不及一　如舍利弗智　天人悉同等　比於如來智　十六不及一"

Ⅳ. 극락전과 대웅전의 고저(高低)차이

1. 난행도(難行道)와 이행도(易行道)

불국사의 대웅전 영역과 극락전 영역에는 고저차이가 발생해 있고, 그로 인하여 중간의 연결통로에 3도 16계단이 존재하게 된다. 그러므로 3도 16계단에 대한 정확한 이해에 있어서는 고저차이에 함의된 검토 역시 필연성을 가진다고 할 것이다.

고저차이는 일견 위계(位階)와 관계되는 것으로도 이해될 수 있는 개연성이 있다. 그러나 대웅전이 석가모니불을 본존(本尊)으로 설시된 불전(佛殿)이며, 극락전이 아미타불을 본존으로 설시하고 있는 불전이라는 점을 고려한다면, 양 불전은 공히 붓다를 본존으로 하기 때문에 위계차이가 발생할 교리적 근거는 없다. 즉, 붓다 간에 있어서 위계를 나타낸다는 것은 성립될 수 없다는 말이다. 물론 3신설(三身說)에 의거하는 경우 필연적으로 위계가 파생하는 경우도 있다.74) 한 불전에 법신(法身)·보신(報身)·화신(化身)을 모실 경우에 중앙과 좌우라는 필연적인 위계차이가 발생하기 때문이다. 그러나 이러한 경우에도 같은 위치에서의 선후관계 정도일 뿐이지, 높낮이를 통한 두드러지는 설정은 나타나지 않는다. 또한 석가모니불은 경전에 따라 이해가 조금 다르기는 하지만 화신(化身) 혹은 보신(報身)인데 반하여, 아미타불은 항상되이 보신(報身)이라는 점을 감안한다면, 석가모니불의 영역

---

74) 三世佛이나 五方佛과 같은 경우 등은 시간과 공간에 의한 分位로 이해될 수 있는 여지가 있으므로 여기에서는 언급하지 않았다.

이 더 높은 위치를 점하고 있다는 것은 쉽게 납득되지 않는다.

불국사가 교리적 의궤성을 충실히 반영하고 있는 사찰이라는 점을 고려한다면, 이와 같은 고저차이는 분명 의도된 측면이며, 거기에는 필연적인 내포의미가 있다고 밖에는 볼 수 없다. 이와 같은 문제접근에 있어서 극락전 영역에서 도출될 수 있는 견해는 난행도(難行道)와 이행도(易行道)에 관한 것이다. 이는 난·역2도(難·易二道)라고도 칭해지는데, 불퇴전에 이르는 도달방법에 있어서 자력(自力)을 통한 어려운 방법과 붓다의 서원력(誓願力)에 힘입는(他力) 쉬운 방법의 두 종류가 있다는 설정에 근거한다. 이러한 내용에 관한 것은 용수(龍樹)의 『십주비바사론(十住毘婆沙論)』에서 제기된 것으로 용수는 여기에서 난행도를 육로(陸路)의 여행으로, 이행도를 배를 타고 가는 해로(海路)의 여행으로 비유하고 있다.75) 이와 같은 측면을 받아들여 중국 남북조시대(南北朝時代) 정토종(淨土宗)의 담란(曇鸞: 476~ ?)은 세친(世親)의 『무량수경우바제사원생게(無量壽經優婆提舍願生偈)』76)를 주해(註解)하면서 이 설을 수용하여 유행시키게 된다.77) 이를 다시금 당

---

75) 『十住毘婆沙論』5, 「易行品第九」(『大正藏』26, 41b), "佛法有無量門。如世間道有難有易。陸道步行則苦。水道乘船則樂。菩薩道亦如是。或有勤行精進。或有以信方便易行疾至阿惟越致者。如偈說 東方善德佛 南栴檀德佛 西無量明佛 北方相德佛 東南無憂德 西南寶施佛 西北華德佛 東北三行佛 下方明德佛 上方廣衆德 如是諸世尊 今現在十方 若人疾欲至 不退轉地者 應以恭敬心 執持稱名號 若菩薩欲於此身得至阿惟越致地成就阿耨多羅三藐三菩提者。應當念是十方諸佛稱其名號。"

76) 『往生論』, 또는 『淨土論』으로도 칭해지는 것으로, 世親이 『無量壽經』에 근거하여 願生偈를 짓고 이를 다시금 長行으로 해석한 것이다.
『無量壽經優婆提舍願生偈註』上, (『大正藏』40, 826b), "後聖者婆藪槃頭菩薩服膺(一升反)。如來大悲之敎。傍經作願生偈。復造長行重釋。"; 『無量壽經優婆提舍願生偈』全1卷, (『大正藏』26, 230c~233a).

77) 『無量壽經優婆提舍願生偈註』上, (『大正藏』40, 826a·b), "謹案龍樹菩薩十住毘婆沙云。菩薩求阿毘跋致有二種道。一者難行道。二者易行道。難行道者。謂於五濁之世於無佛時求阿毘跋致爲難。此難乃有多途。粗言五三以示義意。一者外道相(修槳反)。善亂菩薩法。二者聲聞自

대(唐代)의 도작(道綽: 562~645)이 그의 『안락집(安樂集)』에서 계승하여 난행도와 이행도를 각각 聖道(門)과 淨土(門)으로 재구성함으로써 정토종의 교판이론(敎判理論)으로 정착될 수 있는 근거가 마련된다.[78]

대웅전 영역과 극락전 영역의 고저에 의한 위치차이는 이와 같은 난행도와 이행도의 접근방식적 난·이(難·易)를 통해서 해석될 여지가 존재하며, 또한 그러한 방법은 나름의 온당성을 확보하고 있다. 그러나 이와 같은 해법도출에도 문제점이 없는 것은 아니다. 즉, 이와 같은 해법도출은 극락전 방향에서만의 일방적인 측면이 강하다는 것이다.

정토종에서 난행도와 이행도를 성도(문)과 정토(문)으로 재구성하여 정토종의 교판으로 입론화시키는 것은 그 목적이 정토종 우월론에 대한 타당성을 주장하기 위한 것이다.[79] 그러므로 이와 같은 교리를 불국사에 그대로 적용시킬 경우 극락전 영역의 위치가 상대적으로 낮은 것에 대해서는 효율적인 설명이 가능해지지만, 극락전 영역이 대웅전 영역에 비해서 작다는 문제는 해결할 수가 없게 된다. 왜냐하

利障大慈悲。三者無顧惡人破他勝德。四者顛倒善果能壞梵行。五者唯是自力無他力持。如斯等事觸目皆是。譬如陸路步行則苦。易行道者。謂但以信佛因緣願生淨土。乘佛願力便得往生彼淸淨土。佛力住持即入大乘正定之聚。正定即是阿毘跋致。譬如水路乘船則樂。此無量壽經優婆提舍蓋上衍之極致不退之風航者也。"

78) 『安樂集』上, (『大正藏』47, 13c), "依大乘聖敎。良由不得二種勝法以排生死。是以不出火宅。何者爲二。一謂聖道。二謂往生淨土。其聖道一種今時難證。一由去大聖遙遠。二由理深解微。是故大集月藏經云。我末法時中。億億衆生起行修道。未有一人得者。當今末法。現是五濁惡世。唯有淨土一門。可通入路。是故大經云。若有衆生。縱令一生造惡。臨命終時。十念相續稱我名字。若不生者。不取正覺。"

79) 坪井俊映 著, 韓普光 譯, 『淨土敎槪論』, (서울: 弘法院, 1996), 84쪽; 다마키코 기로·카마타 시게오 外 著, 정순일 譯, 『中國佛敎의 思想』, (서울: 民族社, 1991), 221쪽.

면, 불국사는 분명 대웅전과 극락전이라는 두 축선을 가지고 있지만, 그럼에도 그 무게 중심은 대웅전 쪽이 보다 더 크기 때문이다. 즉, 정토종의 논리가 적극 반영되었다면, 최소한 양자의 무게 비중에 동일성 정도는 확보되어야 논리적 정합성을 획득할 수 있게 된다는 말이다. 물론 그렇다고 해서 이 설이 완전히 잘못되었다는 것은 아니다. 왜냐하면, 사원건축에는 '의궤성'과 더불어 '상징성'의 비중이 크게 작용한다고 할 수가 있기 때문이다. 그렇지만 이 설이 완전한 정합성의 획득에는 실패하고 있다는 점은 또 다른 가능성의 접근 개연성이 확보되는 부분이라고 할 수 있다.

난·이2도(難·易二道)의 해법도출이 극락전 방향의 관점을 반영한 것이라면, 다음으로는 의당 대웅전 방향의 관점이 반영되어야 할 것이다.

2. 3도로(道路)의 하강(下降)과 인간계

3도 16계단이 3도로일 가능성의 검토에 있어서, 대웅전 영역이 33천인 도리천으로 수미산정이 된다는 부분에 관해서는 앞서 정리한 바 있다. 그러므로 이와 같은 논리의 연장선상에서 대웅전 영역은 산의 정상이기 때문에 상대적으로 평지보다는 높아야 한다는 주장이 피력될 수 있게 된다.

주지하다시피, 모든 붓다는 인간계 이외에는 태어날 수 없다.[80]

---

80) 『阿毘達磨俱舍論』11, 「分別世品第三之四」(『大正藏』29, 057c~058a), "南贍部洲北廣南陝。三邊量等。其相如車。南邊唯廣三踰繕那半。三邊各有二千踰繕那。唯此洲中有金剛座。上窮地際下據金輪。一切菩薩將登正覺。皆坐此座上起金剛喩定。以無餘依及餘處所有堅固力

즉, 붓다가 성도(成道) 후 교화를 위해서나 설법의 주처로써 천계(天界) 등에 갈 수는 있어도 붓다가 탄생하여 성도하고 교화하는 본처(本處)는 오직 인간계일 뿐이라는 것이다. 이는 석가모니불과 아미타불이 존재하는 장소가 공히 인간계일 뿐이라는 의미이다. 실제로『무량수경』에서 석가모니불은 극락을 언급함에 있어서 서쪽으로 10만억 국토 떨어진 곳이라고 하고 있으며,81) 또한 법장비구(法藏比丘)의 48원에는 극락의 대중들이 매일같이 공구여의(供具如意: 24願)를 통해서 공양제불(供養諸佛: 23願)할 수 있어야 한다는 것, 옷이 더러워지거나 세탁할 필요가 없어야 한다(38願)는 것 등이 언급되어 있다. 이는 그 세계가 인간계라는 의미를 내포한다. 즉, 극락은 천상(天上)의 신(神)들 세계보다도 더 수승한 인간계일 뿐인 것이다.82) 그러므로 신통이나 수행력에 힙 입으면 곧장 가볼 수도 있는 것도 가능하다.83) 다만 일반의 중생들로서는 이와 같은 측면이 불가능하기 때문에 죽어서 몸을 바꾸는 과정에서 가는 것으로 묘사되어 드러난다. 그러나 이는 붓다의 세계이므로 타방의 인간계일 뿐이지, 결코 사후로 격절된 세계가 될 수는 없는 것이다. 그러므로 극락이 서방에 있는 타방세계(他方世界)일 뿐이라면 그 위치하는 높이는 이 세계와 동일하다고 할 수 있다.

能持此故。"; 『佛本行集經』7, 「俯降王宮品第五」(『大正藏』3, 682c), "猶如往昔毘婆尸佛尸棄如來。毘舍浮佛迦羅迦孫馱大佛。迦那迦牟尼佛。迦葉如來。彼等諸佛。皆從此去。"

81) 『無量壽經』上, (『大正藏』12, 270a), "去此十萬億刹。"; 『佛說阿彌陀經』全1卷, (『大正藏』12, 346c), "從是西方過十萬億佛土。"; 『佛說觀無量壽佛經』全1卷, (『大正藏』12, 341c), "阿彌陀佛去此不遠。"

82) 『無量壽經』上, (『大正藏』12, 參照), "(32願): 嚴飾奇妙超諸人天。(268c)"·"淸淨莊嚴超踰十方一切世界。(270a)"

83) 『三國遺事』5, 「感通第七(郁面婢念佛西昇)」(『大正藏』49, 1012a·b).

그런데 이와 같은 수평적으로 동일한 위치에서 석가모니는 수미산
정이라는 높은 곳에 처하여 있는 반면, 아미타불은 평지에 위치하게
된다. 아미타불이 평지에 위치하고 있다는 것은 『무량수경』에서 아미
타불의 극락세계를 묘사하는 부분에 "그 국토에는 수미산 내지 금강
(金剛)·철위(鐵圍) 등의 일체 모든 산이 없으며, 또한 대해(大海)·
소해(小海)·시내·도랑·우물·골짜기도 없다"84)는 언급을 통해서
단적인 확인이 가능하다. 즉, 극락은 법장비구의 서원(誓願)으로 이룩
된 공덕장엄(功德莊嚴)의 정토(淨土)이기 때문에 일체의 험지(險地)
따위가 존재하지 않는 것이다. 이와 같은 극락세계의 전제적 측면을
통해서 우리는, 아미타불은 평지에 위치하고 있을 수밖에 없다는 결
론을 도출할 수가 있게 되는 것이다.

석가모니불은 수미산정에 위치해 있고 아미타불은 평지에 위치한
다면, 높낮이에 의한 위치차이가 드러나는 것은 매우 당연하다. 불국
사의 가람배치에 있어서 대웅전 영역과 극락전 영역의 고저에 의한
위치차이 해법은 바로 이와 같은 측면에서도 접근 가능한 부분이 있
는 것이다. 그리고 이와 같은 견해에 입각하게 되면, 대웅전 영역이
극락전 영역에 비해서 더 큰 부분도 전혀 문제될 것이 없다.

또한 대웅전 영역과 극락전 영역 사이에서 보이는 3도 16계단의
존재 역시 3도로가 되는 논리에 보다 높은 정합성이 부여된다. 왜냐
하면, 이를 통해서 수미산정에서 인간계로의 하강이라는 의미가 충분

---

84) 『無量壽經』上, (『大正藏』12, 270a), "又其國土無須彌山及金剛圍一切諸山。亦無大海小海溪
渠井谷。… 爾時阿難白佛言。世尊。若彼國土無須彌山。其四天王及切利天。依何而住。佛語
阿難。第三炎天。乃至色究竟天。皆依何住。阿難白佛。行業果報不可思議。佛語阿難。行業
果報不可思議。諸佛世界亦不可思議。其諸衆生功德善力。住行業之地。故能爾耳。"

히 확보될 여지가 있기 때문이다. 이는 3도 16계단을 48원과 16관법을 통해서 이해할 때 파생하는 계단의 기울기 문제를 충분히 극복하는 측면이라고 할 수 있다. 실제로 3도 16계단이 48원과 16관을 상징할 수는 있어도 이를 통해서 석가모니불의 영역에서 아미타불의 영역으로 내려온다는 설정이나, 혹은 반대로 올라간다는 설명은 타당성을 확보하기에 어려움이 있다. 왜냐하면, 대웅전 영역이 더 중심이 되는 불국사의 구조에서 48원과 16관법을 통해서 대웅전 영역에서 극락전 영역으로 옮겨간다는 것은 납득에 어려움이 있기 때문이다. 이와 같은 가정이 가능하려고 한다면 의당 극락전 영역이 대웅전 영역에 비해서 더 무게중심이 크거나 혹은 최소한 같은 정도는 되어야 할 것이다. 그러나 불국사는 대웅전과 극락전의 이중 축선을 가지고 있기는 하지만, 중요도의 배속(配屬)은 대웅전이 강하다. 그러므로 이와 같은 설명은 충분한 설득력을 확보할 수가 없게 되는 것이다. 또한 역으로 48원과 16관법을 통해서 대웅전 영역으로 상승한다는 부분 역시 타당한 설명을 도출할 교리적인 방법이 없다. 그러므로 48원과 16관법을 통해서 3도 16계단을 해석하게 되면, 고저차에 의한 기울기에 관해서는 온당한 해법의 도출은 불가능하며, 그로써 극락정토사상의 상징성 입장에서만의 제한적인 이해만이 가능한 것이다. 그런데 이를 3도로와 연관시켜 이해해 볼 경우에는 고저차에 의한 기울기까지의 합리적인 이해가 가능해지게 된다. 이는 3도 16계단에 있어서 3도로의 해법이 보다 더 많은 의궤적 정합성을 확보함을 의미한다고 하겠다.

수미산정과 평지에 관한 위치 차이에 의한 해법도출은 대웅전 방향의 관점에 의한 것이다. 그러므로 이를 극락전 중심의 난·이2도 (難·易二道)의 관점에 배대하게 되면, 비로소 양자의 이중구조적인 완성의 면모가 갖추어진다고 할 수 있다.

불국사의 공간분할은 매우 탁월하고 치밀한 의궤성에 입각해 있는 데, 그로써 이는 양방향에서의 이해가 가능한 측면을 확보하고 있다. 그러므로 이에 관한 균등한 입장의 고수야 말로 불국사에서 나타나 는 특이한 석계구조물인 3도 16계단의 건축의도를 파악하는데 있어 서 가장 효율(中道)적인 접근방법이 아닌가 한다.

V. 나가는 말

이상의 검토를 통해서 3도 16계단에 내포되어 있는 대웅전 영역과 극락전 영역의 이중구조적 측면에 관해서 검토해 보았다. 이로써 3도 16계단에는 아미타불 관점에서의 '48원'과 '16관법'의 이해가 가능하 고, 석가모니불의 관점에서는 '승가시의 3도로'와 연관되어 해석가능 하다는 것을 확인해 볼 수가 있었다. 또한 이와 연관하여 대웅전과 극락전 영역의 고저에 의한 위치차이는 '난행도와 이행도', 그리고 '수미산정에서의 하강(下降)'이라는 이중적인 상징성을 통해서 이해가 가능함도 살펴보았다.

건축은 기본적으로 실용성에서 기인된 것이지만, 종교적 건축물에 있어서는 이와 더불어 상징성이 매우 중요한 의미를 확보한다고 할 수 있다. 그리고 이러한 상징성은 교리적인 의궤성에 입각하여 파생되는 것에 다름 아니다. 그러므로 사원건축에서 나타나는 양상에 있어서 양식적 접근과 더불어 교리적인 합리성의 확보는 매우 중요하다고 할 수 있다.

불국사는 불교 내의 다원적 사상체계를 함유하는 가운데 구조화된 유적이다. 그러므로 이의 이해에는 일방향이 아닌 다원성의 접근이 정당한 가치를 확보할 수가 있게 된다. 그렇기 때문에 3도 16계단의 검토에서 확인되는 극락전과 대웅전 영역에 의한 이중적 구조는 이의 확보를 통한 타당한 이해라고 할 수가 있을 것이다.

◑ 참고문헌

－ 불교우주론(佛敎宇宙論)과 사원구조(寺院構造)와의 관계성 －

闍那崛多 等譯, 『起世經』, 『大正藏』1.

法立・法炬 譯, 『大樓炭經』, 『大正藏』1.

達摩笈多 譯, 『起世因本經』, 『大正藏』1.

瞿曇僧伽提婆 譯, 『中阿含經』, 『大正藏』1.

佛陀耶舍・竺佛念 譯, 『長阿含經』, 『大正藏』1.

求那跋陀羅 譯, 『雜阿含經』, 『大正藏』2.

瞿曇僧伽提婆 譯, 『增壹阿含經』, 『大正藏』2.

佛馱跋陀羅 譯, 『大方廣佛華嚴經』, 『大正藏』9.

實叉難陀 譯, 『大方廣佛華嚴經』, 『大正藏』10.

曇無讖 譯, 『金光明經』, 『大正藏』16.

義淨 譯, 『金光明最勝王經』, 『大正藏』16.

瞿曇般若流支 譯, 『正法念處經』, 『大正藏』17.

佛陀耶舍・竺佛念 等譯, 『四分律』, 『大正藏』22.

五百大阿羅漢 等造, 玄奘 譯, 『阿毘達磨大毘婆沙論』, 『大正藏』27.

阿羅漢尸陀槃尼 造, 僧伽跋澄 譯, 『鞞婆沙論』, 『大正藏』28.

世親 造, 玄奘 譯, 『阿毘達磨俱舍論』, 『大正藏』29.

衆賢 造, 玄奘 譯, 『阿毘達磨順正理論』, 『大正藏』29.

衆賢 造, 玄奘 譯, 『阿毘達磨藏顯宗論』, 『大正藏』29.

馬鳴 造, 眞諦 譯, 『大乘起信論』, 『大正藏』32.

法藏 述, 『華嚴經探玄記』, 『大正藏』35.

法藏 撰, 『花嚴經文義綱目』, 『大正藏』35.

澄觀 撰, 『大方廣佛華嚴經疏』, 『大正藏』35.

澄觀 撰述,『新譯華嚴經七處九會頌釋章』,『大正藏』36.

釋普光 述,『俱舍論記』,『大正藏』41.

宗密 述,『原人論』,『大正藏』45.

玄奘 著, 辯機 撰,『大唐西域記』,『大正藏』51.

智昇 撰,『開元釋敎錄』,『大正藏』55.

圓照 撰,『貞元新定釋敎目錄』,『大正藏』55.

馬鳴 造, 眞諦 譯, 元曉 撰,『大乘起信論疏記 會本』,『韓佛全』1.『法界
　　　圖記叢髓錄』,『韓佛全』6.『周易』.

王弼 著, 임채우 譯,『王弼의 老子』, 서울: 예문서원, 1997.

高翊晋 著,『韓國의 佛教思想』, 서울: 東國大學校 出版部, 1997.

國史編纂委員會 編,『佛敎美術, 象徵과 念願의 世界』, 서울: 두산동아,
　　　2007.

金勝惠 編,『宗敎學의 理解』, 서울: 분도출판사, 1995.

김영주 著,『韓國 佛敎 美術史』, 서울: 솔, 1997.

金煐泰 著,『韓國佛敎史』, 서울: 經書院, 2000.

東國佛敎美術人會 著,『寺刹에서 만나는 佛敎美術』, 서울: 대한불교진
　　　흥원, 2005.

東國佛敎美術人會 著,『알기 쉬운 佛敎美術』, 서울: BBS 불교방송, 1998.

文明大 監修,『朝鮮佛畫』, 서울: 中央日報社, 1996.

文明大 著,『韓國佛敎美術史』, 서울: 한·언, 1997.

文明大 著,『韓國佛敎美術의 형식』, 서울: 한·언, 1997.

박동준 著,『六道를 넘나 본 須彌山』, 서울: 漢陽大學校 出版部, 2004.

朴珠 著,『朝鮮時代의 旌表政策』, 서울: 一潮閣, 1990.

서정범 著,『巫女別曲1～5』, 서울: 한나라, 1993.

신대현 著,『韓國의 舍利莊嚴』, 서울: 혜안, 2003.

신대현 著,『寂滅의 宮殿 舍利莊嚴』, 서울: 한길아트, 2003.

안영배 著,『印度建築紀行』, 서울: 다른세상, 2005.

吳亨根 著,『佛敎의 靈魂과 輪廻觀』, 서울: 佛敎思想社, 1987.

尹張燮 著,『印度의 建築』, 서울: 서울大學校 出版部, 2004.

張忠植 著,『新羅石塔研究』, 서울: 一志社, 1994.

張忠植 著,『韓國佛敎美術의 形式』, 서울: 시공아트, 2004.

張忠植 著,『韓國의 佛敎美術』, 서울: 民族社, 1997.

주남철 著,『韓國建築史』, 서울: 高麗大出版部, 2006.

秦弘燮 著,『韓國의 佛像』, 서울: 一志社, 1992.

최완수 著,『韓國佛像의 원류를 찾아서1』, 서울: 대원사, 2002.

가마타 시게오 著, 申賢淑 譯,『韓國佛敎史』, 서울: 民族社, 1994.

다마키 고시로 著, 李元燮 譯,『華嚴經의 世界』, 서울: 玄岩社, 1970.

다카다 오사무 著, 이숙희 譯,『佛像의 誕生』, 서울: 예경, 1994.

라다크리슈난 著, 李巨龍 譯,『印度哲學史Ⅰ』, 서울: 한길사, 2003.

리쩌허우 著, 정병석 譯,『中國古代思想史論』, 서울: 한길사, 2005.

멀치아 엘리아데 著, 李東夏 譯,『聖과 俗』, 서울: 학민사, 1997.

李宗桂 著, 李宰碩 譯,『中國文化槪論』, 서울: 東文選, 1993.

定方晨 著, 東峰 譯,『佛敎의 宇宙觀』, 서울: 觀音出版社, 1993.

村山智順 著, 崔吉城 譯,『朝鮮의 風水』, 서울: 民音社, 1990.

히로 사치야 著, 전진묵 譯,『저승관광』, 서울: 금하출판, 1992.

渡邊照宏 著,『新釋尊伝』, 東京: ちくま學藝文庫, 2005.

李燁 著,『佛寺游』, 北京: 中國藏學出版社, 2004.

權志恩,「19세기 神衆幀畵의 研究」, 서울: 東國大 碩士學位論文, 2001.

김영희,「韓國 神衆幀畵의 圖像學的 研究」, 서울: 東國大 碩士學位論
　　　文, 2001.

김정수,「韓國의 宗敎建築에 관한 연구」, 서울: 延世大 博士學位論文,
　　　1974.

金一權,「唐宋代의 明堂儀禮 變遷과 그 天文宇宙論的 運用」,『宗教와 文化』, 제6집(2000).

金一權,「中國 古代 明堂儀禮의 성립과정과 天文宇宙論的 의미 고찰」, (延世大 國學研究院, 304회 발표회문, 2000).

김진열,「輪廻說 再考Ⅲ-윤회설의 기원과 그 토대」,『東國思想』, 제23집(1990).

廉仲燮,「佛國寺 進入 石造階段의 空間分割的 意味」,『建築歷史研究』 제16권(2005).

廉仲燮,「Kailas山의 須彌山說에 관한 종합적 고찰」,『佛教學研究』 제17호(2007).

- 불국사 진입 석조계단(石造階段)의 공간분할적 의미 -

継天 謹書,『佛國寺事蹟』.

活庵東隱 書,『佛國寺古今創記』.

崔致遠 讚,「大華嚴宗佛國寺阿彌陀佛像讚 (并)序」.

崔致遠 讚,「大華嚴宗佛國寺毘盧遮那文殊普賢像讚 (并)序」.

法顯 譯,『大般涅槃經』,『大正藏』1.

佛陀耶舍・竺佛念 譯,『長阿含經』,『大正藏』1.

求那跋陀羅 譯,『雜阿含經』,『大正藏』2.

瞿曇僧伽提婆 譯,『增壹阿含經』,『大正藏』2.

求那跋陀羅 譯,『過去現在因果經』,『大正藏』3.

闍那崛多 譯,『佛本行集經』7,『大正藏』3.

鳩摩羅什 譯,『摩訶般若波羅蜜經』,『大正藏』8.

竺法護 譯,『正法華經』,『大正藏』9.

鳩摩羅什 譯,『妙法蓮華經』,『大正藏』9.

佛馱跋陀羅 譯,『大方廣佛華嚴經』,『大正藏』9.

闍那崛多・達摩笈多 共譯,『添品妙法蓮華經』,『大正藏』9.

實叉難陀 譯,『大方廣佛華嚴經』,『大正藏』10.

康僧鎧 譯,『無量壽經』,『大正藏』12.

鳩摩羅什 譯,『佛說阿彌陀經』,『大正藏』12.

畺良耶舍 譯,『佛說觀無量壽佛經』,『大正藏』12.

瞿曇般若流支 譯,『正法念處經』,『大正藏』17.

弗若多羅・羅什 譯,『十誦律』,『大正藏』23.

義淨 譯,『根本說一切有部毘奈耶藥事』,『大正藏』24.

龍樹 造, 鳩摩羅什 譯,『大智度論』,『大正藏』25.

五百大阿羅漢 等造, 玄奘 譯,『阿毘達磨大毘婆沙論』,『大正藏』27.

世親 造, 玄奘 譯,『阿毘達磨俱舍論』,『大正藏』29.

衆賢 造, 玄奘 譯,『阿毘達磨順正理論』,『大正藏』29.

衆賢 造, 玄奘 譯,『阿毘達磨藏顯宗論』,『大正藏』29.

馬鳴 造, 眞諦 譯,『大乘起信論』,『大正藏』32.

法藏 述,『花嚴經文義綱目』,『大正藏』35.

法藏 述,『華嚴經探玄記』,『大正藏』35.

李通玄 撰,『新華嚴經論』,『大正藏』36.

澄觀 述,『大方廣佛華嚴經隨疏演義鈔』,『大正藏』36.

澄觀 撰述,『新譯華嚴經七處九會頌釋章』,『大正藏』36.

一然 撰,『三國遺事』,『大正藏』49.

玄奘 著, 辯機 撰,『大唐西域記』,『大正藏』51.

無寄 撰集,『釋迦如來行蹟頌』,『大正藏』75.

馬鳴 造, 眞諦 譯, 元曉 撰,『大乘起信論疏記 會本』,『韓佛全』1.

義湘 撰,『法界圖記叢髓錄』,『韓佛全』2.

均如 說,『釋華嚴旨歸章圓通鈔』,『韓佛全』4.

義天 編, 『新編諸宗敎藏總錄』, 『韓佛全』4.

周敦頤 著, 朱熹 註, 『通書解』.

朱熹 著, 『朱子家禮』. 『三輔黃圖』.

韓國學文獻硏究所 編, 『佛國寺誌(外)』, 서울: 亞細亞文化社, 1983.

玄奘 著, 水谷眞成 譯, 『大唐西域記』, 東京: 平凡社, 昭和49.

金勝惠 編, 『宗敎學의 理解』, 서울: 분도출판사, 1995.

주남철 著, 『韓國建築史』, 서울: 고려대출판부, 2006.

韓國佛敎硏究院 著, 『佛國寺』, 서울: 一志社, 1999.

黃善明 著, 『宗敎學槪論』, 서울: 종로서적, 1992.

馮友蘭 著, 『中國哲學史(上冊)』, 上海: 華東師範大學出版社, 2003.

金谷治 外 著, 조성을 譯, 『中國思想史』, 서울: 理論과 實踐, 1996.

渡邊照宏 著, 金無得 譯, 『經典成立論』, 서울: 經書院, 1993.

멀치아 엘리아데 著, 李東夏 譯, 『聖과 俗』, 서울: 학민사, 1997.

梁啓超・馮友蘭 外 著, 김홍경 譯, 『陰陽五行說의 硏究』, 서울: 신지서
　　　원, 1993.

張岱年 著, 김백희 譯, 『中國哲學史大綱 上』, 서울: 까치, 2000.

토오도오 교순・시오이리 료오도 著, 차차석 譯, 『中國佛敎史』, 서울:
　　　대원정사, 1992.

坪井俊映 著, 李太元 譯, 『淨土三部經槪說』, 서울: 운주사, 1995.

坪井俊映 著, 韓普光 譯, 『淨土敎槪論』, 서울: 弘法院, 1996.

陳喜波 著, 「文博(第4期)」, 北京: 北京文物局, 2000.

김상현 著, 『신라의 사상과 문화』, 서울: 一志社, 2003.

文化公報部 文化財管理局 編, 『佛國寺-復元工事報告書』, 慶州: 光明印
　　　刷公社, 1976.

全海住 著, 『義湘華嚴思想史 硏究』, 서울: 民族社, 1994.

권태철, 「韓國傳統寺刹에서 나타나는 人工池에 관한 硏究」, 서울: 東國

大 碩士學位論文, 1998.

李慈慶,「佛國寺에 관한 研究」, 大邱: 大邱曉星가톨릭大 碩士學位論文, 1999.

李鐘錫,「佛國寺의 配置 및 空間構成에 관한 研究」, 慶山: 慶北産業大 碩士學位論文, 1995.

추상훈,「佛國寺 九品蓮池의 影池的 특징과 煙霧效果에 관한 研究」, 서울: 弘益大 碩士學位論文, 1997.

韓志允,「佛國寺 構造에 나타난 密敎的 要素 研究」, 서울: 東國大 碩士學位論文, 1995.

裵珍達,「佛國寺 石塔에 구현된 蓮華藏世界-釋迦塔・多寶塔의 명칭과 관련하여」,『시각문화의 전통과 해석: 靜齋 金理那 交手 정년퇴임기념 미술사논문집』, 서울: 예경, 2007.

姜友邦,「佛國寺와 石佛寺의 功德主」,『美術資料』, 제66호(2001).

金南允,「佛國寺의 創建과 그 位相」,『新羅文化祭學術發表會論文集』, 제18집(1997).

李文基,「崔致遠 撰 9세기 후반 佛國寺 關聯資料의 檢討」,『新羅文化』, 제26집(2005).

崔榮基,「佛國寺의 造形意識 관한 研究」,『慶州文化』, 제7호(2001).

洪光杓,「佛國寺의 空間形式에 內在된 造形的 意味」,『新羅文化祭學術發表會論文集』, 제18호(1997).

− 불국사 청운교・백운교의 위치와 순서 −

継天 謹書,『佛國寺事蹟』.

活庵東隱 書,『佛國寺古今創記』.

闍那崛多 等譯,『起世經』,『大正藏』1.

法立・法炬 譯,『大樓炭經』,『大正藏』1.

達摩笈多 譯,『起世因本經』,『大正藏』1.

瞿曇僧伽提婆 譯,『中阿含經』,『大正藏』1.

佛陀耶舍・竺佛念 譯,『長阿含經』,『大正藏』1.

安世高 譯,『佛說尸迦羅越六方禮經』,『大正藏』1.

求那跋陀羅 譯,『雜阿含經』,『大正藏』2.

瞿曇僧伽提婆 譯,『增壹阿含經』,『大正藏』2.

支謙 譯,『佛說太子瑞應本起經』,『大正藏』2.

竺法護 譯,『佛說普曜經』,『大正藏』3.

闍那崛多 譯,『佛本行集經』,『大正藏』3.

聶道眞 譯,『異出菩薩本起經』,『大正藏』3.

地婆訶羅 譯,『方廣大莊嚴經』,『大正藏』3.

法賢 譯,『佛說衆許摩訶帝經』,『大正藏』3.

竺大力・康孟詳 譯,『修行本起經』,『大正藏』3.

求那跋陀羅 譯,『過去現在因果經』,『大正藏』3.

釋寶雲 譯,『佛本行經』,『大正藏』4.

僧伽跋澄 等譯,『僧伽羅刹所集經』,『大正藏』4.

竺法護 譯,『正法華經』,『大正藏』9.

鳩摩羅什 譯,『妙法蓮華經』,『大正藏』9.

闍那崛多・達摩笈多 共譯,『添品妙法蓮華經』,『大正藏』9.

康僧鎧 譯,『無量壽經』,『大正藏』12.

曇無讖 譯,『大般涅槃經』,『大正藏』12.

慧嚴 等譯,『大般涅槃經』,『大正藏』12.

鳩摩羅什 譯,『佛說阿彌陀經』,『大正藏』12.

畺良耶舍 譯,『佛說觀無量壽佛經』,『大正藏』12.

菩提流支 譯,『佛說佛名經』,『大正藏』14.

『佛說佛名經』,『大正藏』14.

曇無讖 譯,『金光明經』,『大正藏』16.

義淨 譯,『金光明最勝王經』,『大正藏』16.

瞿曇般若流支 譯,『正法念處經』,『大正藏』17.

龍樹 造, 鳩摩羅什 譯,『大智度論』,『大正藏』25.

鳩摩羅什 譯,『十住毘婆沙論』,『大正藏』26.

阿羅漢尸陀槃尼 造, 僧伽跋澄 譯,『鞞婆沙論』,『大正藏』28.

世親 造, 玄奘 譯,『阿毘達磨俱舍論』,『大正藏』29.

玄奘 著, 辯機 撰,『大唐西域記』,『大正藏』51.

智昇 撰,『開元釋教錄』,『大正藏』55.

圓照 撰,『貞元新定釋教目錄』,『大正藏』55.

釋體元 撰,『白花道場發願文略解』,『韓佛全』6.

一然 撰,『三國遺事』.『周易』.

周敦頤 著, 朱熹 註,『通書解』.

韓國學文獻研究所 編,『佛國寺誌(外)』, 서울: 亞細亞文化社, 1983.

權五民 譯,『阿毘達磨俱舍論2』, 서울: 東國譯經院, 2002.

朴一峰 譯,『周易』, 서울: 育文社, 1987.

程頤・朱熹, 金碩鎮 譯,『周易傳義大全解釋 上』, 서울: 大有學堂, 1997.

程頤・朱熹, 金碩鎮 譯,『周易傳義大全解釋 下』, 서울: 大有學堂, 1997.

朱熹 著, 김상섭 譯,『易學啓蒙』, 서울: 藝文書院, 1999.

김규현 著,『티베트의 신비와 명상』, 서울: 도피안사, 2001.

文明大 監修,『朝鮮佛畵』, 서울: 中央日報社, 1996.

文化公報部 文化財管理局 編,『佛國寺-復元工事報告書』, 慶州: 光明印
    刷公社, 1976.

민희식・박교순 著,『불교의 고향 간다라』, 서울: 가이아, 1999.

신대현 著,『寂滅의 宮殿 舍利莊嚴』, 서울: 한길아트, 2003.

신대현 著,『韓國의 舍利莊嚴』, 서울: 혜안, 2003.

예술의 전당 編,『간다라 미술』, 서울: 예술의 전당, 1999.

尹相喆·金秀吉 著,『周易入門』, 서울: 大有學堂, 1997.

李基東 著,『하늘의 뜻을 묻다』, 서울: 열림원, 2005.

張忠植 著,『新羅石塔研究』, 서울: 一志社, 1994.

張忠植 著,『韓國佛敎美術의 形式』, 서울: 시공아트, 2004.

秦弘燮 著,『韓國의 佛像』, 서울: 一志社, 1992.

韓國佛敎研究院 著,『佛國寺』, 서울: 一志社, 1999.

金谷治 外 著, 조성을 譯,『中國思想史』, 서울: 理論과 實踐, 1996.

勞思光 著, 鄭仁在 譯,『中國哲學史(古代篇)』, 서울: 探求堂, 1994.

다카다 오사무 著, 이숙희 譯,『佛像의 誕生』, 서울: 예경, 1994.

라다크리슈난 著, 李巨龍 譯,『印度哲學史 I』, 서울: 한길사, 2003.

梁啓超·馮友蘭 外 著, 김홍경 譯,『陰陽五行說의 研究』, 서울: 신지서
　　　원, 1993.

李宗桂 著, 李宰碩 譯,『中國文化槪論』, 서울: 東文選, 1993.

張岱年 著, 김백희 譯,『中國哲學史大綱 上』, 서울: 까치, 2000.

K. S. 케네쓰 첸 著, 박해당 譯,『中國佛敎』, 서울: 民族社, 1991.

渡邊照宏 著,『新釋尊伝』, 東京: ちくま學藝文庫, 2005.

水谷眞成 譯註,『大唐西域記』, 東京: 平凡社, 昭和49.

馮友蘭 著,『中國哲學史(上册)』, 上海: 華東師範大學出版社, 2003.

馮友蘭 著,『中國哲學史(下册)』, 上海: 華東師範大學出版社, 2003.

김상현 著,『新羅의 思想과 文化』, 서울: 一志社, 2003.

권태철,「韓國傳統寺刹에서 나타나는 人工池에 관한 研究」, 서울: 東國
　　　大 碩士學位論文, 1998.

李慈慶,「佛國寺에 관한 研究」, 大邱: 大邱曉星가톨릭大 碩士學位論文,
　　　1999.

추상훈,「佛國寺 九品蓮池의 影池的 특징과 煙霧效果에 관한 研究」, 서울: 弘益大 碩士學位論文, 1997.

韓志允,「佛國寺 構造에 나타난 密敎的 要素 研究」, 서울: 東國大 碩士學位論文, 1995.

姜友邦,「佛國寺와 石佛寺의 功德主」,『美術資料』, 제66호(2001).

金南允,「佛國寺의 創建과 그 位相」,『新羅文化祭學術發表會論文集』, 제18집(1997).

김진열,「輪回說 再考Ⅲ-윤회설의 기원과 그 토대」,『東國思想』, 제23집(1990).

金煐泰,「백화도량발원문의 몇 가지 문제」,『韓國佛敎學』 제13집(1998).

廉仲燮,「佛國寺 大雄殿 영역의 二重構造에 관한 고찰-華嚴과 法華를 중심으로」,『宗敎研究』 제49집(2007).

廉仲燮,「佛國寺 '3道 16階段'의 이중구조 고찰-極樂殿 영역과 大雄殿 영역을 중심으로」,『新羅文化』 제31집(2008).

廉仲燮,「佛國寺 進入 石造階段의 空間分割的 意味」,『建築歷史研究』 제16권(2007).

廉仲燮,「Kailas山의 須彌山說에 관한 종합적 고찰」,『佛敎學研究』 제17집(2007).

崔榮基,「佛國寺의 造形意識 관한 研究」,『慶州文化』, 제7호(2001).

- 불국사 대웅전 영역의 이중구조 해석 -
화엄(華嚴)과 법화(法華)를 중심으로

崔致遠 讚,「大華嚴宗佛國寺阿彌陀佛像讚 (并)序」.

崔致遠 讚,「大華 嚴宗佛國寺毘盧遮那文殊普賢像讚 (并)序」.

継天 謹書, 『佛國寺事蹟』.

韓國學文獻研究所 編, 『佛國寺誌(外)』, 서울: 亞細亞文化社, 1983.

法顯 譯, 『大般涅槃經』, 『大正藏』1.

闍那崛多 等譯, 『起世經』, 『大正藏』1.

法立·法炬 譯, 『大樓炭經』, 『大正藏』1.

達摩笈多 譯, 『起世因本經』, 『大正藏』1.

佛陀耶舍·竺佛念 譯, 『長阿含經』, 『大正藏』1.

竺法護 譯, 『正法華經』, 『大正藏』9.

鳩摩羅什 譯, 『妙法蓮華經』, 『大正藏』9.

佛馱跋陀羅 譯, 『大方廣佛華嚴經』, 『大正藏』9.

闍那崛多·達摩笈多 共譯, 『添品妙法蓮華經』, 『大正藏』9.

實叉難陀 譯, 『大方廣佛華嚴經』, 『大正藏』10.

般若流支 譯, 『正法念處經』, 『大正藏』17.

佛陀耶舍·竺佛念 等譯, 『四分律』, 『大正藏』22.

陀跋陀羅·法顯 譯, 『摩訶僧祇律』, 『大正藏』22.

五百大阿羅漢 等造, 玄奘 譯, 『阿毘達磨大毘婆沙論』, 『大正藏』27.

世親 造, 玄奘 譯, 『阿毘達磨俱舍論』, 『大正藏』29.

衆賢 造, 玄奘 譯, 『阿毘達磨藏顯宗論』, 『大正藏』29.

衆賢 造, 玄奘 譯, 『阿毘達磨順正理論』, 『大正藏』29.

法藏 述, 『華嚴經探玄記』, 『大正藏』35.

法藏 述, 『花嚴經文義綱目』, 『大正藏』35.

李通玄 撰, 『新華嚴經論』, 『大正藏』36.

澄觀 述, 『大方廣佛華嚴經隨疏演義鈔』, 『大正藏』36.

澄觀 撰述, 『新譯華嚴經七處九會頌釋章』, 『大正藏』36.

一然 撰, 『三國遺事』, 『大正藏』49.

智昇 撰, 『開元釋教錄』, 『大正藏』55.

圓照 撰, 『貞元新定釋敎目錄』, 『大正藏』55.

義天 編, 『圓宗文類』, 『韓佛全』4.

均如 說, 『十句章圓通記』, 『韓佛全』4.

義天 編, 『新編諸宗敎藏總錄』, 『韓佛全』4.

均如 說, 『釋華嚴旨歸章圓通鈔』, 『韓佛全』4.

權五民 譯, 『阿毘達磨俱舍論2』, 서울: 東國譯經院, 2002.

大韓佛敎曹溪宗 布敎院 編, 『통일법요집』, 서울: 曹溪宗出版社, 1998.

安震湖 編, 『釋門儀範』, 서울: 法輪社, 檀紀4294.

王弼 著, 임채우 譯, 『王弼의 老子』, 서울: 예문서원, 1997.

일현문도회 編, 『釋門儀式集』, 서울: 大興企劃, 1994.

高裕燮 著, 『韓國塔婆의 硏究』, 서울: 同和出版社, 1975.

國立中央博物館 編, 『ART OF INDONESIA』, 서울: 시월, 2005.

國史編纂委員會 編, 『佛敎美術, 象徵과 念願의 世界』, 서울: 두산동아,
        2007.

김영주 著, 『韓國 佛敎 美術史』, 서울: 솔, 1997.

대구MBC 編, 『多寶塔』, 서울: 이른아침, 2004.

東國佛敎美術人會 著, 『寺刹에서 만나는 佛敎美術』, 서울: 대한불교진
        흥원, 2005.

東國佛敎美術人會 著, 『알기 쉬운 佛敎美術』, 서울: BBS 불교방송,
        1998.

文明大 著, 『韓國佛敎美術의 形式』, 서울: 한·언, 1997.

鳳停寺 編, 『鳳停寺』, 安東: 鳳停寺, 2003.

吳亨根 著, 『佛敎의 靈魂과 輪廻觀』, 서울: 佛敎思想社, 1987.

韓國佛敎硏究院 著, 『佛國寺』, 서울: 一志社, 1999.

韓國佛敎硏究院 著, 『浮石寺』, 서울: 一志社, 1993.

황수영 著, 『佛國寺와 石窟庵』, 서울: 世宗大王記念事業會, 2000.

金谷治 外 著, 조성을 譯, 『中國思想史』, 서울: 理論과 實踐, 1996.

金勝惠 編, 『宗敎學의 理解』, 서울: 분도출판사, 1995.

까르마 C. C. 츠앙 著, 이찬수 譯, 『華嚴哲學』, 서울: 經書院, 1998.

다마키 코시로 外 著, 鄭舜日 譯, 『中國佛敎의 思想』, 서울: 民族社, 1991.

멀치아 엘리아데 著, 李東夏 譯, 『聖과 俗』, 서울: 학민사, 1997.

라다크리슈난 著, 이거룡 譯, 『印度哲學史 Ⅱ』, 서울: 한길사, 2003

定方晨 著, 東峰 譯, 『佛敎의 宇宙觀』, 서울: 觀音出版社, 1993.

J. B. 노스 著, 尹以欽 譯, 『世界宗敎史下』, 서울: 玄音社, 1998.

中村元 著, 鄭泰爀 譯, 『原始佛敎』, 서울: 東文選, 1993.

坪井俊映 著, 韓普光 譯, 『淨土敎槪論』, 서울: 弘法院, 1996.

石田茂作 著, 『佛敎考古學論考4(佛塔篇)』, 京都: 思文閣出版, 1978.

高翊晋 著, 『韓國古代佛敎思想史』, 서울: 東國大學校出版部, 1989.

金相鉉 著, 『新羅의 思想과 文化』, 서울: 一志社, 2003.

金相鉉 著, 『新羅華嚴思想史 研究』, 서울: 民族社, 1991.

平川彰 外 著, 慧學 譯, 『法華思想』, 서울: 經書院, 1997.

全海住 著, 『義湘華嚴思想史 研究』, 서울: 民族社, 1994.

權志恩, 「19세기 神衆幀畵의 研究」, 서울: 東國大 碩士學位論文, 2001.

金聖惠, 「華嚴系 寺刹의 空間構成과 佛國土 思想에 관한 研究」, 서울:
　　　　서울大 碩士學位論文, 1995.

김영희, 「韓國 神衆幢畵의 圖像學的 研究」, 서울: 東國大 碩士學位論文, 2001.

鄭炳三, 「義湘華嚴思想 研究」, 서울: 서울大 博士學位論文, 1991.

추상훈, 「佛國寺 九品蓮池의 影池的 특징과 煙霧效果에 관한 研究」, 서
　　　　울: 弘益大 碩士學位論文, 1997.

韓志允, 「佛國寺 構造에 나타난 密敎的 要素 研究」, 서울: 東國大 碩士
　　　　學位論文, 1995.

金秀炫, 「佛國寺 多寶塔 造成의 思想的 背景」, 『蓮史 洪潤植敎授 停年

退任紀念論叢: 韓國文化의 傳統과 佛敎』, 서울: 蓮史洪潤植敎授
停年退任紀念論叢刊行委員會, 2000.

閔泳珪, 「佛國寺와 石窟庵」, 『유네스코한국총람』, 서울: 유네스코 韓國
總攬編纂委員會, 1957.

裵珍達, 「佛國寺 石塔에 구현된 蓮華藏世界-釋迦塔·多寶塔의 명칭과
관련하여」, 『시각문화의 전통과 해석: 靜齋 金理那 交手 정년퇴
임기념 미술사논문집』, 서울: 예경, 2007.

姜友邦, 「佛國寺 建築의 宗敎的 象徵構造」, 『新羅文化祭學術發表會論文
集』 제18집(1997).

姜友邦, 「佛國寺와 石佛寺의 功德主」, 『美術資料』, 제66호(2001).

金南允, 「佛國寺의 創建과 그 位相」, 『新羅文化祭學術發表會論文集』 제
18집(1997).

金英吉, 「法華經의 塔說에 관한 研究」, 『韓國佛敎學』 제7호(1982).

김진열, 「輪廻說 再考Ⅲ-輪廻說의 기원과 그 토대」, 『東國思想』 제23
집(1990).

文明大, 「佛國寺 佛敎美術의 綜合的 研究-佛國寺 佛敎建築美術論」, 『講
座美術史』, 제12호(1999).

閔泳珪, 「石窟庵 彫刻의 敎理背景1」, 『考古美術』 제4호(1960).

申賢淑, 「慶州 石窟庵과 佛國寺의 思想的 背景2」, 『傳統文化』 제142호
(1984).

廉仲燮, 「Kailas山의 須彌山說에 관한 종합적 고찰」, 『佛敎學研究』 제
17집(2007).

廉仲燮, 「佛國寺 進入 石造階段의 空間分割的 意味」, 『建築歷史研究』
제16권(2007).

李萬, 「佛國寺 建立의 思想的 背景」, 『新羅文化祭學術發表會論文集』
제18집(1997).

崔箕杓,「『起信論疏』에 나타난 天台 止觀論」,『韓國佛敎學』 제31호
　　(2002).

洪潤植,「新羅社會와 曼茶羅」,『新羅文化祭學術發表會論文集』 제14집
　　(1993).

洪潤植,「靈山會上幢畫와 法華經信仰」,『韓國佛敎學』 제3호(1977).

－ 불국사 3도(三道) 16계단(十六階段)의 이중구조적인 상징성 －
극락전(極樂殿)영역과 대웅전(大雄殿)영역을 중심으로

継天 謹書,『佛國寺事蹟』.

活庵東隱 書,『佛國寺古今創記』.

崔致遠 讚,「大華嚴宗佛國寺阿彌陀佛像讚 (并)序」.

崔致遠 讚,「大華嚴宗佛國寺毘盧遮那文殊普賢像讚 (并)序」.

瞿曇僧伽提婆 譯,『中阿含經』,『大正藏』1.

求那跋陀羅 譯,『雜阿含經』,『大正藏』2.

瞿曇僧伽提婆 譯,『增壹阿含經』,『大正藏』2.

支謙 譯,『佛說太子瑞應本起經』,『大正藏』3.

迦留陀伽 譯,『佛說十二遊經』,『大正藏』4.

佛馱跋陀羅 譯,『大方廣佛華嚴經』,『大正藏』9.

實叉難陀 譯,『大方廣佛華嚴經』,『大正藏』10.

康僧鎧 譯,『無量壽經』,『大正藏』12.

畺良耶舍 譯,『佛說觀無量壽佛經』,『大正藏』12.

鳩摩羅什 譯,『維摩詰所說經』,『大正藏』14.

竺法護 著,『佛說海龍王經』,『大正藏』15.

弗若多羅·羅什 譯,『十誦律』,『大正藏』23.

龍樹 造, 鳩摩羅什 譯,『大智度論』,『大正藏』25.

阿羅漢尸陀槃尼 造, 僧伽跋澄 譯, 『鞞婆沙論』, 『大正藏』28.

世親 造, 玄奘 譯, 『阿毘達磨俱舍論』, 『大正藏』29.

善導 撰, 『依觀經等明般舟三昧行道往生讚』, 『大正藏』47.

一然 撰, 『三國遺事』, 『大正藏』49.

慧立 本, 彦悰 箋, 『大唐大慈恩寺三藏法師傳』, 『大正藏』50.

法顯 著, 『高僧法顯傳』, 『大正藏』51.

慧超 著, 『往五天竺國傳』, 『大正藏』51.

玄奘 著, 辯機 撰, 『大唐西域記』, 『大正藏』51.

無寄 撰集, 『釋迦如來行蹟頌』, 『大正藏』75.

均如 說, 『釋華嚴旨歸章圓通鈔』, 『韓佛全』4. 『Thera-gāthā』.

玄奘 著, 水谷眞成 譯, 『大唐西域記』, 東京: 平凡社, 昭和49.

韓國學文獻研究所 編, 『佛國寺誌(外)』, 서울: 亞細亞文化社, 1983.

文化公報部 文化財管理局 編, 『佛國寺-復元工事報告書』, 慶州: 光明印
        刷公社, 1976.

민희식・박교순 著, 『불교의 고향 간다라』, 서울: 가이아, 1999.

예술의 전당 編, 『간다라 미술』, 서울: 예술의 전당, 1999.

이강근 著, 『韓國의 宮闕』, 서울: 대원사, 2003.

이거룡 著, 『이거룡의 印度寺院巡禮』, 서울: 한길사, 2003.

正覺 著, 『印度와 네팔의 佛敎聖地』, 서울: 佛光出版社, 2002.

주남철 著, 『韓國建築史』, 서울: 高麗大出版部, 2006.

崔鳳守 著, 『原始佛敎의 緣起思想研究』, 서울: 經書院, 1997.

최완수 著, 『韓國佛像의 원류를 찾아서』, 서울: 대원사, 2002.

다마키코 기로・카마타 시게오 外 著, 정순일 譯, 『中國佛敎의 思想』,
        서울: 民族社, 1991.

다카다 오사무 著, 이숙희 譯, 『佛像의 誕生』, 서울: 예경, 1994.

渡邊照宏 著, 金無得 譯, 『經典成立論』, 서울: 經書院, 1993.

中村元 著, 鄭泰爀 譯,『原始佛敎-그 思想과 生活』, 서울: 東文選, 1993.

질 베갱·도미니크 모렐 著, 김주경 譯,『紫金城』, 서울: 時空社, 2004.

토오도오 교순·시오이리 료오도 著, 차차석 譯,『中國佛敎史』, 서울: 대원정사, 1992.

坪井俊映 著, 李太元 譯,『淨土三部經槪說』, 서울: 운주사, 1995.

坪井俊映 著, 韓普光 譯,『淨土敎槪論』, 서울: 弘法院, 1996.

全海住 著,『義湘華嚴思想史 硏究』, 서울: 民族社, 1994.

南龍熙,「佛國寺의 坐向에 관한 硏究」, 서울: 漢陽大 碩士學位論文, 1994.

李慈慶,「佛國寺에 관한 硏究」, 大邱: 大邱曉星가톨릭大 碩士學位論文, 1999.

李鐘錫,「佛國寺의 配置 및 空間構成에 관한 硏究」, 慶山: 慶北産業大 碩士學位論文, 1995.

추상훈,「佛國寺 九品蓮池의 影池的 특징과 煙霧效果에 관한 硏究」, 서울: 弘益大 碩士學位論文, 1997.

裵珍達,「佛國寺 石塔에 구현된 蓮華藏世界-釋迦塔·多寶塔의 명칭과 관련하여」,『시각문화의 전통과 해석: 靜齋 金理那 敎授 정년퇴임기념 미술사논문집』, 서울: 예경, 2007.

김진열,「輪回說 再考Ⅲ-윤회설의 기원과 그 토대」,『東國思想』, 제23집(1990).

成樂冑,「歸納推理에 의한 石窟庵과 佛國寺 관련 문헌사료의 연구」,『東岳美術史學』, 제2호(20010.

廉仲燮,「佛國寺 大雄殿 영역의 이중구조에 관한 고찰-華嚴과 法華를 중심으로」,『宗敎硏究』, 제49집(2007).

廉仲燮,「佛國寺 進入 石造階段의 空間分割的 意味」,『建築歷史硏究』, 제16권(2007).

자현玆玄(廉仲燮)

▮약 력

哲學博士 / 東國大·蔚山大·成均館大 講師

저자는 동양학의 체계적인 이해를 위하여 동국대에서 철학과 불교학을 전공한 후, 동국대 대학원 불교학과와 성균관대 대학원 동양철학과에서 불교와 유교에 관한 각기 다른 학문적인 영역을 습득하였다. 그리고 박사과정에서는 고려대 철학과와 성균관대 동양철학과를 통해서 보다 심도 있는 학문적 모색을 시도하였다. 그러나 동양학에 대한 이해는 결국 한국학과 한국문화에 대한 정체성의 재인식을 통해서 만이 완성되어질 수가 있는 것이라고 판단하여, 부산대 사학과와 동국대 미술사학과를 통해서 철학과 미학의 문제를 한국문화적인 관점에서 승화시키려는 노력을 진행 중에 있다.

▮주요논문 및 저서

연구논문

「阿難의 나이에 관한 고찰」, 「破法輪僧의 원인에 관한 고찰」, 「Kailas山의 須彌山說에 관한 종합적 고찰」, 「중국철학적 사유에서의 '理通氣局'에 관한 고찰」, 「董其昌 南北宗論의 來源과 의의」, 「〈善德王知幾三事〉 중 第3事 고찰」 등 철학·불교·문화·역사에 관한 논문 40여 편

저서

『해 맑은 영혼에는 그림자가 맺히지 않는다』(詩集), 『四聖諦와 如來藏』, 『淨土經典의 世界』, 『승단분열에 관한 철학적 담론』 外

불교의 가람배치와
불국사에 대한 재조명

초판인쇄 | 2009년 1월 5일
초판발행 | 2009년 1월 10일

지은이 | 자현(玆玄: 廉仲燮)
펴낸이 | 채종준
펴낸곳 | 한국학술정보㈜
주 소 | 경기도 파주시 교하읍 문발리 513-5 파주출판문화정보산업단지
전 화 | 031) 908-3181(대표)
팩 스 | 031) 908-3189
홈페이지 | http://www.kstudy.com
E-mail | 출판사업부 publish@kstudy.com

등 록 | 제일산 115호(2000. 6. 19)
가 격 24,000원

ISBN 978-89-534-0592-9 93220 (Paper Book)
      978-89-534-0626-1 98220 (e-Book)